序　宇宙考古学への招待

　地球環境変動の解明には、今現在の地球の状態を知り、その変動メカニズムを理解することが不可欠である。しかしながら、地球上では過去にも大きな環境変動が繰り返され、それが世界の文明や国家の興亡にも大きな影響を与えてきたという事実があり、そうした過去から現在に至る人間活動の歴史や環境変動の過程を今現在の地球の状態と組み合わせて考察することも重要である。遺跡や地球の古環境を調査するための「宇宙考古学 (Space Archaeology)」が、実は地球環境変動を解明するための研究として始まった、ということはあまり知られていない。

　東海大学情報技術センター (TOKAI UNIVERSITY RESEARCH & INFORMATION CENTER：TRIC、坂田俊文所長 [当時]) が宇宙考古学の研究に初めて取り組んだのは、1989年から4年間、モンゴルで実施したチンギス・ハーンの陵墓探査である。そこで培った多くの知識と経験は、その後の古代エジプト遺跡の発見や、秦の始皇帝の遺跡環境調査などに生かされ、近年ではベトナムの都城遺跡の研究やサウジアラビアの遺跡探査でも成果をあげている。それらの成果は、TRICの研究に理解・協力頂いた国内外の研究者や研究機関の方々と共に実現したものである。

　本書は、TRICがこれまでに培った宇宙考古学研究のノウハウを集大成したものである。宇宙考古学に興味がある方、これから考古学者を目指そうと考えている学生の方、そして考古学調査に新たにリモートセンシングを導入したいという研究者の方々の一助になれば光栄である。

「宇宙考古学へようこそ。」

アケオサット君

宇宙考古学を勉強するため、ペルーから来日した東海大学情報技術センターの特別研修生アケオサット (ArchaeoSat) 君。大きな目では可視近外赤外波長域を、額に装着したマイクロ波センサでは夜間や曇りの日の地球を観測できるスーパーフクロウです。好きな食べ物はマウス、天敵はカラス。
各章のコラムなどに登場します。

目次

序 宇宙考古学への招待 ——————————————— 1

画像ギャラリー ——————————————————— 6
 1 調査地域マップ ————————————————— 8
 2 衛星データで発見した古代エジプト遺跡「Site No.35」と出土物例
  （エジプト・ダハシュール）———————————— 10
 3 ピラミッドと大スフィンクス（エジプト・ギザ）———— 14
 4 王家の谷とディル・エル＝バハリ（エジプト・ルクソール）— 16
 5 ナイルデルタの環境変動（エジプト・ブハイラ県）———— 18
 6 ダム建設によるナイル川の変化（エジプト・アスワーン）— 20
 7 福建土楼（中国・福建省）———————————— 22
 8 西安周辺の主な遺跡（中国・陝西省）———————— 24
 9 秦漢長城（中国・内モンゴル自治区）———————— 26
 10 関中平原の皇帝陵（中国・陝西省）————————— 28

Chapter 1. 吉村作治×鶴間和幸：対談 ——————— 33
宇宙考古学セミナー★宇宙と地下からのメッセージ
「古代エジプト×古代中国〜共通性を探る」

Chapter 2. 宇宙考古学の予備知識 ——— 47

2.1 リモートセンシングとは（中島 孝）——— 48
2.1.1 リモートセンシングの仕組 ——— 48
2.1.2 リモートセンシングのセンサ ——— 48
2.1.3 衛星の軌道 ——— 48

2.2 電磁波（光）とリモートセンシング（中島 孝）——— 49
2.2.1 電磁波とは ——— 49
2.2.2 分光反射率 ——— 50

2.3 観測データの前処理（中島 孝）——— 50
2.3.1 大気の影響の補正 ——— 50
2.3.2 幾何学的歪みの補正 ——— 51

2.4 宇宙考古学で使われる主な衛星データ（惠多谷 雅弘）——— 52
2.4.1 Terra と Aqua ——— 52
2.4.2 Landsat ——— 53
2.4.3 Sentinel ——— 54
2.4.4 CORONA ——— 54
2.4.5 WorldView ——— 56
2.4.6 合成開口レーダ SAR ——— 57
2.4.7 数値標高データ SRTM/DEM ——— 58
【COLUMN 1】立体視と三次元画像解析（惠多谷 雅弘）——— 59

2.5 衛星リモートセンシングにおける画像処理の重要性（中野 良志）——— 60
2.5.1 基本技術1：カラー合成と画像の調整 ——— 60
【COLUMN 2】画像つなぎ合わせ（中野 良志）——— 62
2.5.2 基本技術2：スペクトルバンドの組み合わせとバンド間演算処理 ——— 63
【COLUMN 3】機械による分類・識別と土地被覆図の作成（福江 潔也）——— 64

2.6 グランド・トゥルース（惠多谷 雅弘）——— 67
【COLUMN 4】スペクトル計測と GPS の活用（惠多谷 雅弘）——— 68

Chapter 3. 宇宙考古学とは ——— 69

3.1 日本におけるリモートセンシング史（惠多谷 雅弘）——— 70
3.2 宇宙考古学のはじまり（惠多谷 雅弘）——— 71
【COLUMN 5】古文化財の科学的調査と宇宙考古学（惠多谷 雅弘）——— 72
3.3 未知遺跡の探査（惠多谷 雅弘）——— 73
【COLUMN 6】モンゴル草原の遺跡探査（惠多谷 雅弘）——— 76
3.4 古環境の推定（惠多谷 雅弘）——— 77
【COLUMN 7】始皇帝の時代の洞庭湖の景観（鶴間 和幸）——— 79
3.5 宇宙考古学の方法論と研究テーマ（惠多谷 雅弘）——— 81

Chapter 4. 砂漠・乾燥地の遺跡調査 — 85

4.1 シルクロードの調査 (惠多谷 雅弘) — 86
4.1.1 シルクロードマップ — 86
4.1.2 中国・青海省における漢から唐代のシルクロード研究 — 87
【 COLUMN 8 】シルクロード (村松 弘一) — 88
4.1.3 四川省における南方シルクロードの研究 — 90

4.2 古代エジプト遺跡「Site No.35 (ダハシュール北遺跡)」の発見 — 94
4.2.1 宇宙考古学の幕開け (吉村 作治) — 94
4.2.2 エジプトにおける考古学調査の歴史 (長谷川 奏) — 96
【 COLUMN 9 】ダハシュール湖畔から見るピラミッド (惠多谷 雅弘) — 98
4.2.3 未発見遺跡の有望地点選定 (惠多谷 雅弘) — 99
4.2.4 発掘調査地点の決定 (惠多谷 雅弘) — 103
4.2.5 Site No.35「ダハシュール北遺跡」の発掘調査のはじまり (長谷川 奏) — 105
【 COLUMN 10 】砂嵐の来襲 (惠多谷 雅弘) — 107

4.3 地中遺跡の探査 (惠多谷 雅弘) — 108
4.3.1 衛星搭載 SAR の地中透過性 — 108
【 COLUMN 11 】エジプトの研究協力機関 NARSS — 111
　　　　　　　(El-Sayed Abbas Zaghloul・惠多谷 雅弘)
4.3.2 SIR-C による古代エジプト遺跡 Site No.39 の検出 — 112

Chapter 5. 港・河川流域の遺跡調査 — 115

5.1 ナイルデルタの調査 — 116
5.1.1 調査概要 (長谷川 奏) — 116
5.1.2 丘陵遺跡 Site No.52 の発見 (惠多谷 雅弘) — 118
【 COLUMN 12 】ナイルデルタでの調査用車両 (惠多谷 雅弘) — 122

5.2 東アジア海文明の調査：都城遺跡の立地環境調査 — 123
5.2.1 調査概要 (福島 恵) — 123
5.2.2 時系列衛星データと地形データの活用 (惠多谷 雅弘) — 125
【 COLUMN 13 】古地図 (福島 恵) — 129

5.3 黄河古河道復元と県城遺跡 (長谷川 順二) — 130
5.3.1 移動を繰り返す黄河 — 130
5.3.2 黄河古河道と県城遺跡 — 130
5.3.3 戚城 — 131
5.3.4 郵堤城 — 131
5.3.5 地形データ SRTM-DEM との比較 — 132
5.3.6 従来研究との比較 — 132

Chapter **6.** 都城と皇帝陵の立地調査：秦〜唐代・長安城 ── 133

6.1 秦始皇帝陵の建造計画（惠多谷 雅弘）──────────── 134
　6.1.1　遺跡データベースの構築 ──────────────────── 134
　6.1.2　秦始皇帝陵の立地環境検討 ───────────────── 136
　【 COLUMN 14 】秦の始皇帝（鶴間 和幸）───────────── 142

6.2 咸陽城と長安城の分布（鶴間 和幸）───────────── 143

Chapter **7.** 史料と解く遺跡調査 ──────────────── 145

7.1 秦帝国の空間的考察 ───────────────────── 146
　7.1.1　秦の東門と秦帝国の空間整備（村松 弘一）──────── 146
　7.1.2　秦帝国の方位概念（惠多谷 雅弘）────────────── 146
　【 COLUMN 15 】中国の方位（村松 弘一）────────────── 149
　7.1.3　秦の東門（惠多谷 雅弘）─────────────────── 150
　7.1.4　秦の西門〜秦の祖先と始皇帝をつなぐ道（村松 弘一）── 153
　7.1.5　秦の北門〜直道の北端（村松 弘一・惠多谷 雅弘）──── 156
　7.1.6　秦帝国のグランドプラン実現の可能性について（惠多谷 雅弘）── 158

7.2 歴史資料を用いた秦東門考察 ───────────────── 159
　7.2.1　秦東門の歴史資料検討（惠多谷 雅弘・村松 弘一・福島 恵）── 159
　7.2.2　『太平寰宇記』の里程（惠多谷 雅弘・村松 弘一・福島 恵）── 160
　7.2.3　朐県と植石廟（惠多谷 雅弘）───────────────── 162
　7.2.4　秦東門の有望地点 Site A（惠多谷 雅弘）──────────── 166
　7.2.5　リモートセンシングと古代史研究（惠多谷 雅弘）────── 169
　【 COLUMN 16 】秦東門の古環境考察（村松 弘一）─────── 170

Chapter **8.** 調査の最前線 ─────────────────── 173

8.1 サウジアラビア紅海沿岸調査（長谷川 奏）─────────── 174
8.2 古代ベトナムの都市空間と方位景観（黄 暁芬）────────── 176
　8.2.1　中国古代都市建設の方位の特徴 ─────────────── 176
　8.2.2　北部ベトナムに残る古代都市遺跡 ───────────── 176
　8.2.3　中部ベトナムに残る古代都市遺跡 ───────────── 183
　8.2.4　ベトナム古代都市建設の立地景観と方位設定の共通要素 ── 184

8.3 秦始皇帝の最新研究（鶴間 和幸）───────────────── 185
　8.3.1　始皇帝陵の墳丘をはさんだ東西の遺跡 ─────────── 185
　8.3.2　秦山島と 8 番目の始皇帝刻石 ─────────────── 186

8.4 研究者達が語る：座談会「宇宙からの眼で遺跡を解く」───── 189

年表（古代エジプトと古代中国）── 200　　　付録：「宇宙考古学を極める」── 204
参考文献 ─────────── 201　　　謝辞 ──────── 206

©TRIC/NASA

画像ギャラリー

1 調査地域マップ
2 衛星データで発見した古代エジプト遺跡「Site No.35」と出土物例（エジプト・ダハシュール）
3 ピラミッドと大スフィンクス（エジプト・ギザ）
4 王家の谷とディル・エル＝バハリ（エジプト・ルクソール）
5 ナイルデルタの環境変動（エジプト・ブハイラ県）
6 ダム建設によるナイル川の変化（エジプト・アスワーン）
7 福建土楼（中国・福建省）
8 西安周辺の主な遺跡（中国・陝西省）
9 秦漢長城（中国・内モンゴル自治区）
10 関中平原の皇帝陵（中国・陝西省）

写真:1©TRIC/TMC/NASA,2©大村次郎／東日本国際大学エジプト考古学研究所,3-4Maxar Technologies/NTTdata 5,©USGS/TRIC,6©USGS/TRIC・©ESA/TRIC,7©JAXA/TRIC,8©TRIC/USGS,9©ESA/TRIC,©USGC/TRIC,10NASA/TRIC

1　調査地域マップ

東海大学情報技術センターが宇宙考古学の研究を始めて35年以上が経った。
その間に多くの海外調査に参加した。
モンゴル、エジプト、中国、ベトナム、サウジアラビア、そして次は…。

16K（15360×8640画素）超高精細サイネージシステムで制作した地球映像　©TRIC/TMC/NASA MODIS Support Team

❶衛星データを用いた古代エジプト遺跡の探査
❷ナイル川流域の古環境調査（ピラミッドゾーン〜トシュカ・西部沙漠）
❸ナイルデルタの遺跡環境調査　❹紅海沿岸の遺跡環境調査（サウジアラビア/エジプト）
❺ゴルバンゴル計画　❻青海省シルクロードの調査　❼四川省シルクロードの調査
❽東アジア海の歴史と環境調査　❾秦始皇帝陵の立地環境調査
❿秦東門の調査　⓫秦帝国の空間的考察　⓬ベトナム都城遺跡調査
⓭メコン川流域の古環境調査　⓮南越国都城考古調査

9

2　衛星データで発見した古代エジプト遺跡

　エジプトを対象とした遺跡探査に衛星データによるリモートセンシングを活用し、王朝時代のナイル川の古環境を勘案しながら遺跡の立地環境を理解することで、エジプト学史上初めてとなる王朝時代遺跡「Site No.35（ダハシュール北遺跡）」の発見と発掘に成功した。1995年、東海大学と早稲田大学の合同調査チームは、ギザの南約20kmのダハシュール（Dahshur）で、砂漠に埋もれた大型日乾煉瓦遺構を発見した。発掘調査の結果、出土した遺構はエジプト新王国時代後期（紀元前1400年～1300年頃）に属するトゥーム・チャペル（Tomb Chapel：ピラミッドの付いた神殿型貴族墓）であることが確認された。この発見は、衛星データと古環境を関連付けることで極めて広い範囲から遺跡の有望地点を絞り込むことが可能で、これまで考古学者の勘や経験に頼っていた遺跡の調査を極めて効率的に行えることを実証した。Site No.35の発掘調査は今も続いており、今後も新たな発見が期待される。（文：恵多谷雅弘）

「Site No.35」と出土物例 (エジプト・ダハシュール)

2-1 中央の丘から出土したトゥーム・チャペル
遺跡写真：大村次郷・東日本国際大学エジプト考古学研究所

2-2 ダハシュール北遺跡の出土物例 　出土物写真:東日本国際大学エジプト考古学研究所

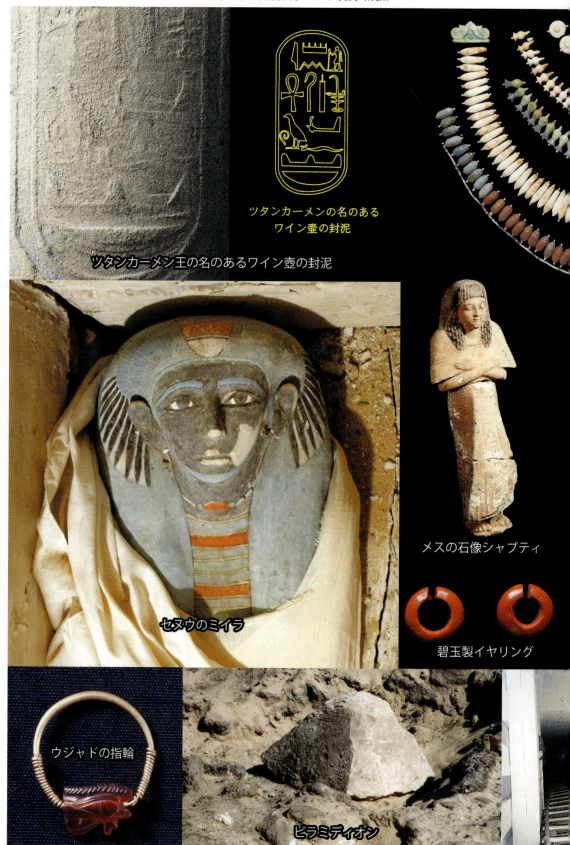

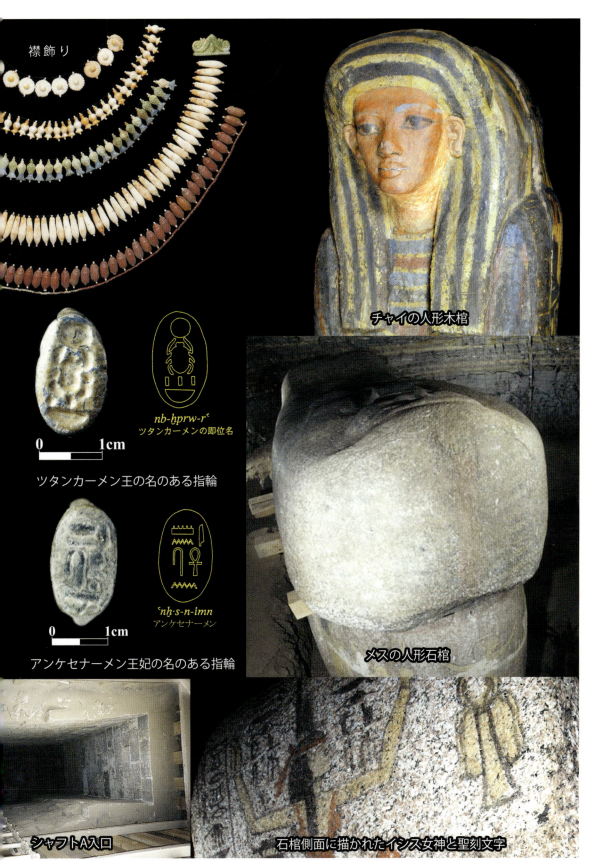

襟飾り

チャイの人形木棺

$nb\text{-}ḫprw\text{-}r^ʿ$
ツタンカーメンの即位名

ツタンカーメン王の名のある指輪

$ʿnḫ\text{·}s\text{-}n\text{-}imn$
アンケセナーメン

アンケセナーメン王妃の名のある指輪

メスの人形石棺

シャフトA入口

石棺側面に描かれたイシス女神と聖刻文字

13

3 ピラミッドと大スフィンクス（エジプト・ギザ）

a) クフ王のピラミッド

b) 大スフィンクス

衛星画像:GeoEye 2011/06/24　©Maxar Technologies/NTTdata　画像処理:東海大学情報技術センター

カイロ市内から車で30分〜40分ほど走ったギザの台地に、古代エジプトを象徴する大ピラミッド群がそびえ立っている。最大規模のクフ王のピラミッド（第一ピラミッド）は、基底長約230m、高さは約146mである。写真は、地上解像度約50cmのGeoEye衛星が撮影したギザの三大ピラミッドである。クフ王のピラミッドには2つのボートピット（船坑）があり、そこでは日本の調査隊による保存修復作業も進められている。写真中央のカフラー王のピラミッドは、ピラミッド本体、葬祭神殿、参道、河岸神殿といったピラミッド・コンプレックス（複合体）を成しており、参道に沿って大スフィンクス像が東向きに配置されている。また、一番小さなメンカウラー王のピラミッドには王妃の小ピラミッドが南側に並んで配置されているのが特徴的である。この衛星画像は、ステレオペアで撮影した2シーンの画像から高さ情報DSM(Digital Surface Model)を抽出し、それによって画像全体を真上から見たような正しい大きさと位置に補正（正射変換）されている。通常、高層建造物や山などの高地は、衛星センサの撮影方向の中心点から離れるにつれて画像の外方向に倒れこんで撮影されるが、この補正処理によってクフ王のピラミッドなどの高さをもつ建造物を正しい大きさと位置に補正できる。　(文・恵多谷雅弘)

4 王家の谷とディル・エル＝バハリ（エジプト・ルクソール）

KV5:ラメセス2世王子　KV6:ラメセス9世　KV7:ラメセス2世　KV8:メルエンプタハ　KV9:ラメセス5世/6世
KV10:アメンメセス　KV11:ラメセス3世　KV16:ラメセス1世　KV17:セティ1世　KV55:未確定
KV56:未確定　KV62:ツタンカーメン

衛星画像:WorldView-2　2010/08/10　©Maxar Technologies/NTTdata　画像処理:東海大学情報技術センター

シェイク・アブド・
エル＝クルナ

0　　　200(m)

カイロの約500km南に新王国時代を象徴する遺跡群が集中する古都ルクソール（テーベ）がある。ナイル川を挟んで、東岸にはカルナック神殿やルクソール神殿などの生を象徴する建物群、西岸には王家の谷やディル・エル＝バハリ（ハトシェプスト女王葬祭殿）などの王墓や葬祭施設が集中的に配置されている。王家の谷には新王国時代のファラオたちの墓が集まっている。そこでツタンカーメンの王墓がハワード・カーターによって発見されたのは1922年のことである。ルクソール東岸の市街地から西岸の王家の谷に行くのに、以前は羊たちと一緒に船でナイル川を渡ることもあったが、市街地の南に橋が完成してからは車で渡ることも可能になった。

（文：恵多谷 雅弘）

a) 王家の谷　写真:©山花京子（東海大学）

b) ディル・エル＝バハリ

5 ナイルデルタの環境変動 (エジプト・ブハイラ県) 1965年/2023年

a) ナイル川ラシード支流河口 (2014年2月)

b) 海岸線の砂丘 (2009年2月)

ナイルデルタには、前6千年紀頃の海進に由来する潟湖が分布している。そうした地で東海大学と早稲田大学の共同研究チームがヘレニズム時代の住居遺跡 Site No.52 を発見した。1965年 CORONA 画像と2023年の Sentinel-2画像でナイル川（ラシード支流）河口地区を比較すると、イドゥク湖南岸はその間の土地開発によって大きく変貌し、かつて遺跡があったと考えられる丘陵地のほとんどが、今は養魚場、農耕地、果樹園などとなっている。Site No.52 はその一角にある。（文：惠多谷雅弘）

c) イドゥク湖東岸の養魚場（2012年9月）

d) 耕地化が迫る SiteNo.52 遺跡（写真の右端）

6　ダム建設によるナイル川の変化 (エジプト・アスワーン)

c) アブーシンベル神殿（1959〜1963年頃の移築前調査で撮影）
写真:© 東海大学文明研究所蔵

a) アスワーン・ハイダム完成前（1962年5月17日）のナイル川

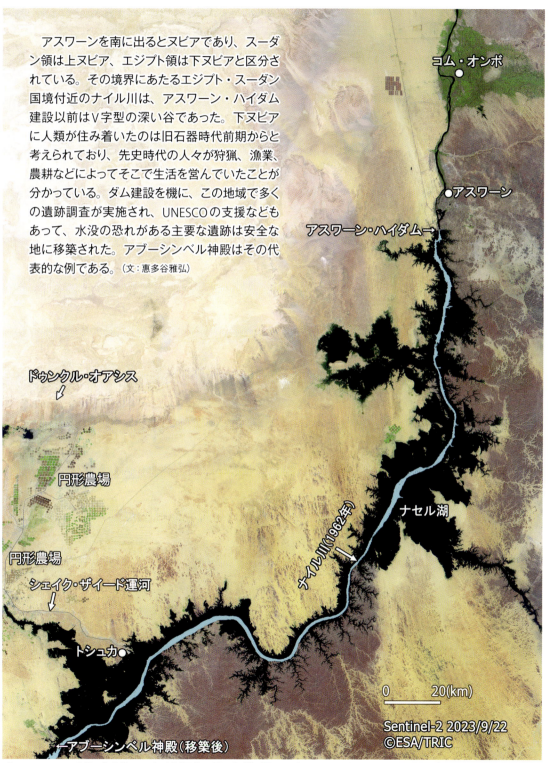

アスワーンを南に出るとヌビアであり、スーダン領は上ヌビア、エジプト領は下ヌビアと区分されている。その境界にあたるエジプト・スーダン国境付近のナイル川は、アスワーン・ハイダム建設以前はV字型の深い谷であった。下ヌビアに人類が住み着いたのは旧石器時代前期からと考えられており、先史時代の人々が狩猟、漁業、農耕などによってそこで生活を営んでいたことが分かっている。ダム建設を機に、この地域で多くの遺跡調査が実施され、UNESCOの支援などもあって、水没の恐れがある主要な遺跡は安全な地に移築された。アブーシンベル神殿はその代表的な例である。（文：惠多谷雅弘）

b) アスワーン・ハイダム完成後のナイル川（画像の黒い領域）（■:1962年のナイル川…KH5画像より抽出）

7 福建土楼（中国・福建省）

　福建省永定区付近のALOS/AVNIR＋PRISMパンシャープン画像である。道路沿いに○や□の形をした建物が集中している。この建物は「福建土楼」と呼ばれ、客家と称される人々の居住空間である。客家とは北方から南方へと移住した漢族の一派である。古くは秦代に長江流域に移住した人々がおり、その後も、魏晋南北朝の混乱期や北方遊牧民の侵入を受けた南宋から元代、さらに清代に至るまで、華南の広東省・福建省・江西省へ移住した。さらに、中国大陸から海外へと渡った華僑・華人も多くが客家である。改革開放をすすめた鄧小平は客家の出身と言われている。客家の「客」は「よその場所から来た人」の意味であり、もともと華南にいた先住者との争いも多かった。客家が自己の集団を防衛するためにつくった居住建築が「土楼」である。土楼のうち○型のものを「円楼」と呼ぶ。土楼は堅固な土壁に囲まれ、入り口は1つで、中央の共有空間を囲むように壁沿いに部屋がつくられ、建物の高さは3階から5階建てで、そこには同族の80家族以上が居住している。まさに城塞建築である。ALOS/AVNIR画像は可視近赤外のカラー情報を撮影できるが地上解像度は10m、PRISMの地上解像度2.5mであるがモノクロ画像であるが、両画像を組み合わせて画像処理することで地上解像度2.5mの高解像度カラー合成（パンシャープン化）画像が得られる。この画像では、樹木や草地は緑色、道路は白、土楼などの建造物は紫色に見える。山間部の集落に大小多数の土楼が集中していることが分かる。

（文：村松弘一）

8 西安周辺の主な遺跡（中国・陝西省）

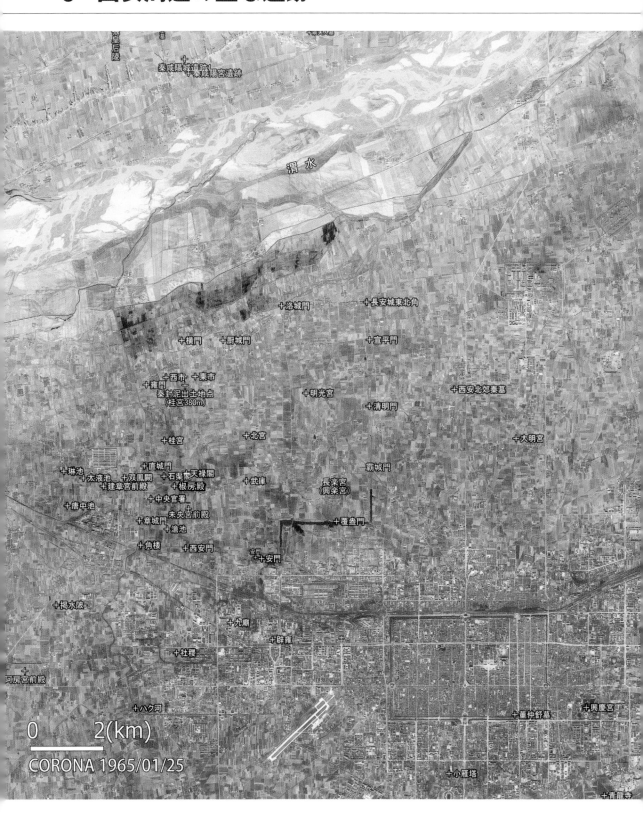

CORONA 1965/01/25　©TRIC/USGS　遺跡データ作成:学習院大学

b) 未央宮遺跡前殿

c) 秦咸陽城1号宮殿遺跡

d) 阿房宮遺跡

衛星画像の中央下には横に長い長方形の城壁をもつ西安の城壁が確認できる。明代に作られた西安城である。その西北にカギ型の黒い直線が見え、それは前漢長安城の城壁の東南に沿った水をたたえた環濠である。漢代長安城は、渭水(渭河)の南岸に作られ、東には灞水が流れる。長安城は1辺7kmほどのほぼ正方形であるが、漢代には北の渭水が現在よりも南を流れていたために、長安城の西北の城壁は渭水に沿って斜めに作られた。城門は四方の城壁に三つずつ設けられ、厨城門(写真a))は斜めに走る北壁の中央の門である。皇帝の宮城と中央官庁は西南の未央宮殿区にあり、中央の前殿(写真b))には版築の斜面の基壇が残されている(写真b)後方)。漢代長安城は秦咸陽城の渭水南岸の部分(南宮)の真上に造られた。戦国時代の咸陽城(北宮)は渭水北岸に位置し、とくに宮殿は咸陽原という水はけのよい丘陵上にあった。画像でも咸陽原の断崖の線が東西に走るのが確認できる。そこには1号宮殿の版築の基壇の盛り土が残されている(写真a))。秦は統一後に渭水南岸に都を拡張した。最後に造られたのが阿房宮(写真d))であり、現在でも東西1270m、南北426m、高さ10数mの版築の基壇が残されている。長安は西周・前漢・前趙・前秦・後秦・西魏・北周・隋・唐の9王朝の都城(地方政権の王朝も含む)となり、西安周辺には数多くの遺跡が残されている。戦国時代の咸陽遷都(前350年)から唐長安城の陥落(907年)まで1257年、其の後2度とこの地に統一王朝の都が置かれることはなくなった。(文:鶴間和幸)

a) 漢長安城厨城門推定地の南西北壁跡

25

9 秦漢長城（中国・内モンゴル自治区）

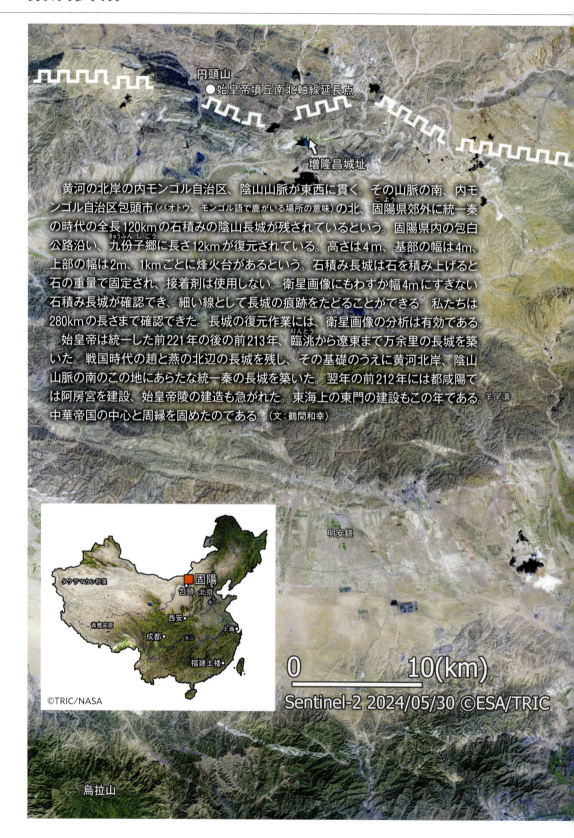

　黄河の北岸の内モンゴル自治区、陰山山脈が東西に貫く。その山脈の南、内モンゴル自治区包頭市（パオトウ、モンゴル語で鹿がいる場所の意味）の北、固陽県郊外に統一秦の時代の全長120kmの石積みの陰山長城が残されているという。固陽県内の包白公路沿い、九份子郷に長さ12kmが復元されている。高さは4m、基部の幅は4m、上部の幅は2m、1kmごとに烽火台があるという。石積み長城は石を積み上げると石の重量で固定され、接着剤は使用しない。衛星画像にもわずか幅4mにすぎない石積み長城が確認でき、細い線として長城の痕跡をたどることができる。私たちは280kmの長さまで確認できた。長城の復元作業には、衛星画像の分析は有効である。
　始皇帝は統一した前221年の後の前213年、臨洮から遼東まで万余里の長城を築いた。戦国時代の趙と燕の北辺の長城を残し、その基礎のうえに黄河北岸、陰山山脈の南のこの地にあらたな統一秦の長城を築いた。翌年の前212年には都咸陽では阿房宮を建設、始皇帝陵の建造も急がれた。東海上の東門の建設もこの年である。中華帝国の中心と周縁を固めたのである。（文：鶴間和幸）

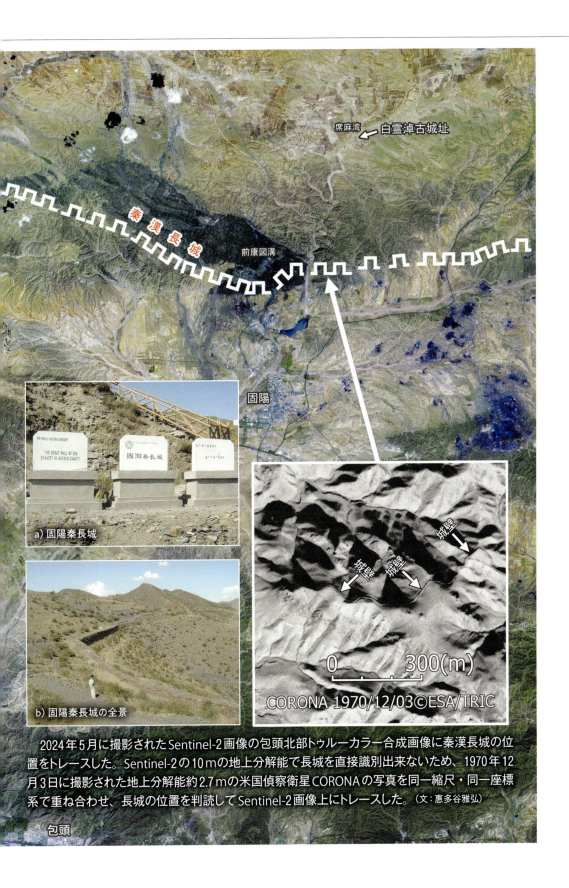

a) 固陽秦長城

b) 固陽秦長城の全景

CORONA 1970/12/03 ©ESA/TRIC

2024年5月に撮影されたSentinel-2画像の包頭北部トゥルーカラー合成画像に秦漢長城の位置をトレースした。Sentinel-2の10mの地上分解能で長城を直接識別出来ないため、1970年12月3日に撮影された地上分解能約2.7mの米国偵察衛星CORONAの写真を同一縮尺・同一座標系で重ね合わせ、長城の位置を判読してSentinel-2画像上にトレースした。（文：恵多谷雅弘）

10 関中平原の皇帝陵（中国・陝西省）

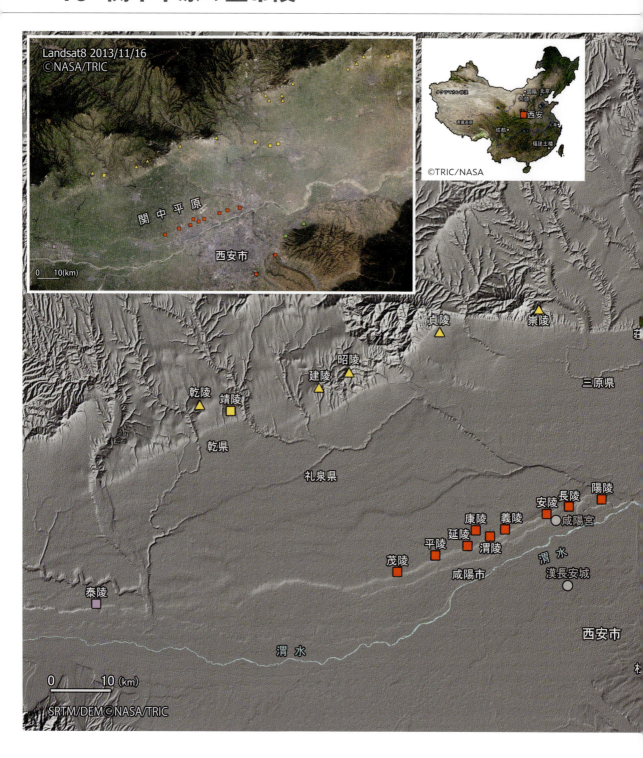

10-1 関中平原の皇帝陵の分布

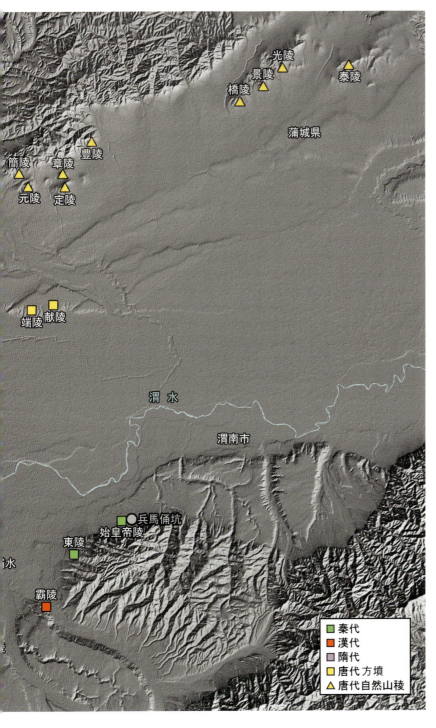

SRTM/DEM（Shuttle Radar Topography Mission/Digital Elevation Model：地上解像度約30 m）は、スペースシャトルに搭載されたレーダで計測した地球の詳細な数値標高モデルである。

関中平原のSRTM/DEMから作成した陰影化画像に、秦～唐代の皇帝陵の位置をプロットした。光源が南東方向にあるときのパターンで陰影を表現している。

(文：恵多谷雅弘)

関中平原のSRTM/DEM陰影化画像
（左上:同じ範囲のLandsat画像）

10-2 皇帝陵(秦~唐)の南北軸の方位と主な皇帝陵の外観

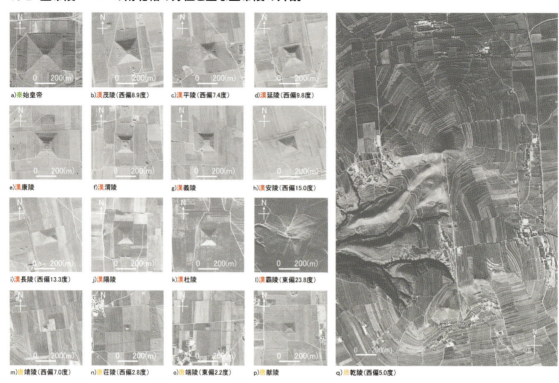

CORONA画像で見た主な皇帝陵と南北軸の方位(秦~唐代)
データ:CORONA　1969/12/12 ©TRIC/学習院大学/USGS

前漢皇帝陵

　前漢11代の皇帝陵のうち9代は渭水北岸の咸陽原の丘陵上に東西に並ぶ。渭水の洪水の危険のない咸陽原の丘陵には皇帝陵、皇后陵、陪葬墓、陵邑(守備都市)が並ぶ。宣帝の杜陵は渭水南、長安城東南の杜陵原の丘陵にあり、文帝の覇陵も渭水南の白鹿原にある。覇陵はこれまで鳳凰嘴という自然山陵であったと考えられてきたが、2011~13年の地質探査の結果内部には墓葬はなく、その南2.1kmで発見された、地上に墳丘のない江村大墓であることがわかった。文帝の薄葬は自然山陵ではなく無墳丘墓であったのである。墓室の四方にある陪葬坑から大量に陶俑が出土している。漢代皇帝陵は始皇帝陵と同じ方墳(覆斗形〈マスを逆さにした形〉、方錐台ともいう)を継承し、平均120歩(約162m)四方、高さ12丈(約27m)の大きさである。始皇帝陵も戦国時代の恵文王公陵、武王永陵、東陵(昭王陵・荘襄王陽陵)、孝文王寿陵の方墳の流れを継承した。高祖の長陵邑の人口は18万、茂陵邑の28万は都長安25万に匹敵する。五つの陵邑がそろえば、長安を中心とした巨大な陵邑衛星都市群となる。(文:鶴間和幸)

唐代皇帝陵

　唐代皇帝陵は漢代皇帝陵の位置する咸陽原を避け、渭水盆地の北端の山岳と平原の境界に18陵が置かれた。漢代と同じ方墳は4陵(初代高祖献陵、16代敬宗荘陵、18代武宗端陵、21代僖宗靖陵)だけで、残りの14陵は自然の山岳を陵墓とした。伝統的な秦漢皇帝陵の方墳は隋文帝の泰陵にも受け継がれ、初代高祖の献陵もこれを継承したが、2代太宗の昭陵は新たに自然山陵の皇帝陵を築いた。自然山陵の方が広大でありながら、墳丘墓の建造の手間を省ける意味では薄葬にあたり、墓室の入り口を秘匿すれば盗掘も避けられる。エジプトでは古王国時代のピラミッドに匹敵するのが秦漢皇帝陵の方墳であり、新王国時代の王家の谷が唐代の自然山陵に匹敵する。時代は異にするが、興味深い現象である。

　衛星画像から靖陵など四つの方墳を確認することができる。靖陵は唐代皇帝陵で唯一盗掘を契機に発掘された。皇帝陵でありながら、漢代皇帝陵の3分の1程度の大きさの墳丘である。自然山陵の皇帝陵とは異なり、平地に築かれている。靖陵以外の3陵の方墳も山間部から少し離れた平地に集中して築かれている。(文:鶴間和幸)

a) 秦始皇帝陵

b) 秦東陵

c) 漢代皇帝陵の立地環境（左手前から張皇后陵、長陵、陽陵）

d) 漢康陵

e) 唐靖陵（方墳）

f) 唐乾陵（写真右後方の峰）

10-3 東陵〜戦国秦3代の王陵区

驪山の西麓の斜面に秦の王室3代（始皇帝の曽祖父昭王から始皇帝の父の荘襄王まで、祖父孝文王ははずされる）の陵墓が作られた。秦の都咸陽から見れば東方にあるので東陵と呼ばれた。驪山北麓の始皇帝陵も東陵を継承したものと言える。東陵に最初に陵墓を置いたのは昭王（在位前307〜251）の時代であり、昭王は魏で質子として亡くなった悼太子の遺体を帰国させてここに葬り（前267年）、その2年後の前265年には昭王の母の宣太后（芈八子）が埋葬された。宣太后（〜前265）は恵文王の王后ではなく夫人（八子の身分）として楚から秦恵文王の後宮に入った。昭王が即位すると太后として秦の政治を握り、専政とまで表現された。未発掘ではあるが、鄭重に埋葬されたことであろう。昭王がみずからの陵墓もここに建造されていた。

秦東陵の分布図

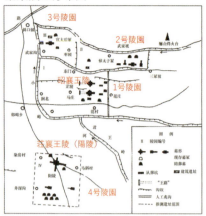

秦東陵の衛星画像
a) CORONA（1965/01/25撮影）

© TRIC/USGS

b) WorldView-2（2011/01/07撮影）
　＋ALOS（2008/11/18・2011/04/13撮影）

© Maxar Technologies/HitachiSoft/TRIC/JAXA

秦東陵1号陵園1号墓の墳丘

　東陵を王室の墓葬地としたことには政治的な理由があった。昭王の父の恵文王陵(公陵)と、恵文王と王后(恵文后)の子の武王陵(永陵)は咸陽の西北に置かれていた。昭王は異母兄の武王(在位前311〜307の5年間)亡き後、後継をねらう武王の弟壮の季君の乱を抑えて即位した。背後には宣太后とその兄弟魏冄らの楚人の高官の後押しがあった。昭王は武王の陵園に並べるわけにはいかず、咸陽からはるか東の驪山に陵墓を求めた。

　衛星画像に四つの陵園の位置を記入した。陵園は驪山西麓の自然の峡谷によって区切られた小さな扇状地上の斜面に位置する。秦王と王后の陵墓は墓道が4本ある最上位の亞字形墓であり、その下位は高官や将軍クラスの墓道2本の中字形墓、その下位の墓道1本の甲字形墓である。東陵には3基の亞字形墓があり、それをそれぞれ囲むように中字形墓2基、甲字形墓7基がある。さらにより小さな陪葬墓や陪葬坑も見られる。3基の亞字形墓、2基の中字形墓を中心に1号陵園、2号陵園、3号陵園、4号陵園と呼ばれている。1号陵園には2基の亞字形墓が南北に並んでおり、南は昭王陵の1号墓、北は唐八子(孝文王の母唐太后)の2号墓である。現在昭王陵の発掘が進められており、発掘の成果が期待されている。昭王陵からは以前に漆器の豆(高坏)が盗掘されて発見されている。昭王が斉の国から丞相として招聘した孟嘗君田文(薛君)の薛君と刻んだ銘文があった。2号陵園の中字形墓は悼太子陵、3号陵園の中字形墓は宣太后陵と考えられている。4号陵園の亞字形墓は昭王の孫、始皇帝の父の荘襄王陵(陽陵)であり、始皇帝の母の帝太后陵もこの陵園内に合葬されているはずである。昭王の子の孝文王(寿陵)と華陽夫人(太后)の陵墓は、東陵から排除された。荘襄王の判断だろうと思われる。昭王の死後即位し、わずか3日で死去し、荘襄王が即位した。

　陵園の四方には環濠があり、禁苑として陵墓が守られていた。文献では園と記されているものであろう。近年の秦の封泥のなかに「東苑」「東苑丞印」「陽陵禁丞」があり、東陵や陽陵が禁苑(国有地)であることがわかっている。「陽陵虎符」は陽陵の禁苑を守る軍事の割り符であろう。芷(茝)陽は東陵に置かれた県であり、東陵を管轄し、そこに居住する人々が陵墓の禁苑の周辺を守った。始皇帝陵の墳丘を囲む二重の城壁や、西北に置かれた麗邑という都市(県)は、こうした東陵の伝統を受け継いだものである。

（文：鶴間和幸）

Chapter 1
吉村作治×鶴間和幸：対談
宇宙考古学セミナー★宇宙と地下からのメッセージ
「古代エジプト×古代中国〜共通性を探る」

Chapter 1

吉村作治×鶴間和幸：対談「古代エジプト×古代中国〜共通性を探る」

パネリスト紹介

吉村 作治
Yoshimura Sakuji

1943年2月1日東京生まれ。東日本国際大学総長・教授、早稲田大学名誉教授、工学博士（早大）。1966年アジア初のエジプト調査隊を組織し現地に赴いて以来、60年余にわたり発掘調査を継続。1974年ルクソール西岸マルカタ南遺跡の彩色階段発見を皮切りに、大ピラミッド内部の未知の空間、第2の太陽の船の発見、アブ・シール南遺跡とダハシュール北遺跡の発見など数多くの成果をあげてきた。現在も六つのプロジェクトを手掛け、昨年12月からは念願のギザ・西部墓地の発掘を開始し、太陽の船もいよいよ組立復原へと進んでいる。エジプト文明を日本に広めるため展覧会や講演会、テレビ制作等に携わり、81歳となった今も現役のエジプト考古学者として活動している。長年の日本・エジプトの学術交流の功績により、2024年秋の叙勲で瑞宝中綬章を賜った。著書多数。公式HP：吉村作治のエジプトピア。

鶴間 和幸
Tsuruma Kazuyuki

1950年生まれ。学習院大学名誉教授、博士（文学）。専門は中国古代史。著作には『秦帝国の形成と地域』（汲古書院）、『人間・始皇帝』（岩波書店）、『ファーストエンペラーの遺産秦漢帝国』『始皇帝陵と兵馬俑』（以上講談社）、『始皇帝の地下宮殿』『始皇帝の愛読書』（以上山川出版社）、『始皇帝の戦争と将軍たち』（朝日新聞出版）などがある。「中国文明」、「始皇帝と兵馬俑」、「四川文明」の展覧会の監修も何度か務めた。2000年に開催された世界四大文明の中国文明展では世界の文明のなかで中国をとらえることができた。東海大学情報技術センター、早稲田大学との共同研究では、エジプトを2度訪問し、エジプトと中国の文明を比較する機会となった。始皇帝研究に関しては、始皇帝陵や始皇帝の巡行経路を歩くなど現地の遺跡に詳しい。東海大学情報技術センターとの共同研究によって、衛星画像を始皇帝陵、秦東門などの遺跡の分析に活用することができた。そのほか実写映画「キングダム」の中国史監修、また「コーラン伝」「上陽賦」「天下統一始皇帝」などの中国の歴史ドラマの字幕監修も務めた。歴史のフィクションと史実のはざまの世界を追っている。

以下は、2023年12月15日に東海大学品川キャンパスで開催した宇宙考古学セミナー★宇宙と地下からのメッセージ「**古代エジプト×古代中国〜宇宙考古学が解き明かす水と遺跡と古代文明**（東海大学情報技術センター主催）」のパネルディスカッションの内容を収録したものである。

34

司会　惠多谷雅弘（東海大学情報技術センター研究員）

　それでは時間になりましたので吉村作治先生と鶴間和幸先生のエジプト、古代エジプト、古代中国共通性についてというパネルディスカッションを始めたいと思います。まずは私の方から、簡単ではございますが、両先生をご紹介します。

　まず、皆様向かって左側の方が吉村作治先生です。吉村先生は東日本国際大学総長、そして早稲田大学名誉教授をされています。日本のエジプト考古学の第一人者として著名で、ご存じの通りテレビなどでも大活躍されています。1966年にアジアで初めてのエジプト調査隊を組織して以来、半世紀以上、エジプトでの発掘調査を先導され、2023年11月の叙勲では瑞宝中綬章を受賞されました。心からお祝い申し上げます。東海大学情報技術センターとの関係ですが、1995年に衛星データを使ってエジプト学史上初めて発見と発掘に成功したダハシュール北遺跡の調査などでご指導頂いております。

　次に、皆様に向かって右側にいらっしゃいます鶴間先生をご紹介します。鶴間先生は学習院大学名誉教授で、中国古代史をご専門とされ、秦の始皇帝研究の第一人者として著名で、映画キングダムの監修などもされています。2000年の四大文明展では中国文明を監修され、その時に吉村先生と対談されています。情報技術センターとの関係ですが、2006年以降、東アジア海文明の調査や秦始皇帝陵の立地環境調査など、衛星データを応用した古代中国の調査でずっとご指導頂いています。エジプトへも2度ご一緒しています。また、本セミナー開催にあたっては、実行委員として協力頂いております。以上お二人のご紹介でした。

　このセミナーは宇宙考古学をテーマとしたセミナーですので、まずお二人の先生方に宇宙考古学との出会いについてお話しいただければと思います。では、吉村先生からお願い致します。

宇宙考古学との出会い

吉村　こんにちは。今日、このシンポジウムのためにパワーポイントの資料を沢山用意してきましたのでぜひご覧になってください。先ほど山花先生の素晴らしい講演を聞きまして大変感動しています。というのは、私は自分の好き勝手にエジプトの研究を始め、60歳の定年前にサイバー大学というオンラインの大学を作ったのですが、そこを退職することになりました。そのころに東北の大震災があり、避難している人たちに講義をして回っておりましたときに、最後の小名浜（いわき市）で今の東日本国際大学の理事長にお会いし、「うちに来ないか」と言われ、「はい」と言って、それ以来、そちらでエジプトの調査を続けています。80歳の定年を過ぎた今もいわきで週4コマ授業をしています。

　最近、エジプトを研究したいという学生が出てきたのですが、残念ながらうちの大学には大学院がないので、たいへん興味深い授業をされているようなので、先ほど山花先生にお話しして、東海大学で受け入れてくれないかというお話をしたところです。早稲田大学でも長くエジプト学研究所を率いてこられた近藤二郎先生が昨年定年で退職されてしまいました。そこで、これはいかんということで、「U18エジプト作治塾」というものを作ったのです。

　これは18歳以下を対象にしているのですが、エジプトを研究するのに大学に入ってからでは遅いという考えに基づいていまして、高校生の時から研究に触れるのです。既にこの12月に第1回目の会合をやりました。そうしましたら、40人ほど会員が入りました。直接私のもとに来てもいいですし、オンラインでも構わないという会です。北海道とか青森とかにも大変広がっています。

　特に、実際に来て、講義を聞いて下さった方たちには4歳とか6歳とか8歳の方もいて、そういう方はお母さんと来て下さったのですが、お母さんにも聞きに来てくださいって言っています。その時の質問がなかなかすごいのです。4歳の子が、「先生は本にミイラのことを書いていますが、死んだら人間はどこに行くのですか」などと尋ねてくるのです。それで、よし、もう少し本格的に頑張ろうと思って、今は東日本国際大学のエジプト考古学研究所のセミナーでやっています。

　そのように、私は必死になってエジプトの伝道師として頑張っていますのでどうぞ宜しくお願いします。鶴間先生とは2000年からご一緒していて、素晴らしい方です。今日は古代中国をお話しされるということですね。

　それではまず本題の宇宙考古学との出会いについてお話しします。私は『ツタンカーメン王のひみつ』という本を小学校4年生の時に読んで、それで古代エジプトの研究をやろうと思いたちましたが、教員

Chapter 1

吉村作治×鶴間和幸：対談「古代エジプト×古代中国〜共通性を探る」

アジア初のエジプト調査隊の誕生

宇宙考古学のはじまり

　になって研究するには東大に行かなくてはだめだ、当時東大以外では研究できない、などと思って受験を頑張ったのですが、3年浪人しても東大には入れませんでした。

　その後早稲田大学の学生になった私は、1966年に、学生5人と教員の川村喜一先生と、エジプトの調査を始めました。皆さん、歴史年表を見てください。エジプトは実は簡単なつくりになっています。まずピラミッドの時代ですが、おおよそですが紀元前3000年頃と思ってください。そして新王国時代、つまりツタンカーメン王が在位していた時代ですが、これがおおよそ紀元前1500年頃です。

　はじめて私がエジプトに行ったのは1966年で、まだどこを発掘すればよいか分からずにいた頃でした。現地に行けば簡単に発掘できると思って行ったのですが、まずは発掘権を申請して取得しなければならない、という現実がありました。それを知らないで行ったので、またその頃はアラビア語ができなかったので、アラビア語を勉強して、カイロ大学の大学院の講義にも出させてもらって、1970年に発掘権を取って最初に見つけたのがいま正面に映っている小さな階段で、これは彩色階段と呼ばれています。そこには三種の捕虜の絵が描かれていまして、そのモチーフの上を王様が踏んで上がって行くというものです。これはアメンヘテプ3世という王が建てた建造物で、新聞にも載る発見となりました。それで一躍有名になったのですが、日本に帰国して早稲田大学の総長に早稲田にエジプト考古学の研究所を作って欲しいとお願いしました。それが早稲田大学エジプト調査室という組織です。

　その後、私はエジプト調査室の主任になりまして、電磁波を使った調査を始めます。遺跡を見つけるというのは賭け事に近いのですが、発掘権を申請して、電磁波装置を作って、この技術で第2の太陽の船を発見しました。さらにこのあと、東海大学情報技術センターの坂田俊文先生から宇宙考古学をやらないかという誘いがありました。宇宙考古学なんていうと、また月にでも行って遺跡を探そうじゃないかなどとおっしゃると思い、ちょっと身構えてしまったのですが、これは私の考え違いでした。そこで、これから宇宙考古学をやろうという話になりました。それで見つけたのがダハシュール北遺跡です。

　1995年の正月に坂田先生は南極にいらっしゃった。僕は飛鳥という船に乗ってエジプトの講義をしていた。そのころ、先ほどお話をしていた長谷川奏先生がエジプト調査の現場主任をやっていたのですが、長谷川先生から、たいへん良い進行状況であるという連絡を受けて、私は船を途中でおりて、現場に駆けつけました。たいへん大きな発見だったと思います。いま映っているのは、坂田先生と私の現場での写真ですが坂田先生は面白い方で、遺跡に行くときジャケットからウイスキー瓶を出して、「君一杯やるか」と仰るのですが、これが後に駄洒落のように話につながってきます。

　みつけた遺構ははじめに東南の角から掘ったのですが、そうしたら煉瓦の土台が出てきたのですが、そこから出てきたのが新王国時代の「イパイ」という人の墓です。イパイの墓からはポスト・アマルナ時代の遺物がたくさんみつかり、ツタンカーメン王の名をもつ指輪もとりあげられました。ですからイパイという人物は、ツタンカーメン王が殺されて、王妃のアンケセナーメンが殺されるといけないので、テーベ（現在のルクソール）からサッカラまで逃げてきた人かもしれません。この成果に坂田先生はすごく喜びました。その後の調査でイパイの墓は未盗掘ではなく、盗掘されていることが分かりましたが、坂田先生はこの

ダハシュール北遺跡の調査

ギザ西部墓域探査

発見は宇宙考古学にとって幸いなことだと言ってかばって下さいました。

　そのあとダハシュール北遺跡では、ミイラマスクを持つ未盗掘のセヌウの墓が発見されました。調査を始めて今ちょうど60年ですが、40年記念の時にこのセヌウのミイラマスクをもって、エジプト調査40年の歴史という展覧会を日本全国で開催しました。100万人以上の動員があって、なおかつエジプト政府から表彰されまして、カイロ博物館で凱旋講演と展覧会を開催することになりました。その後、文科大臣に文化功労章を頂き、それで今年、先ほど紹介して頂いた勲章を戴きました。

　その後、人工衛星の画像を解析した折に、ギザのピラミッドの南側に何かあると気づきました。太陽の船は、すでに第1の船が見つかっていましたが、ピラミッドの中線から西側に何もないのです。人工衛星の画像解析ではピットがあることが分かったので、「よし掘ってみよう」と思ったのですが、エジプト考古局からは「ダメだ」と言われました。しかし頑張って発掘権をとりまして、発掘が始まりました。

　最後ですが、これは是非とも皆さんにもお話ししておきたいと思います。私は、ピラミッドは王の墓ではないと思っています。先ほど写真に出てきたザヒ・ハワース（元考古大臣）や今のアナーニー考古長官、さらに日本の東大の先生方も、みなピラミッドは王の墓だと思っていましたし、世界史の高校の教科書にもそう書いてありました。

　人工衛星の画像解析はこの調査には向いていないということで、地中レーダ探査（GPR）でやれば何か分かるのではないかということで調査申請をしました。

　ギザ西部墓域はもともと、ヨーロッパやエジプトの考古学者も、誰も調査できなかったところです。

やっと去年の今頃、東北大学の佐藤先生の協力のもとで電磁波探査を行うと、そのデータを見たエジプトのカイロ大学とヘルワン大学とアスワーン大学の考古学部の学長が、自分たちでやると言いだしたので、大変なことになってしまいました。9月になって「みなで一緒にやりましょう。誰がやるかという問題ではなく、ピラミッドがクフ王の墓ではないということが分かればいいじゃないか」と言いましたら、今度は先方が、クフ王の墓ではないということを証明するのなら我々はやらない、と言い出したのでてんやわんやになってしまいました。

　そこで、先日の12月5日にクフ王の墓の調査でエジプトに行きましたが、このシンポジウムのために帰ってきました。これは大きな発見だったのですが、ちょうどいま見ている写真部分の上に葬儀用具が出てきたのです。当時は王様でも何でも葬式をすると、そこに色々な用品やミニチュアのものとかを埋めたのです。葬式が終わるとそれらの上に盛り土をして、毎年お参りをするのです。日本にも同じような風習がありますね。それが4000年以上の昔ですので、1メートルくらい下に埋もれています。ですから掘り始めて3日目に出土しました。

　これでいよいよ、早ければ来年の4月には墓が出てくるのではと期待しています。なぜ4月かと言いますと、3月はラマダーン月（断食月）にあたり調査ができないからです。何とかその間も調査できるよう、現在交渉中です。そうなれば、皆さんにクフ王の王墓発見というお知らせができると思います。

司会　どうもありがとうございました。私もクフ王の墓発見というお知らせ、楽しみにしております。

　では同じ質問ですが、鶴間先生、宇宙考古学との出会いについてお話しいただけますでしょうか。

37

Chapter 1　吉村作治×鶴間和幸：対談「古代エジプト×古代中国～共通性を探る」

西安周辺のLandsat画像

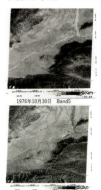
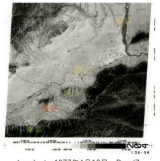

鶴間　吉村先生のお話の後ではしゃべりにくいのですが、聞き入ってしまいました。

　私の宇宙考古学との出会いは、惠多谷先生たちと共同研究をする前、1985年に1年間中国に行った時にありました。アメリカのLandsatの衛星写真を当時の宇宙事業財団から研究用に提供してもらいました。もともと冷戦構造の時代の機密の衛星情報が一般公開され、研究者に配布されていました。それを持って中国へ入りました。私は秦漢の時代を専門に研究していましたので、漢代の皇帝陵を歩くときに、衛星画像が大変役立ちました。地形図は10万分の1の陸地測量図が日本にもあります。中国は地図自体が国家機密ですから、私たちが使用することはできません。考古学の発掘の現場などでは見ることはありましたが。私は衛星画像を持って、当時はそれほど怪しまれなかったのですが、中国の人に会うとお前はなぜこんなものを持っているんだなどと言われたことはあります。

　私の専門は全く衛星とは関係ありませんが、歴史学は地図を必須としますので、衛星画像には地形図にはない様々な情報を得ることができることに気づきました。Landsatの画像は、1辺が180キロぐらいの関東地方が1枚の写真に入るものです。画像は地上の物性から反射した電磁波の波長を捉えますので、バンドの違いによって植生、市街地、河川などの地勢が分かり、季節による変化も読み取れます。漢代の長安城の南側の城門付近の城壁が黒いカギ型の線で見えるのは驚きました。実際には版築（はんちく）の城壁ではなく、城壁に沿った水をたたえた壕（ほり）でしたが。これはとてもよい資料です。季節ごとにそろえますと、その変化がわかります。

　長安城の北に渭水（いすい）（歴史的名称、現在は渭河と呼ぶ）という川があり、冬から春先にはほとんど雨が降らなくて水量が少ないのですが、夏から秋になると非常に水流が増えます。そういう状況も衛星でよく分かります。いまその一部の画像を示します。春先の水量の少ない渭水の方が濁りも少なく画像では黒く映ります。

　当初は自己流でLandsatの衛星画像を使用していましたが、始皇帝陵の研究では、惠多谷先生に出会い、本格的に衛星資料を使って中国古代の陵墓の研究をやろうということになりました。2009年頃でしょうかね。学習院大学東洋文化研究所と東海大学情報技術センターと研究協定を結びました。一緒に最初に取り組んだのが秦の始皇帝陵の研究でした。まず画像の精度はLandsatからかなり上がりました。QuickBirdでは始皇帝陵の墳丘と兵馬俑坑のドームがしっかり映っており、驚きました。しかし研究はただ遺跡を目視するのではないことを教えていただきました。

NHKスペシャル四大文明の出版

38

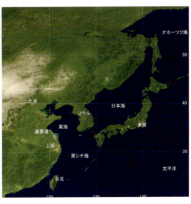

同一縮尺・同一緯度で比較した地中海と東アジア海

　衛星画像を画像処理することで、目視できないものを見出していく作業に、とても感動を覚えました。始皇帝陵の立地が驪山の山岳の北麓の傾斜地にあることがわかり、それが地下深くに収まっている地下宮殿の造営にきわめて重要な役割を果たしていることを私たちの共同研究では指摘しました。同じころに中国でも行われていた物理学探査による始皇帝陵の研究では指摘されていなかったことです。

　さて吉村先生との対談をさせていただくことになり、最初に20年以上前に吉村先生とはじめて出会ったときのことを思い起こしました。年齢からすると干支（寅）は私の方が一回り下ですが、当時まだ私は50歳手前のころでした。NHKの四大文明展で中国文明展の監修をし、横浜美術館で展示をしたときに、同時開催の世界の四大文明展の監修者が5人揃って対談をしたのです。今日持ってきましたが、5冊の書籍が出版されました。そのなかに当時の吉村先生と私の若い頃の写真があります。今回のシンポジウムのポスターも、実は先生が若い時の写真を出されたので、私も少しサバを読んで若い時の写真を並べました。吉村先生は私にとっても大先生ですので、先生の話を聞くのが楽しみで、対談なんておこがましいと思っています。しかし20年前とは違い、私は東海大学、早稲田大学との共同研究で、エジプトの現地の史跡を2度実際に見てきました。そこで中国文明とエジプト文明を私なりに比較し、吉村先生にいろいろとご意見をうかがえる立場になったと思っています。

　さて、実は本日画期的であるのは、中国文明とエジプト文明を直接比較できることです。当時は四つの文明を比較しましたが、四大文明の中で中国文明とエジプト文明が非常に近いということを吉村先生がおっしゃっていて、気が合ったというと失礼ですが内心嬉しい気持ちでした。何が近いかというと、両文明は死後の世界をしっかり作る文化を持っているということです。インダス文明とメソポタミア文明は死後の世界にあまり関わらないのです。とりわけインダス文明では死後の墓よりも、地上の生きている時代の都市の整備などを一生懸命にやるのです。あまりお墓には関心がないのです。メソポタミア文明展の監修者の近藤英夫先生は小さいテラコッタの人形をたくさん展示しました。冗談半分に、展示されているものはスーツケース一つ二つで全部運べるのではないですかと話したことがありました。

　一方エジプト展と中国展だけは大変大きな石像などを持ってきました。そのようなわけで非常に気が合ったことから、20年経過した今、私の立場からも両文明を比較してみたいと思います。これはその時に出版した四大文明関連の書籍です。私も当時しっかりと面白く中国文明論を語りました。しかし当時はエジプトは世界史で学んだ頭のなかの世界にすぎませんでした。

　今回このような画像を恵多谷先生に作ってもらいました。中国とエジプトの地図の画像を隣り合わせにしました。同じ緯度で同じ縮尺の画像です。私も2度ほどエジプトに行かせてもらいましたが、そのときにエジプトはアフリカ大陸に位置しているよりも、地中海世界の沿岸にある世界であることを強く認識し、地中海にナイル川という大河（アマゾン川につぐ世界第2の長さ、全長6650km）が注ぎこんでいることに非常に関心を持ちました。中国では黄河（全長5464km）と長江（6300km、世界第四の大河）が東アジアの海に注ぎ込

39

Chapter 1　吉村作治×鶴間和幸：対談「古代エジプト×古代中国〜共通性を探る」

ピラミッドの分布

関中平原における秦・漢・唐代の皇帝陵の分布

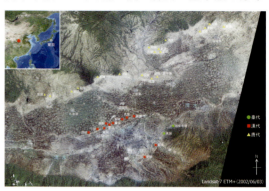

んでいることとの類似性を感じたのです。

　以前西洋古典考古学の青柳正規先生に地中海の海の話をうかがったことがあります。東アジアの海は、黄河と長江が注いでいますので大量の土砂が浅い大陸棚に堆積し、そのことで海の栄養分（土壌のリン、窒素、岩石の珪素など）が大変豊かであるといえます。海流（対馬海流・黒潮の暖流、親潮の寒流）も流れ、東アジアの大陸棚は漁業資源が豊富です。青柳先生は地中海の海中に潜り、海中の遺跡を調査していましたので、その経験から地中海はジブラルタル海峡など閉じた古い海であって海産資源は豊富ではないとおっしゃいました。東地中海のシリア沿岸には魚は豊富ですが、あとはあまり魚がいないのだとおっしゃっていました。オリーブオイルとワインと魚介類（スズキ、イワシ、ヒラメなど）の地中海料理を思い浮かべると、意外な答えでしたが、魚がいないというのは、おそらく漁獲量が少ないことと、種類が少ないという意味であろうと思います。

　エジプトのカイロの位置は、中国の上海あたりです。広州はアフリカのカイロよりずっと南に位置します。このことも非常に意外な感じがします。エジプト文明とギリシア・ローマ文明との密接な関係からエジプトも地中海世界に位置し、さらに中国文明を中心とした東アジア海文明との対比で歴史を考えたいものです。

立地環境の共通性

司会　では次のテーマです。私は宇宙考古学の研究に携わっていてとても疑問に思っているのですが、例えばピラミッド、始皇帝陵、漢代皇帝陵、あるいは唐代皇帝陵などを実際に訪ねてみると、それらの立地環境が大河を意識した配置であるとか、形状がよく似ていることとか、大変興味深いのですが、その辺の共通性ということについて先生方はどうお考えかをお聞きしたいのですが、鶴間先生そのままお続けになって下さい。

鶴間　惠多谷先生に作って頂いたピラミッドゾーンの衛星画像です。ナイル川は古来氾濫を繰り返していましたが、決してピラミッドの部分は浸水しません。ピラミッドは砂の上にあるので沈まないのかと思いましたら、石灰岩の岩盤の上に乗っているのです。砂を除くと石灰岩の段丘があって、そこにピラミッドが南北に分布していて、決して洪水の水は押し寄せないといいます。

　そのことを中国にも当てはめて惠多谷先生に画像を作っていただきました。共通することがあるのですね。中国の古都長安の北には、渭水という川があり、東に流れて黄河に注いでいます。渭水の北側には段丘があり、咸陽原と呼んでいます。段丘の上に前漢代（前202〜後8）の9代の皇帝陵が東西に並んでいます。赤色で示しましたが、これらが段丘に乗っています。大体お墓は棺や遺体が腐らないように水はけの良い場所に築きます。渭水はそれほど氾濫がないのですが、ピラミッドと同じように段丘の南端に沿って並んでいます。

　一方、唐代（618〜907）の皇帝陵では渭水盆地の北端の自然の山（総称して北山といいます）に埋葬します。黄色で示したところです。始皇帝（在位前247〜前210）から漢の時代の墓はエジプト古王国（前27〜前22世紀、第3王朝から第6王朝）のピラミッド時代の墓と同じで、まさにピラミッド形の墳丘です。中国では覆

40

始皇帝陵の南北中軸線

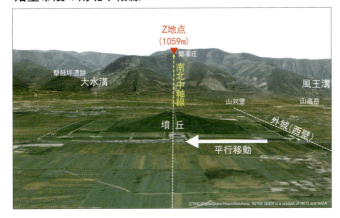

斗形（斗ますを逆さにした形）と呼び、方錐台形とも呼んでいます。唐代の皇帝陵は18陵のうち4陵を除いて自然山稜であり、ちょうど新王国時代（前1567～前1085）の王家の谷（第18王朝から20王朝のファラオの墓所、ナイル川の河岸段丘の涸れ谷の谷間にある）と同じです。遠く離れた場所で、時代も異にしますが巨大墳丘墓から自然山稜への変化が共通しているのです。始皇帝陵よりも2400年も前にクフ王などのピラミッドが作られました。その時代の差は大きいです。王家の谷の墓で知られるツタンカーメン王でさえも即位したのは前1350年ころであり、中国では殷王朝（前16世紀ころ～前11世紀）の時代です。陵墓の変化の類似性には、時代差が大きく、それぞれ独自に変化したものでしょう。

　私たちは衛星画像から始皇帝陵の分析を行いましたが、恵多谷先生が作成した始皇帝陵周辺の4K衛星3次元映像を見てビックリしました。このような画像は全く見たことがありませんでした。始皇帝陵が驪山北麓のどのような地勢に立地し、一体どんなプランで造営されたのかを考えました。始皇帝陵の墳丘の真南にZ地点という場所を恵多谷先生が発見してくれたのです。墳丘の頂上から南を向きますと、驪山の山並みが見えますが、ちょうど左右対称の山並みの中央の高いところを、集落の名前の頭文字をとってZ地点と命名しました。Z地点と墳丘頂上を結ぶとちょうど南北の軸線となります。これがエジプトでしたら、多分ピラミッドは太陽の南中の方角、子午線を軸に南北線を取ると思いますが、中国では北極星を観測して南北線を取ります。太陽信仰ではなく北極星信仰です。

吉村　ピラミッドも北極星です。

鶴間　そうですか。それは面白いですね。そうすると、中国は北極星から南北の方位を取りますと、今の南北軸より東に1.4度ずれています。

吉村　ピラミッドもそうです。

鶴間　それは興味深いですね。ピラミッドはいまから4500年前、始皇帝陵はいまから2200年前の北極星を見ています。地球の軸は26000年周期で回転しているので、天の北極にもっとも近い北極星も、現在はこぐま座のα星、2200年前の北極星はβ星です。これを古代中国では帝星と呼んでいます。

　ピラミッドも少しずれているのですね。ずれている南北線の直角方向の線を引くと、そこに人工的な段丘がいくつか見られます。始皇帝陵の墳丘の外側にはいろいろな陪葬坑を造ります。斜面を整地して水平面を取るために段丘を築いたうえで陪葬坑を造ります。これは恵多谷先生の作業の成果で分かりました。私どもは発掘できませんので、外国人として衛星画像を活用して新しい情報を得ています。それを現地で確認する必要があり、恵多谷先生と一緒に現地を調査しました。現地の協力者を得て、衛星画像で発見した段差のところに何があるのか。本当に段差があるのかを確かめました。これは確認できました。

　それから、兵馬俑坑は始皇帝陵の東1.5キロも離れた地点にあり、8000体といわれる兵馬俑が埋蔵されていますが、恵多谷先生は、始皇帝陵の西側にもあるのではないかと考えました。1974年に兵馬俑坑が発見される前のコロナの衛星画像を見ると、その場所には小麦畑はなく、果樹園や墓地が見られます。地下に巨大な兵馬俑坑の空間があり、土に埋もれていても自然の地層ではないので、灌漑

41

Chapter 1 吉村作治×鶴間和幸：対談「古代エジプト×古代中国〜共通性を探る」

ナイル川中下流域の衛星画像

©TRIC/NASA

黄河・長江中下流域の衛星画像

©TRIC/NASA

用の水もすぐに浸透してしまい、耕地として役に立たないのです。同じような場所を始皇帝陵の西側にも求めて現地の研究者に簡単なボーリング調査をしてもらいましたが、兵馬俑坑は発見されていないです。近年の調査では大型の陪葬墓群があることがわかり、発掘が進んでいます。

吉村 電磁波探査でやったらどうでしょうか。

鶴間 始皇帝陵の地下に関しては、中国側は地表から地下に向けて人工的に発生させた電磁波の反射波を測定することによって、地下の構造物を探ってきました。これをさらに始皇帝陵の周辺にも広げていくと面白いですね。

　私から見たエジプトの社会で気になっていることを申し上げます。ナイル川は下流でデルタ地帯を作って地中海に注いでいます。あのデルタはロータスのような形をしていて、一辺が約100キロ位あるのでしょうか。南北方向のナイル川とデルタを横に倒しますと、西から東に流れる黄河の河口に相当します。長谷川奏先生が発掘しているデルタの遺跡を私も見させていただきましたが、大変勉強になりました。

　中国にはもう一つの大河があり、黄河と長江が南北に平行して東の海に流れています。中国文明というのは、黄河文明ではなく、長江文明も含みます。黄河流域と長江流域が下流では非常に大きな共通の平原を造っていますので、ここが文明の舞台と考えました。デルタのような大平原を造っていまして、それがほぼ100メートル以下のすごくだだっ広い平原であるのです。そこでは古代以来多くの都市が創られ、都市の間で交流があり、文明が起こっ

たのです。現在の黄河河口のデルタは非常に小さいですが、実はもっと大きなデルタがあったと考えています。黄河は暴れ龍と呼ばれるように、現在の河南省開封市あたりから河道を大きく移動させました。現在は山東省の山東丘陵の北に流れていますが、南側に流れたり、北側に流れたりしていました。もっと古い時代は現在の北京、天津近くの海にまで流れていた時代もあったのです。

　大河と海の関係はエジプト文明と中国文明を考えるときに重要なテーマです。吉村先生とこの間2000年に対談した時に、先生は、ナイル川は治水をしないのだ。つまりそのまま放っておいてもいいのだとおっしゃっていました。つまり治水という考えがないのだと。「エジプトのいちばんの特徴は、ほとんど治水をしなかった。堤防とかダムをつくらずに、

クフ王のピラミッド

始皇帝陵

毎年夏場の四ヶ月間を氾濫させておいた。強力な王権も治水をしなかった」とのことなんです。

吉村 はい、そうです。

鶴間 実は中国の黄河も当初は治水ができませんでした。平らな大平原ですので、放っておいて分流して流せば、それで洪水は収まるのです。しかし次第に土木技術が発達し、堤防を築くことを覚えたのです。何とか堤防で洪水を防ぐことができましたが、人間の力には限りがありますから、大洪水が起きたら堤防を故意に決壊させて分流させた。そのような治水を中国ではやってきました。

吉村 エジプトではそういうことはしないのです。何もしないし、何も造らない。氾濫したら氾濫したで、そこのところに肥沃な土が来るでしょう。だいたい9月から10月中旬頃にナイルの氾濫が起こりますが、そうなると自然のままが良いのです。

鶴間 エジプトでは毎年決まった時に氾濫が起こるわけですね。黄河は夏の終わりから秋にかけて増水しますが、限度を超えた氾濫がいつ起こるかは、その年の降雨量によります。

吉村 水源が北にあると大体そうなのですね。水源が南にあるところは大丈夫なのです。アフリカには熱帯雨林があって、雨季になると雨が降ります。だから、それをちゃんと観察し、時期が来て星を見ていると、その時期になるとみな洪水の時期が分かるのです。

鶴間 シリウスが東の空に現れるとナイルの氾濫が始まる。おおいぬ座のシリウスは中国でも天狼（天のおおかみ）と呼び、狼の目のように明るく輝く星座です（もっとも明るい恒星）。エジプトでは夏のはじめに太陽の日の出の直前に東の空に昇る時期にナイルの氾濫が始まったのですね。緯度の高い中国では冬の星座として知られています。（ちなみにカイロは北緯30.03度、西安は34.15度、その差は4度以上あり、当然星座の見える位置は異なります。）

吉村 そうです。

鶴間 今でもそうなのですか。

吉村 そうですね。いまは上流にダムができて氾濫は起こりませんが。

鶴間 さて、少し脱線しますが、あの対談の時に、吉村先生にピラミッドを造る労働者が亡くなった時にどうするのですかとお聞きしたのですが、活字にはなっていませんが、ナイル川に遺体を投げ入れて葬るということをおっしゃっていたのですね。実は僕は反論して、心の中では、中国では始皇帝陵を造った労働者はしっかりと墓を造って埋葬されると思ったのです。集団墓地ですが、瓦の破片に出身地や姓名を記した墓誌を作る。

吉村 いや、いちがいに労働者といってもランクがありますから。熟練労働者と一般の農民とは違ったでしょう。一般の農民は、遺体を川に葬ったかもしれません。

鶴間 ナイル川にですか。そのときには棺に入れるのですか。

吉村 棺には入れなかったのではないでしょうか。地中海に行くまでに、遺体は大体腐敗したと思われます。

Chapter 1 吉村作治×鶴間和幸：対談「古代エジプト×古代中国〜共通性を探る」

唐太宗昭陵

エジプトと中国のミイラ

a) テーベ出土、第3中間期（第22王朝）・前945〜前730年頃
エジプト・パシェリエンプタハのミイラ
出典：© 東京国立博物館所蔵、国立文化財機構所蔵品統合検索システム
(https://colbase.nich.go.jp/collection_items/tnm/TJ-1835?locale=ja)

b) 中国・長沙馬王堆前漢墓の女性の遺体

鶴間　最後は海と一体になるのですね。では農民を管理している役人たちは棺に入れたのですか。中国では刑罰を犯した人を陵墓の造営に動員するのですが、かれらは普通一般の農民です。やはり集団の墓地を始皇帝陵の西側に造って埋葬するのです。

先ほど吉村先生が年表を簡単に紹介していただいたのですが、そこに中国の年表を入れてもらいました。始皇帝陵とクフ王のピラミッドの形が非常によく似ています。しかし実は、年代は全然違いまして、秦の始皇帝の時代は、エジプトで言いますとプトレマイオス朝の最後の王朝の時代です。始皇帝よりも2300年も前がクフ王の時代です。

中国では戦国時代（前403〜前221）に入り、諸侯は王と名乗り、地上に墳丘を造ることが広がりました。春秋時代（前770〜前403）にも一部に墳丘は見られますが、始皇帝につながる墳丘は戦国時代からです。戦国時代になって地上に大きな土盛りを競って造る時代になりました。墳丘の形は円墳と方墳があります。上円下方墳もあります。円形は天、方形は地を表します。多様な墳丘墓のなかで秦は戦国の恵文王のときから方墳を築きます。そして天下を統一した始皇帝は巨大な方墳を築きます。頂上が少し平らになった方錐台形ですので覆斗形と呼んでいます。クフ王のピラミッドも頂上部が平らになっているので、衛星画像ではとてもよく似た形に見えます。

その後、漢の時代の皇帝陵はピラミッドの方墳の時代ですが、唐の時代になると変わります。皇帝陵は18あり、そのうちの四つは伝統的なピラミッド形ですが、その他の16は自然の山に埋葬するのです。私は、これは王家の谷に相当するのではないかと思っています。いかがですか。

吉村　そうですね。中国になりますと、ピラミッド造るのは大変だったでしょう。王も財政が苦しくなったでしょうから、自然の山をピラミッドと見立てたのかもしれませんね。

鶴間　王家の谷と唐代の自然山陵の皇帝陵の類似性、時代は異なりますが、陵墓の形の変化では共通しています。自然の山に築くのは、薄葬といって倹約のためでもあるのですが、実は中の墓室は豪勢に造るのです。中国の場合には、始皇帝陵は人工墳の地下深く地上から30メートルも掘り下げます。そうすると地下水が溜まりますので、水が墓室に入らないようにする一方で、やはりその環境は人間の遺体を腐らせずに保存させます。自然山陵墳は山のなかに墓室を設けますが、墓室を石で隙間なく覆って水の浸入は防ぎます。地下の墓室も、山岳のなかの墓室も密封させて、外気の気温と湿度の季節変化とは無縁の空間を作り、遺体の保存を目指します。

吉村先生にお聞きしますが、中国ではミイラを作らずにそのまま地下の環境で遺体を残そうとします。実際に前漢代の馬王堆漢墓からは、50歳ほどの女性の遺体が腐らず、内臓も皮下組織も全部残っていました。エジプトのミイラというのは全部内臓を加工しますね。

吉村　心臓以外はそうです。

鶴間　心臓は別ですね。心臓以外内臓は壺のなか

ジェセル王の階段ピラミッド

スネフル王の屈折ピラミッド

秦始皇帝陵の構造(復元図)

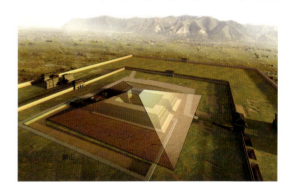

に保存され、心臓だけは洗浄された体内に残すのですね。中国文明とエジプト文明の文化の違いを感じます。地下深くに埋葬して遺体を残すというのが中国のやり方ですが、エジプトでは地下に埋めることはないのでしょうか。

吉村　ピラミッド以前の古い時代は、実際に地下に埋葬したのです。

鶴間　やはりそうでしょうか。岩盤をくり抜くのですか。マスタバ(地下の墓室の上に石の建造物を築いた古王国時代から中王国時代の墓)の時代もありますが。

吉村　マスタバの時代も埋葬の場はみな地下に造ったのです。クフ王のピラミッドの下に、地下にずっと行くと部屋があるのですが、中途で掘削をやめているのですね。それは一般には水が出たからと言うのですが、そうではなくて、本当はそこに墓を造ろうと思ったに違いありません。ところが、そこはピラミッドを造るのにとてもいい岩盤だったのです。それでここに墓を造ってはいけないということになって、墓は違うところに造って、その上にピラミッドを建てたのだと思います。

鶴間　地下にも挑戦したのですか。どのくらい掘ると水が出ますか。

吉村　大体13メートルほどから15メートル未満くらいでしょうか。

鶴間　中国でも15～6メートルで水が出ます。始皇帝陵ではさらに30メートルまで掘り下げますから、地下堤防を造るのです。

吉村　エジプトではそんなことはやりません。

宇宙考古学への期待

司会　ありがとうございました。では時間も無くなってきましたので最後の話題に移りたいと思います。これは宇宙考古学を専門としている私が一番知りたいことなのですが、宇宙考古学にこれから期待することについて、吉村先生お話しいただけますでしょうか。

吉村　私はまず、ピラミッドの中にお棺はないと思うのです。でもピラミッドの中にお棺がないと言っても皆さん納得しないのです。ですからピラミッド地帯を発掘したいと思っています。それから王家の谷もまだ細かく調べていないので、地形を調査して新たな王墓を見つけたいです。ですから、クフ王の墓を見つけたら、次に王家の谷に取り組みたいですね。王の名前はあるけれども所在の分かっていない墓というのを見つけたいと思っています。

45

Chapter 1 　吉村作治×鶴間和幸：対談「古代エジプト×古代中国～共通性を探る」

ということで、そういうものを宇宙技術でやろうと思います。今そういうことをやれるのは日本しかありません。中国からもエジプトにはずいぶん調査に来ますが、見つかった墓をきれいに調査して、中の遺物を取り出すことに集中して、それから地上の建物を復元しようというのが中国の基本的な研究手法です。中国の取り組みは現実的なのです。

一方、僕らは夢とロマンで生きていますから、無いものを探そうという大きな夢があります。そういう点でも、宇宙考古学はぜひ取り組みたく思っています。

司会　私も夢を探すというテーマでこれから何ができるかを考えたいと思います。

吉村　私はシルクロードという名称には反対で、あれはむしろピラミッド・ロードと呼びたく思っています。エジプトから日本の福島にかけて、ピラミッドの絵でつなげることができると思っています。ピラミッドのイメージは、エジプトから一旦ギリシアへ行き、ギリシアからオリエントを通って、それからペルシアへ行き、イラン、インドから今度中国に来て、朝鮮を渡り、北九州に上がって、一旦九州を下がってくるのですが、瀬戸内海を通って、山陰をずっと行くのです。山陰には出雲があって、そこから伊勢に入って、伊勢からは伊勢湾を上がって、ずっと東海道を通り、福島まで来たのではないかと考えています。私はこれをピラミッド・ロードと呼んでいます。

鶴間　日本の古墳は中国には見られない独特な形の前方後円墳がよく知られていますが、前方後方墳や円墳や方墳もあります。形状は多様であり、なかには階段状のピラミッドが日本にもあるという報告を見ました（奈良県明日香村都塚古墳）。エジプトにも階段状のピラミッドがありますね。これは何ですかね。私も古王国第3王朝のジェセル王の階段ピラミッドを見学しました。階段ピラミッドから屈折ピラミッド（クフ王の父のスネフェル王墓）、真性ピラミッドへの変化を現場で見ました。階段ピラミッドは始皇帝陵の墳丘のなかにもありました。リモートセンシング調査によって始皇帝陵の土の中に九段ピラミッドがあることがわかりました。これまでは地下まで掘って墓室を作り、埋蔵後に土で全部埋めたという考え方であったのですが、まず中段くらいのピラミッドを造り、横から伸びた墓道を下って始皇帝の遺体を埋葬したあとに墳丘の山を築いたことが考えられます。

司会　階段ピラミッドが造られたというのは、やはり作りやすいということなんでしょうか。

鶴間　それもありますが、一気に地下に墓室を造って埋めるというのは大変な作業です。ですから、ある程度階段状に造っておき、横にコの字型にして、横から入って埋葬の儀式をします。あとはもう土を積めばいい。そうではないかなと私は思っています。

吉村　エジプトは違います。エジプトの階段ピラミッドの建設を担当したのはイムヘテプという人です。もともと階段状のピラミッドはありましたが、これはジェセル王の命令によって、これを造りなさいと言われて造ったのです。その後、屈折ピラミッドとか色々あるのですが、後の真正ピラミッドは全く違った発想でやったと思います。屈折ってどうして屈折したかという説が色々あります。ピラミッドの角度が、王によってちゃんと決まっていました。ですから、ピラミッドの角度は全部王様の角度です。屈折ピラミッドは台座の地点までいって、スネフル王が自分の角度に変えたのでしょう。

鶴間　私の宇宙考古学への夢ですが、地下宮殿。始皇帝が埋葬されている未発掘の地下宮殿を解明する調査を進めたいということです。中国側が行ったリモートセンシングで始皇帝陵の地下に空間があることは分かりました。ですから、是非恵多谷先生に、我々が入手できる衛星画像から、その地下空間に何があるのかを探る道が、何かいい方法がリモートセンシングにあるのかを考えていただきたいと思います。それが私の夢です。

司会　ありがとうございました。大きな宿題をいただきました。本日は先生方には短い時間で大変申し訳なかったのですが、時間になりましたのでこれでパネルディスカッションを終わりにしたいと思います。先生方、お忙しいところどうもありがとうございました。会場の皆さん、先生方に大きな拍手をお願い致します。

Chapter 2
宇宙考古学の予備知識

Landsat8号の外観 ©NASA

Chapter 2 宇宙考古学の予備知識

2.1 リモートセンシングとは

中島 孝

2.1.1 リモートセンシングの仕組

リモート・センシング(Remote Sensing)という用語を日本語に訳すと、遠隔・探知となる。これは観測対象物から離れたところから、光などの電磁波を使って対象物に関する情報を得る技術をいう。たとえば風邪をひいたときの体温計測において、従来型の電子体温計を脇の下に挟むのはダイレクトセンシング(直接探知)、近年ポピュラーになってきた非接触型赤外温度計で額の体温を測るのがリモートセンシング(遠隔探知)である(図2.1.1)。後者の場合は、額から射出される赤外線を遠隔で検知していることになり、これはリモートセンシングである。

リモートセンシングの水平スケールをずっと大きくして、地球を周回する人工衛星やドローンにセンサを搭載して地球表面の広い範囲を宇宙や上空から観測し、考える。これらを衛星リモートセンシング、ドローン・リモートセンシングとよぶ。衛星やドローンをつかったリモートセンシングの最大の特徴は観測の均質性である。例えば地上に設置したセンサで地表面を広域に観測するためには無数のセンサを平面的に設置する必要があり、膨大なセンサの管理手間が現実的ではないうえに、センサ毎の個性による計測データの不均質性が発生する。一方の衛星やドローンをつかったリモートセンシングでは、搭載されている一つのセンサを用いて広い地表面を均質に計測することが可能である。

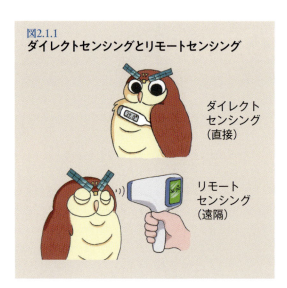

図2.1.1
ダイレクトセンシングとリモートセンシング

2.1.2 リモートセンシングのセンサ

リモートセンシングで使われるセンサには、可視光等を利用する光学センサ、マイクロ波などの電波を利用する電波センサがある(図2.1.2)。観測方式にも大きく分けて2種類ある。地表面で反射される太陽光や地表面から射出される赤外光やマイクロ波を観測する方式を受動型といい、衛星等に搭載されたセンサみずからが光や電波を対象物に向けて発射し、対象物で反射して衛星に戻ってくるものを観測する方式を能動型という。このうち、受動型は私たちがよく目にする写真のような画像を取得するセンサである。一般的に、受動型は広範囲を平面的に観測するのに適している。一方の能動型は雲を透過する電波をつかって天候にかかわらず地表を観測する合成開口レーダのようなセンサと、対象物で反射してセンサに戻ってくる光や電波の時系列観測から観測対象物の鉛直断面観測を行うライダー、雲レーダ、降雨レーダなどがある。

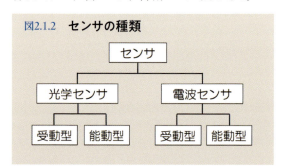

図2.1.2 **センサの種類**

2.1.3 衛星の軌道

ここからは衛星によるリモートセンシングを考えてみる。人工衛星は宇宙空間を自由に動けるわけではなく、物理法則に拘束されながら地球を周回する軌道を飛行している。いくつもの軌道がありうるが、ここでは代表的な二つの軌道について紹介する。

一つめの軌道は気象衛星ひまわりや通信衛星が利用する静止軌道である。地表から高度約3万6千kmの上空を、赤道にそって周回する軌道である(図2.1.3a))。この高度こそが静止軌道を理解する鍵となる。この高度においては衛星が地球の自転と同期して24時間で地球を1周することになるため、地上から見上げると衛星が常に同じ位置に静止しているように見える。このこ

48

とからこの軌道は静止軌道と呼ばれている。二つ目の軌道は極軌道とよばれている。これは北極付近と南極付近を通過するように地球を南北に周回する軌道である(図2.1.3b))。衛星の軌道高度はおおよそ400～1000kmであり、静止軌道よりずっと低い軌道である。極軌道の衛星は地球を約100分で1周する。したがって1日では14～15周することになる。

静止軌道と極軌道、それぞれの特徴を見てみよう。静止軌道衛星はいつでも同じ地球表面を観測することができるため、例えば可視赤外センサを用いて10分間に1回の観測をおこなっている静止気象衛星ひまわりの観測画像を時系列的につなぎ合わせると、パラパラ漫画の動画のようにすることが可能である。そのため比較的動きが速い現象である雲の観測などに適して

いる。静止軌道衛星は地表からはるか遠方の3万6千kmの高度にあるため、観測の空間解像度(画素のサイズ)は数百m～数kmと粗くなるという特徴もある。一方の極軌道衛星は地表面に対してつねに高速で移動しているため、観測ターゲットの上空にとどまっての動画的な観測は出来ないが、衛星高度が低いという特徴がある。そのため、地表面を高い空間解像度(数メートル以下)で観測できる。静止軌道と極軌道はどちらかが特に長けているというわけではなくて、観測の目的によって使い分けていることに留意したい。なお、宇宙考古学では一般的に高い空間解像度が必要になることが多いため、本書に登場する多くの衛星観測画像は、極軌道のいくつかの衛星から取得されたものである。

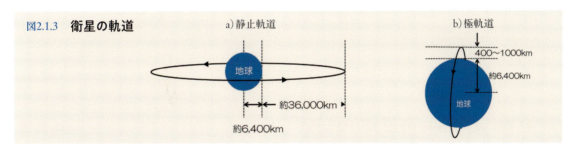

図2.1.3 衛星の軌道　　a)静止軌道　　b)極軌道

2.2 電磁波(光)とリモートセンシング　　中島 孝

2.2.1 電磁波とは

電磁波とは何であろうか。実は、私たちが見ることができる光(可視光)は電磁波の一種である。図2.2.1a)に示すように電磁波には波長が短いものから波長が長いものまであり、波長によって呼称が変わる。よく知られている呼称である紫外線、可視光線、赤外線、マイクロ波、電波もすべて電磁波である。波長の定義は図2.2.1b)に示されている。電磁波に関して物理的な記述を試みると、電磁波は電場と磁場が相互に発生原因となり、結果となり、エネルギーを伝搬する波の総称であり、電磁波が波である証拠に干渉、屈折、回折などの波の性質を有している。電磁波のなかで波長がおおよそ400nm(ナノメートル：10⁻⁹m=10億分の1m)から700nmの範囲にあるものが可視光である。私たちの目はこの可視光に反応するように発達してきた。

衛星に搭載されたセンサの多くは、可視光の波長範囲にある検知器で画像を取得している。例えば青色、緑色、赤色の異なる3種類の波長を検知する検知器を有しているセンサは、それぞれで観測された画像を合成すると私たちがよく目にする写真のようなカラー画像ができる。また、多くのセンサでは、可視光以外の赤外光の領域にも検知器を持っており、例えば赤外光の観測から観測対象物の温度を計測する。本書で扱う宇宙考古学の観測では、主に可視光による観測画像が使われる。

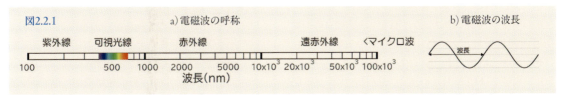

図2.2.1　　a)電磁波の呼称　　b)電磁波の波長

Chapter 2 宇宙考古学の予備知識

2.2.2 分光反射率

可視赤外センサによる衛星観測でカラー画像が得られる理由をもう少し考えてみよう。図2.2.2に示すように、あらゆる地表面の物質(ここでは、水、土、植生、…)は電磁波に関してそれぞれ固有の反射特性、放射特性を持っている。「反射」は太陽光のように地球外からやってきた電磁波が地球表面などではね返されることを意味し、「放射」は地球表面などから赤外線などの電磁波がにじみ出てくるように出てくることをいう(より専門的には射出という)。このように、観測対象物から反射してきたり、放射してきたりする電磁波を、幾つもの波長で観測する多波長センサで観測して合成すると、カラー画像が得られる。得られたカラー画像から観測対象物の様々な情報がわかる。例えば、太陽光のもとで木々が緑色にみえるのは、木々の葉が太陽光に含まれる青、緑、赤の電磁波のうち、とくに緑の波長帯の電磁波を強く反射するからである。

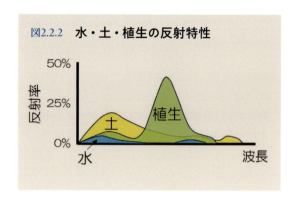

図2.2.2 水・土・植生の反射特性

宇宙考古学においては、地球表面を高空間解像度の多波長センサで詳細に観測し、観測対象の特徴的なテクスチャ(構造)情報とともに波長ごとに異なる地表面の反射特性(これを「分光反射率」とよぶ)や放射特性の違いを利用することで、自然の造形とは異なる人工的な構造物等を探し出すことが試みられている。

2.3 観測データの前処理

中島 孝

2.3.1 大気の影響の補正

宇宙考古学でつかわれるリモートセンシングは地表面の情報を読み取るのであるから、地表面の分光反射率が重要となる。ところが、とくに衛星観測においては観測対象である地表面と衛星搭載センサの間に厚い大気がある。大気もまた電磁波を散乱したり吸収したりするため、衛星の軌道高度から観測した分光反射率は、そのままでは地表面の分光反射率にならない。そこで、衛星が観測した観測量から大気による散乱や吸収を取り除いて地表由来の情報のみを取り出す処理が必要となる。この処理を大気補正とよぶ(図2.3.1)。

ここからは衛星が観測した観測量として分光反射率ではなく、観測する波長で得られた明るさである「放射輝度」を用いて、観測した全放射輝度に占める地表由来の輝度を議論してみよう。波長400〜700nmの可視光の波長帯においては、窒素や酸素などの大気分子成分による光の散乱が顕著であるため、明るい砂漠域においても衛星観測放射輝度に占める地表由来の放射輝度はせいぜい30〜50%である。暗いターゲットである海や湖沼などの水域では地表由来の放射輝度はわずか数%しか

ない。一方で、おおよそ波長1000〜2500nmの短波長赤外の波長帯では、大気分子成分による散乱はぐっと弱くなり、全放射輝度に占める地表面由来の放射輝度の割合は70〜90%までに達する[1]。

このことから、観測対象が地表面である宇宙考古学では、とくに可視光を用いた観測において大気による影響を除去する大気補正が重要であることがわかる。大気補正アルゴリズムには様々なものがあるが、多くの場合は放射伝達理論というツールを用いてアルゴリズムが構築されている。

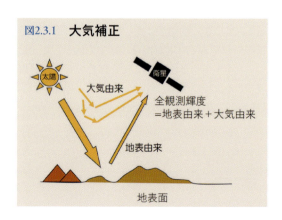

図2.3.1 大気補正

2.3.2 幾何学的歪みの補正

衛星画像に正確な緯度や経度などの地図座標を与えることを幾何補正という。とくに宇宙考古学では、衛星画像に映り込んだ特徴的な構造物などの地上における正確な位置(緯度・経度)が判明しないことには用をなさない。衛星からの地球観測では地球の曲率のため観測する対象面が曲面となることから、観測画像は基本的に歪みをもっている。観測で得られた画像に対して歪みを補正する操作、すなわち幾何補正を施すことで、各観測画素の緯度・経度が決定された2次元の画像として表現できる(図2.3.2)。観測画像における幾何学的な歪みの原因をもう少し詳しく見てみると、センサのレンズの歪曲収差などに起因する歪み(内部歪み)、衛星等のプラットフォームの位置や姿勢に起因する歪みや観測対象物に起因する歪み(外部歪み)がある。これらの内部歪みおよび外部歪みに対して、システム補正、精密補正、オルソ補正(高さ情報を用いて画像全体を真上から見たような正しい大きさと位置に補正＝正射変換)などを施して、衛星画像に対して正確な緯度・経度の地図座標を与える[1]。

図2.3.2 幾何補正

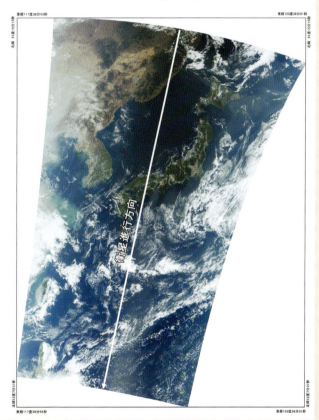

Terra MODIS 2018/10/21
©TRIC/NASA MODIS Support Team

2.4 宇宙考古学で使われる主な衛星データ　恵多谷 雅弘

　衛星リモートセンシングでは、調査に適した衛星センサを選定することが重要である。リモートセンシングの衛星センサには、解像度（地上の物体をどれくらいの大きさまで見分けることが可能かを表す言葉）は低くても広い地域を一度に観測できる広域観測センサと、観測範囲は狭いが物体の識別力に優れる高解像度センサがある。前者は気象、海洋などの地球規模の調査に、後者は建物、道路、車両などの調査に適している。さらにそれらには、人間の眼で見える可視波長域から眼では見えない赤外線波長域を観測する光学センサと、電波の領域を観測するレーダなどのマイクロ波センサがある。衛星センサの選定では、調査の的によって、観測幅（衛星の軌道と直交する方向の幅）、波長帯（スペクトルバンド、チャンネルなどと呼ぶ）、回帰日数（観測の周期）などを使い分ける必要がある。

　衛星リモートセンシングへのアプローチとして、現時点で最も使いやすく、入手しやすいデータとして、米国のLandsat衛星やESA欧州宇宙機関（ESA）のSentinel衛星（ESA欧州宇宙機関）などの光学センサ画像がある。ネット環境さえあれば、どちらも無料で入手可能である。ここでは、実際に宇宙考古学で使われている代表的な衛星センサとそのデータ特徴を紹介する。

2.4.1　TerraとAqua

　地球規模の環境変動や、砂漠、植生、都市、海洋、雲などの調査では、1シーンの観測幅が広い衛星センサが適している。米国NASAの地球観測衛星TerraとAquaに搭載されているMODIS（Moderate-Resolution Imaging Spectroradiometer：中分解能スペクトル放射計）は、観測幅2330km、地上解像度は最高で250m（バンド1と2）、36バンドの波長帯で地球のあらゆる地点を1～2日の周期で観測できる広域観測センサである。NASAが提供している雲がない世界の画像（https://visibleearth.nasa.gov/collection/1484/ blue-marble）にもMODISデータが使われている。

　Terraの外観とセンサ仕様を図2.4.1及び表2.4.1に示す。

図2.4.1　Terraの外観

©NASA　出典:https://visibleearth.nasa.gov/

表2.4.1　MODISの仕様

観測幅	2,330 km	
バンド	波長帯（nm）	解像度（m）
1	620 － 670	250
2	841 － 876	
3	459 － 479	500
4	545 － 565	
5	1,230 － 1,250	
6	1,628 － 1,652	
7	2,105 － 2,155	
8	405 － 420	1,000
9	438 － 448	
10	483 － 493	
11	526 － 536	
12	546 － 556	
13	662 － 672	
14	673 － 683	
15	743 － 753	
16	862 － 877	
17	890 － 920	
18	931 － 941	
19	915 － 965	
20	3,660 － 3,840	
21	3,929 － 3,989	
22	3,929 － 3,989	
23	4,020 － 4,080	
24	4,433 － 4,598	
25	4,482 － 4,549	
26	1,360 － 1,390	
27	6,535 － 6,895	
28	7,175 － 7,475	
29	8,400 － 8,700	
30	9,580 － 9,880	
31	10,780 － 11,280	
32	11,770 － 12,270	
33	13,185 － 13,485	
34	13,485 － 13,785	
35	13,785 － 14,085	
36	14,085 － 14,385	

参考
https://directory.eoportal.org/web/eoportal/satellite-missions/t/terra
データ入手サイト：
　https://ladsweb.modaps.eosdis.nasa.gov/search/order/1/MODIS:Terra ほか（無料）
※：MODISの衛星データは、東海大学宇宙情報センター（TSIC）でも受信・公開している（http://www.tsic.u-tokai.ac.jp/index.php）。

2.4.2　Landsat

　地球観測技術としてのリモートセンシングの発展を大きく加速させた要因は、米国航空宇宙局NASA（National Aeronautics and Space Administration）がERTS（Earth Resources Technology Satellite）計画の観測データを世界に公開したことであろう。1972年に打ち上げられたERTS1は、地球の資源、環境の調査を目的とし、農業、海洋、国土利用の調査や、気象、災害、雪氷の監視など、様々な分野において有用性と可能性を実証し、それによって観測された鮮明な画像はリモートセンシングの普及に大きく寄与した。

　ERTS1号は、その後Landsat1と改名され、現在稼働中のLandsat9に至るまで半世紀以上にわたって地球観測を行っている。Landsatシリーズの大きな特徴として、継続性を重視したセンサ開発がある。Landsat1に搭載された光学センサMSS（Multispectral Scanner：多波長走査放射計）は、可視から近赤外までの波長域を4バンド（波長帯）に分光し、観測幅185km、地上解像度80m、18日に1度の周期で、同じ地域を観測した。この設計思想は、その後のTM（Thematic Mapper：イメージングマルチスペクトル放射計）、ETM＋（Enhanced Thematic Mapper：高分解能光学イメージャ）、OLI（Operational Land Imager：イメージングマルチスペクトル放射計）などへと引き継がれている。

　Landsat9の外観とセンサ仕様を図2.4.2及び表2.4.2に示す。

図2.4.2　Landsat9の外観

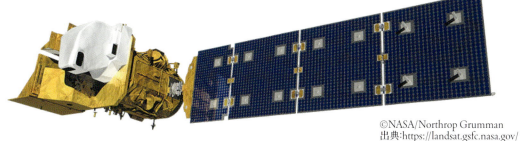

©NASA/Northrop Grumman
出典：https://landsat.gsfc.nasa.gov/

表2.4.2　Landsat9のセンサ仕様

OLI-2

観測幅		185km	
スペクトルバンド		波長帯 (nm)	解像度 (m)
バンド	波長		
1	Ultra blue (coastal/aerosol)	435 — 451	30
2	Blue	452 — 512	30
3	Green	533 — 590	30
4	Red	636 — 673	30
5	NIR（近赤外線域）	851 — 879	30
6	SWIR1（短波赤外線域1）	1,566 — 1,651	30
7	SWIR2（短波赤外線域2）	2,107 — 2,294	30
8	Panchromatic（高解像度モノクロバンド）	503 — 676	15
9	Cirrus（雲検知バンド）	1,363 — 1,384	30

TIRS-2（熱赤外線センサ）

スペクトルバンド		波長帯 (μm)	解像度 (m)
バンド	波長		
10	TIR 1（熱赤外線域1）	10.60 — 11.19	100
11	TIR 2（熱赤外線域2）	11.50 — 12.51	100

参考：https://www.usgs.gov/core-science-systems/nli/landsat/landsat-9
データ入手サイト：https://earthexplorer.usgs.gov/（無料）

Chapter 2　宇宙考古学の予備知識

2.4.3　Sentinel

Sentine-2は、欧州宇宙機関(ESA)が開発・運用している衛星シリーズである。現在、同一仕様の2機の衛星2Aと2Bが同時運用されている。搭載センサのMSI(Multispectral Instrument)は、可視、可視近赤外線(VNIR)、近赤外線(NIR)、短波長赤外線(SWIR)を13バンドのマルチスペクトル(多波長)データとして、観測幅290km、地上解像度10m〜60m、10日に1度の周期で同じ場所を観測する。センサ仕様がLandsatと近いため、Landsatの過去の画像と長期の時系列データを構築することも可能である。無料かつオープンデータポリシーという点でも利用しやすいデータと言える。

Sentinel-2の外観とセンサ仕様を図2.4.3及び表2.4.3に示す。

図2.4.3　Sentinel-2の外観

©ESA

表2.4.3　Sentinel-2のセンサ仕様

MSI

観測幅		185km	
スペクトルバンド		中心波長 (nm)	解像度 (m)
バンド	波長		
1	Indigo	443	60
2	Blue	493	10
3	Green	560	10
4	Red	665	10
5	VNIR	704	20
6	VNIR	740	20
7	VNIR	783	20
8	NIR	833	10
8a	NIR	865	20
9	NIR	945	60
10	SWIR	1374	60
11	SWIR	1610	20
B12	SWIR	2190	20

参考
https://directory.eoportal.org/web/eoportal/satellite-missions/c-missions/copernicus-sentinel-2
データ入手サイト:https://browser.dataspace.copernicus.eu/(無料)

2.4.4　CORONA

CORONAは1950年代後半に米国のCIA(Central Intelligence Agency：中央情報局)と空軍が極秘に開始した偵察衛星写真の共同プロジェクト名である。1995年にビル・クリントン大統領が大統領令で機密扱いを解除したことで、1960〜1970年代に偵察衛星が撮影した80万枚を超える写真が、USGS(U.S. Geological Survey：アメリカ地質調査所)を通して入手可能となった[2]。CORONAプロジェクトで使われた偵察衛星は、KH-1、KH-2、KH-3、KH-4、KH-4A、KH-4Bなどで、このうち撮影シーン数が最も多いKH-4Aは、1シーンの撮影範囲が平均で16km×193km、地上解像度は約2.7m、ステレオ視を可能とする前方視(FWD)、後方視(AFT)のカメラを搭載する。撮影済みのフィルムはカプセルに収めて地球に投下し、空中に待機していた輸送機などが回収した。

遺跡探査や景観復元におけるCORONA写真の有用性について、小方登らは以下のように述べている[3]。

・1960〜70年代に撮影された写真のため、近年の衛星画像との比較を通して、より長期間にわたる地表面状態の変化を抽出しうる。
・Landsatなどの衛星画像と比べ解像度が良い。
・立体視が可能である。
・安価である。

KH4Aの外観を図2.4.4に示した。なお、USGSから提供されるデータフォーマットは写真をスキャニングしたTIFF形式のデータで、図2.4.5のように1シーンが4枚に分割される。

図2.4.4　KH-4Aの外観

写真:©CIA　出典:https://www.cia.gov/

図2.4.5　1フレームを4枚に分割し、スキャニング（デジタル化）して提供されるCORONA写真

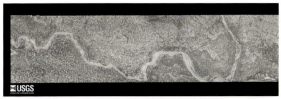

KH-4A（AFT）：西安1965/8/21撮影©USGS
※画像は南北が逆になっている。

データ入手サイト：https://earthexplorer.usgs.gov/（無料）
＜入手方法＞
EarthExplorer（図2.4.6）にLogin（登録が必要）する。
Data SetsタブでDeclassified Data（機密解除データ）を選択する。
Search Criteriaタブを選択し、検索範囲（Polygonなどを設定、あるいは緯度経度を入力）とData Range（検索期間を年月日で入力）などを設定する。
Resultsボタン（またはタブ）を押すと検索されたデータが表示される。
Show Footprintアイコンを選択すると画面にCoverage（データ撮影範囲）が表示される。
アーカイブデータ（Download Optionsアイコンが表示された場合）は無料でダウンロードできる。アーカイブデータ以外はOrder sceneアイコンを選択し、必要事項を入力後、フィルムスキャニング費用US＄30/シーンと手数料US＄5を送金する。
※入手まで（スキャニングに）時間を要する場合があるので以下に確認すると良い。

USGSカスタマーサービス：
Voice: 605-594-6151　　Email: custserv@usgs.gov

図2.4.6　EarthExplorerの検索画面

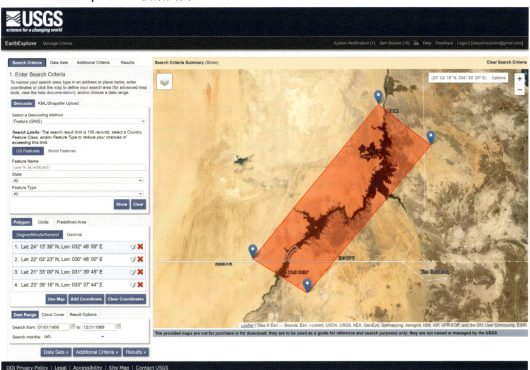

©USGS

Chapter 2 宇宙考古学の予備知識

2.4.5 WorldView

　考古学分野の調査では、高解像度の衛星画像が望まれることが多い。WorldView衛星シリーズは、米国Maxor Technology社が運用する高解像度商用衛星である。2014年に打ち上げられ現在運用中のWorldView-3には、地上解像度0.31mのパンクロマティック画像センサ、16波長帯（VNIR：可視近赤外域8バンド、SWIR：短波長赤外域8バンド）のマルチスペクトル画像センサ、さらに薄雲などの影響を軽減する大気補正センサ（CAVIS）が搭載されている。WorldView-3の最大の特徴は、0.31mという世界最高レベルの高解像度衛星画像が入手可能となったことで、例えば、滑走路上に書かれた数字（指示標識）や広場に立つ人なども識別できる。車のナンバーや人の顔の識別は難しい。

　WorldView衛星データに関しては、同じ地点の2時期の観測画像から作成したDSM（Digital Surface Model: 数値地表モデル）や、直下視オルソ補正画像などの付加価値サービスもあり、地形図が入手しにくい地域の調査での地理空間情報解析に役立つデータとなっている。なお、WorldView-3データを地図の代用として利用するのであれば、全バンドは必要ないので、パンクロマティック（地上解像度1.24m）1バンドと可視近赤外の4バンド（地上解像度0.31m）だけを組み合わせて提供されるバンドルデータを購入し、自身でパンシャープン処理（高解像度のパンクロマティック画像と低解像度のマルチスペクトル画像3バンドを合成）するか、データ配布機関が作成したパンシャープン画像を購入すればよい。

　WorldView-3外観を図2.4.7、センサの仕様を表2.4.4に示す。

図2.4.7　WorldView-3の外観

©Maxar Technologies

表2.4.4　WorldView-3のセンサ仕様

OLI–2

観測幅（km）		13.1（直下）			
チャネル	波長（nm）	観測幅直下（km）	解像度		
			直下（m）	20度オフナディア（m）	
Panchromatic	450 － 800	13.1	0.31	0.34	

8バンドマルチスペクトル

チャネル	波長帯（nm）	観測幅直下（km）	解像度	
			直下（m）	20度オフナディア（m）
Coastal	400 － 450	13.1	1.24	1.38
Blue	450 － 510			
Green	510 － 580			
Yellow	585 － 625			
Red	630 － 690			
Red Edge	705 － 745			
Near-IR1	770 － 895			
Near-IR2	860 － 1040			

8バンドSWIR

チャネル	波長帯 (nm)	観測幅 直下 (km)	解像度	
			直下 (m)	20度オフナディア (m)
SWIR-1	1195 — 1225			
SWIR-2	1550 — 1590			
SWIR-3	1640 — 1680			
SWIR-4	1710 — 1750	13.1	3.70	4.10
SWIR-5	2145 — 2185			
SWIR-6	2185 — 2225			
SWIR-7	2235 — 2285			
SWIR-8	2295 — 2365			

12バンドCAVIS

チャネル	波長帯 (nm)	観測幅 直下 (km)	解像度	
			直下 (m)	20度オフナディア (m)
Desert Clouds	405 — 420			
Aerosol-1	459 — 509			
Green	525 — 585			
Aerosol-2	635 — 685			
Water-1	845 — 885			
Water-2	897 — 927	13.1	30.00	4.10
Water-3	930 — 965			
NDVI-SWIR	1220 — 1252			
Cirrus	1365 — 1405			
Snow	1620 — 1680			
Aerosol-1	2105 — 2245			
Aerosol-2	2105 — 2245			

データ入手サイト：JSI　　　https://www.jsicorp.jp/
　　　　　　　　：RESTEC　https://www.restec.or.jp/index.html　　ほか（有料）

2.4.6　合成開口レーダSAR

考古学分野で期待されている衛星リモートセンシングのセンサとして、合成開口レーダSAR（Synthetic Aperture Radar）がある。SARは、1950年代に米国で軍事技術として考案された観測技術で、昼夜・天候に左右されず世界各地の高分解能な画像が得られるマイクロ波センサとして注目されている。

SARが初めて衛星に搭載されたのは、1978年に打ち上げられたNASAのSEASATである。SEASATは海洋観測を目的に開発された衛星であったが、陸域の資源探査分野における有用性が確認されたことから[4]、その後の衛星計画に大きく影響を及ぼした。砂漠領域におけるリモートセンシングで衛星SARが最も注目されたのは、1981年に実施されたスペースシャトルによる実験（SIR-A計画）である。この実験において、スペースシャトルに搭載したLバンドのSARがサハラ砂漠の下に埋もれた地下数mの古代の河川跡を検出した[5]。マイクロ波の砂層や植生への透過性に関しては理論的には予測されていたが、この実験結果はLバンドマイクロ波（0.5-1.5GHz）のセンサが光学センサでは不可能な砂漠の下の情報を観測可能であることを実証するものである。以降、考古学分野ではLバンドマイクロ波の地中透過性に潜在的な期待がある。

SARの原理は、一定高度を直線的に進行しながら斜め下方にマイクロ波を照射し、地表面からの反射（後方散乱：σ0）を検出する。マイクロ波の中でもLバンドマイクロ波は、地表に岩やコンクリートなどが存在する場合のレーダ反射は大きく、何も存在しない乾燥した砂漠などでは反射は小さくなる。地中の埋蔵物や内部構造をその反射データからマッピングするGPR（Ground Penetrating Radar：地中レーダ）探査はこれと同じ原理である。

東海大学と早稲田大学の合同調査チームは、日本のJERS-1（ふよう1号）搭載LバンドSARとスペースシャトル搭載のSIR-C（Shuttle Imaging Radar Mission-C）LバンドSARの画像データを用いた調査で、各1例の砂漠

Chapter 2 　宇宙考古学の予備知識

図2.4.8　JERS-1 の外観

©JAXA　出典:https://jda.jaxa.jp/

図2.4.9　SIR-C の外観
（スペースシャトルのペイロードベイ内搭載）

©JAXA　出典:https://jda.jaxa.jp/

表2.4.5　JERS-1（SAR）とスペースシャトルSIR-C（LバンドSAR）の仕様

衛星	JERS-1	スペースシャトル
センサ	SAR	SIR-C
開発国	日本	米国
観測幅 (km)	75	15 - 60
地上分解能 (m)	18	25
周波数 (GHz)	1.275	1.25 / 5.3 / 9.6

データ入手先サイト：
JERS-1 RESTEC　https://www.restec.or.jp/index.html（有料）
SIR-C　　　　　https://earthexplorer.usgs.gov/（無料）

に埋もれた古代エジプト遺跡の発見に成功している。
　JERS-1 の外観を図2.4.8、SIR-C の外観を図2.4.9、それぞれの衛星搭載SAR（Lバンド）の仕様を表2.4.5に示す。

2.4.7　数値標高データSRTM/DEM

　SRTM（Shuttle Radar Topography Mission：シャトルレーダ地形ミッション）は、スペースシャトルに搭載された2基の干渉Cバンド合成開口レーダの観測データから作成した標高データセットである。両極を除く地球の陸域の約80％（北緯60度〜南緯56度の範囲）を1arc-sec（1秒角：約30m）または3arc-seconds（3秒角：約90m）の解像度の数値標高データが無料で提供されている。標高データの垂直精度は約16mとされ、地球規模の立体地形図作成や洪水コントロールなど、高さや地形と関わる画像解析やモニタリングに有効である。
　なお、SRTM-DEM以外の衛星観測による地形データセットとして、ALOSの30m全球数値地表モデルAW3D（JAXA）やASTERの30m全球3次元地形データASTER GDEM（宇宙システム開発利用推進機構）などが知られる。STS-99搭載シャトルレーダの外観を図2.4.10に示した。

図2.4.10　STS-99シャトルレーダの外観

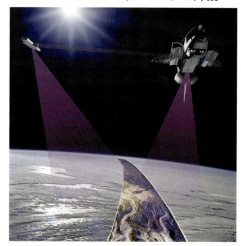

©NASA/JPL

データ入手サイト：
SRTM-DEM　　https://earthexplorer.usgs.gov/（無料）
AW3D　　　　https://www.eorc.jaxa.jp/ALOS/jp/dataset/aw3d30/aw3d30_j.htm（無料）
ASTER GDEM　https://www.jspacesystems.or.jp/ersdac/GDEM/J/index.html（無料）

COLUMN 1

立体視と三次元画像解析

恵多谷 雅弘

人間の眼は、両眼の位置の差から右眼と左眼では異なった像が見えている。この視差を利用して、人間は立体を認識している。少しだけ異なる角度から同じ領域を撮影した衛星写真がある。図1は、米国の軍事衛星コロナ（CORONA）に搭載された2台のカメラ（前方視と後方視）によって撮影されたギザの三大ピラミッドのステレオペア（stereopair）写真である。この2枚の写真の差異を利用して脳に空間の再構築を行わせることでピラミッドの立体視が可能になる。立体視は2枚の写真を立体鏡で一緒に見ることで立体画像となるが、立体鏡がない場合は、写真を左右に並べ、両眼に視差を生じさせることで、脳に立体として認識させることができる。これを裸眼立体視といい、右眼で右の写真、左目で左の写真を見る平行法と、右眼は左の写真、左眼は右の写真を見る交差法の2通りの方法がある。この2枚の写真は、より習得しやすいとされる交差法用のステレオペア写真である。視線が写真の前で交差する方法（寄り目にして2枚の写真がうまく重なるよう焦点を前後に微調整する）で見ると、ピラミッド群とギザの台地が立体的に見えるはずである。

一方、宇宙考古学の領域では、地形の可視化や定量化に3次元モデルが使われる。図2はギザの8K三次元映像の1フレームである。遺跡調査では、その遺跡がどのような背景で築かれたかを知ることも必要である。三次元の動画映像で多方向から遺跡を俯瞰すると、周辺地形を含めた遺跡の全体構造がよく分かる

図1　ギザの三大ピラミッドのステレオペア画像

後方視 AFT（Rear-looking）　　前方視 FWD（Forward-looking）

CORONA　1965/01/25 撮影
画像処理：東海大学情報技術センター ©EDC/TRIC

図2　ギザの8K三次元映像中の1フレーム

GeoEye 2011/06/24　©Maxar Technologies/NTTdata/TRIC

Chapter 2 宇宙考古学の予備知識

2.5 衛星リモートセンシングにおける画像処理の重要性　　中野 良志

衛星が観測したデータが地上局に送られ、そこで受信した数値データはユーザが利用し易いように前処理されて提供される。Landsat8やSentinel-2などは、高精度な幾何補正済みデータが無償提供されており、衛星リモートセンシングの初心者でも使い易いデータとなっている。その一方で、これらのデータから研究や調査に必要な画像情報をより効果的に抽出し、分かりやすく表現するには画像処理が最も重要であり、以下に述べる基本技術を知っておくことが望ましい。

なお、画像処理にはパーソナルコンピュータ(PC)、カラーディスプレイ、ソフトウェア(アプリケーション)などが必要となる。PCは64ビットオペレーションシステム(OS)が動作する機種がよい。一般に、PCの画像処理能力は、CPU(Central Processing Unit:中央処理装置)の演算速度、グラフィックス環境、メモリ容量、記憶装置(ハードディスクドライブやSSDなど)の読み書き速度に依存する。ソフトウェアは、アルゴリズム(Algorithm:必要な処理の手順、計算方法など)やパラメータ(Parameter:変数や設定値など)が自由に設定できる独自開発が理想的ではあるが、ENVI(ESRIジャパン)やERDAS IMAGINE(PASCO)などに代表されるリモートセンシング用の市販ソフトウェアもある。どれを使うかは、導入コスト、必要な機能、使い勝手などで決定する。

2.5.1　基本技術1：カラー合成と画像の調整

マルチスペクトルセンサで観測された衛星データをカラー画像として見るには、通常は、3種類のバンドを選び、B(青色)、G(緑色)、R(赤色)の、いわゆる3原色に対応させて、各色の画面の明るさとコントラストをバランス良くデジタル的に調整し、カラーディスプレイなどに表示する。これをカラー合成と呼ぶ。バンドの組み合わせによっては自然の色とはかけ離れた合成画像にもなる。Landsat8もSentinel-2も、可視波長域のスペクトルバンド(バンド2、3、4)をカラーディスプレイのB、G、Rにそれぞれ重ね合わせて表示すれば、人間の眼で見た色合いに近いカラー画像が得られる。さらに各チャンネルをバランスよく調整することで、より自然な色合いや、調整前には見えなかったものを浮かび上がらせることも可能になる。

衛星リモートセンシングの画像処理の第一段階として、まずは見やすい形で画像を可視化することが求められる。ここではSentinel-2画像のナチュラルカラー(自然に近い)合成を例に、衛星データの画像処理について説明する。

近年の衛星センサの高性能化によって、観測データの情報量は増大傾向にあり、特に高階調化に対しては情報をなるべく損なわないためのデータ圧縮処理が必要となっている。Sentinel-2の画像データは、13のマルチスペクトルバンドで構成され、同一地域を同時に捉えているが(図2.5.1)、捉える波長域や解像度はチャンネルにより異なる。可視波長域のバンド2、3、4を使用したカラー合成画像をトゥルーカラー合成画像などと言う(図2.5.2)。この3つのバンドは同じ10mの地上解像度である。Sentinel-2のオリジナルデータは、各バンドの1画素あたりが16ビット(1ビットは2階調、16ビットは2^{16}=65,536階調を表現できる)の数値情報として提供されるが、実際に格納されているデータは14ビット(16,384階調)である。一方、一般に使われているカラーディスプレイは、BGRの3原色各8ビット(256階調)、すなわち24ビット(B:256×G:256×R:256=16,777,216色)で画

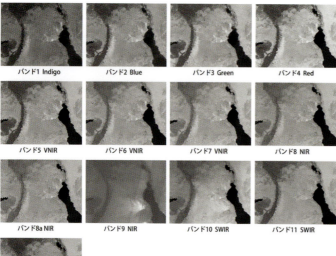

図2.5.1　**Sentinel-2のバンド別観測画像**
(原画像16ビット→8ビット変換・レベル調整済)

カイロ(エジプト)
観測日:2023/09/25
©ESA

像を表示する。そのため、Sentinel-2の画像表示には、BGR各色に入力する画像の階調数を14ビットから8ビットに圧縮する必要がある。この時、画像中の最小値から最大値までを均等圧縮して8ビット化するのではなく、例えば、図2.5.3のようなLUT（ルックアップテーブル）曲線を用いて、画像全体の頻度分布（同じ値の画素数の分布）を考慮しながら原画像の注目区域内の値「X軸 a-b」を中心に8ビット変換する。その結果、変換後の注目地域内の値は「Y軸c-d」となり、必要情報の抽出が容易になるだけでなく、損失も抑えることができる。

なお、ここでのLUTとは入力された値に対して出力値を割り当てる変換表（テーブル）のことであり、実際の画像処理の場面では、8ビット変換後の画像を図2.5.4のようにカラーディスプレイで確認しながら曲線を作成する。

LUT曲線は適正に調整することで、画像から読み取れる情報が大きく変化する。例えば、図2.5.2の砂漠領域に着目し、バンドごとにLUT曲線を調整すると、図2.5.5のような砂漠の明るい部分の僅かな変化を強調した画像を得ることができる。

図2.5.2
Sentinel-2（バンドB:2、G:3、R:4）**のトゥルーカラー合成画像**
（16ビット→8ビット変換後）

カイロ（エジプト）　観測日：2023/09/25　©ESA

図2.5.3
8ビット変換のためのLUT曲線

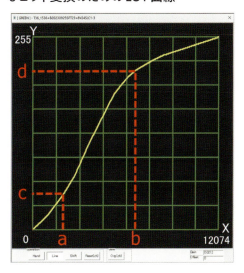

図2.5.4
LUT曲線の作成風景
（TRICが開発したiNEXTシステムを使用）

図2.5.5
LUTを用いた砂漠内強調トゥルーカラー合成画像
Sentinel-2（バンドB:2、G:3、R:4）

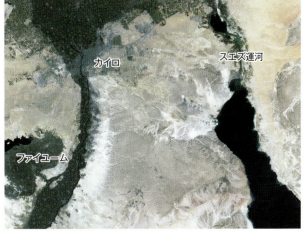

カイロ（エジプト）　観測日：2023/09/25　©ESA

COLUMN 2

画像つなぎ合わせ

中野 良志

　複数シーンのSentinel-2画像を繋ぎ合わせて、エジプトの砂漠地帯を分断して流れるナイル川（ナセル湖から河口まで）の1枚の画像を作成した。この作業をリモートセンシングではモザイク処理と言う。人工衛星の軌道コースをパス（Pass）と言う。1パスで衛星センサが観測できる幅（多くの場合、軌道と直交した方向の距離）のことは観測幅といい、衛星は観測幅の範囲を軌道に沿って帯状に観測している。

　Terra/MODISの観測幅は2,330kmであり、ナセル湖から河口までの範囲を1パスでカバーできる。しかしながらMODISの地上分解能は250m（最大）しかなく、大縮尺での表示や出力には適さない。一方、Sentinel-2の地上分解能は10mであるが、観測幅が290kmしかなく、1パスだけでナセル湖から河口までをカバーすることは出来ない。こうした場合、複数の隣り合うパスをモザイク処理することで、地上分解能10mの1枚の広域衛星画像が得られる。

　Sentinel-2衛星は極付近の上空を通過して、北から南へと太陽同期軌道とよばれる地球周回コースで、同緯度付近をほぼ現地同時刻に観測している。エジプトのナイル川全体をSentinel-2の観測幅でカバーするには3パスのモザイク処理が必要になる（図1）。また、Sentinel-2は隣り合うパスを同一日に撮影できないため、3パスの画像の変化ができるだけ少ない同時期の撮影データを選定することが重要なポイントとなる。ESAのデータ検索サイトで上記範囲の観測データを調べたところ、最も西側（軌道No.64）は2023年9月23日、その東隣（軌道No.21）は同9月25日、さらに東隣り（軌道No.121）は同9月22日にそれぞれ撮影された3パスが入手可能なことが確認され、必要とするデータを同時期で雲量も少ない条件で収集することができた。

　上記3パスの衛星画像のモザイク処理手順を以下にまとめた。

ステップ1　ゾーン間モザイク（16bit各バンド）

　入手したセンチネルのデータはUTM（Universal Transverse Mercator）ゾーン座標のデータである（エジプトのナイル川場合、35と36に分かれる）。ゾーンが異なると基準軸が違うため同じ取得日の画像でもそのままでは繋がらない。そこで、3パスのデータをパスごとに、単一ゾーンで構成するパスはUTM座標から正距円筒座標へ各バンド16bitのまま変換した。異なるゾーンにまたがるパスは、UTM座標からゾーンごとに正距円筒座標へ変換した後、パスごとにゾーン間の16bit各バンド画像の接続を行い、各パス（同一観測日）単位の正距円筒座標画像を用意した[1),2)]。

ステップ2　パス間モザイク（8bitカラー合成画像）

　パス単位でカラー合成画像を作成し、それぞれ隣接するパス間のモザイクを行った。カラー合成の組み合わせは自由に選べるが、今回は、バンド2を3原色のB（青色）、バンド8をG（緑色）、バンド11（解像度がバンド2、バンド8と異なるため、縦・横2倍に拡大し画像サイズを合わせた）をR（赤色）に割り当て、16bitから8bitカラー合成変換テーブル調整を行った。この時、オーバーラップ部分（図1の各パスが重なり合う明るく表示された部分）を基準にそれぞれの色とレベルをできる限り一致させるよう調整した。次に隣接パス間のオーバーラップ部分で2画像間の接続を行い、同様に3パスを繋いで地上解像度10mの広域衛星画像モザイクを完成させた。完成したモザイク画像（縮小版）を図2に示す。実際に作成された画像は、地上解像度が経線方向0.4秒、緯線方向1/3秒の横81,000ピクセル×縦129,600ラインの高精細画像で、カバーする領域は約8,100Km×12,000kmの範囲になった。

図1
モザイク前の3パス
（軌道コース）

©TRIC/JESA/JAXA
(AW3D)

図2
完成したモザイク画像

©TRIC/ESA

2.5.2 基本技術2：スペクトルバンドの組み合わせとバンド間演算処理

　衛星が観測したデータは、カラー表示するときのスペクトルバンドの組み合わせで、得られる情報が変化する。Sentinel-2の可視域バンドの2、3、4の組み合わせ以外で特に注目したいのは、近赤外波長域のバンド8の画像である。植物は近赤外バンドで反射が大きく、特徴的に捉えることが可能であり、その分布、種類、状態などの調査に適している。バンド3、4、8をカラーディスプレイの3原色（B、G、R）にそれぞれ割り当てて表示すると、図2.5.6のように植物は赤色系で表示される。これを赤外カラー合成画像またはフォルスカラー合成画像という。リモートセンシング分野では、植生分布を観察する場合、かつては赤外カラー合成画像が好まれて使われていたが、最近は人間が目で見ているような緑色系で表現する傾向があり、その場合はバンド2をB、バンド8をG、バンド4をRで表示図2.5.7するか、バンド2をB、バンド3とバンド8の加算処理画像をG、バンド4をRに割り当ててカラーディスプレイ表示すると、図2.5.8、及び図2.5.9のような自然色に近い形の植生分布を表現できる。これをナチュラルカラー画像ともいう。

図2.5.6
Sentinel-2のバンド3、4、8を
カラーディスプレイの3原色（B、G、R）に
それぞれ割り当てたフォルスカラー合成

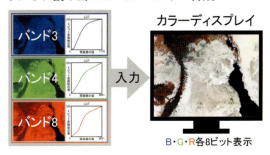

図2.5.7
Sentinel-2のバンド2、8、4を
カラーディスプレイの3原色（B、G、R）に
それぞれ割り当てたナチュラルカラー合成

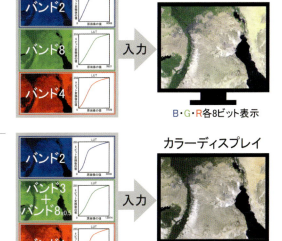

図2.5.8
Sentinel-2のバンド2、3＋8、4を
カラーディスプレイの3原色（B、G、R）に
それぞれ割り当てたナチュラルカラー合成
（レベル調整後）

図2.5.9
Sentinel-2のバンド2、3＋8、4を
カラーディスプレイの3原色（B、G、R）に
それぞれ割り当てたナチュラルカラー合成
（拡大画像、レベル調整後）

図2.5.6～9までカイロ（エジプト）
観測日：2023/09/25　 ©ESA

Chapter 2　宇宙考古学の予備知識

COLUMN 3

機械による分類・識別と土地被覆図の作成

福江 潔也

　画像処理技術は産業分野・医用分野・リモートセンシング分野など社会の様々な分野で広く利用されている。ここでは機械による識別・分類・照合・認識・理解などとよばれることが多い技術領域に注目し、そのリモートセンシング分野での応用例の一つである土地被覆図の作成事例をごく簡単に紹介する。

1. 機械による識別・分類・照合・認識・理解と土地被覆図

　図1左端のチューリップを撮影した画像において被写体となっているチューリップを知っている人であれば、この画像をみればいとも簡単に「チューリップの花、葉・茎、白い背景」であると認識できる。これを人ではなく機械で実現させて、たとえば図1右側の画像のように認識した「チューリップの花、葉・茎、背景」を色別に表示させた画像を得たとする。このとき、その画像処理技術は、機械による識別・分類・照合・認識・理解などとよばれている。

　この例では、「チューリップを知っている人であれば」と記述したが、知らないとそれをみても何なのか認識できない。これは機械に認識させようとしたときも同様であり、事前に"被写体を知る"ということを機械にさせておかなければならない。この過程は学習（ラーニング）や訓練（トレーニング）とよばれる。学校や部活などで生徒や学生が獲得したい知識や技術を学習・訓練するのと同じである。なお、認識したい対象は一般的に分類カテゴリーとよばれる。

　ここで、機械に見せる画像を地上の空中写真や地球観測衛星画像にして、地表に存在している樹木・草・土・砂・水・コンクリートといった土地被覆物（ランドカバー）を分類カテゴリーとして学習・訓練すれば、地表被覆物の何がどこに存在しているのかを表す土地被覆図が得られる。通常、地表の観測画像は地図座標系に幾何学的に合わせ込まれているので、土地被覆カテゴリーが地図座標系にマッピングされた形で土地被覆図を利用するユーザに提供される。そのため、土地被覆マップ（ランドカバーマップ）とよばれることもある。

2. 土地被覆図の作成事例

　土地被覆図は様々な利用目的で作成されるが、ここでは利用目的を特に限定せずに東海大学情報技術センターにおいて作成された幾つかの土地被覆図事例を紹介する。

　図2は、静岡県・山梨県〜神奈川県・東京都を含む東西約80km×南北約60kmの地表範囲について得られた土地被覆図例である。観測画像は可視・近赤外の波長で観測されており、近赤外域で反射率の高い植物

図1　機械による識別・分類・照合・認識・理解

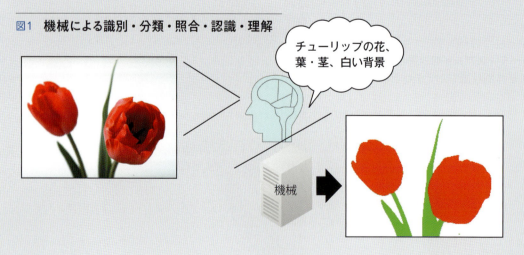

64

が赤くみえている。図中の左下（南西）に雪を被った富士山があり、右下（南東）には相模湾、左上（北西）に甲府盆地の一部がみえる。元々は1級河川である相模川の流域界における治水・洪水対策のために作成されたものであり、図3に示してある土地被覆図は最終的に得られたものではなく途中結果の一つである。土地被覆が森（緑系の色で示してある）であるのか水田（黄色で示してある）であるのか市街地（赤系の色で示してある）であるのかなどによって保水力が異なるので、相模川に流れ込む水量と増水のタイミングも変化する。土地被覆図は地形や降水量とともに治水にとって重要な情報を提供する。

　図2の例では、地球観測衛星Landsatの観測画像から土地被覆図を作成したが、Landsatは米国の衛星である。これに対して、図3は日本が打ち上げた最初の地球観測衛星MOS-1の観測画像から土地被覆図を作成した例である。地表範囲は、東西南北約100km四方の東京から西部の郊外・山地までをカバーする範囲である。鉄道や道路などに沿って市街地が蛸の足のように伸びている様子がよくわかる。都市のスプロール化や人口のドーナツ化といった様々な現象とそれに付随する問題などに適切に対処する（都市計画）ための重要な基礎情報を土地被覆図は提供する。

　図2や図3は、行政界でいえば県のオーダーの土地被覆図であるが、市のオーダーでも地域開発や防災や環境保全などのための基礎的情報として土地被覆図は作成されている。

　図4は、フランスの地球観測衛星SPOTの観測画像から作成された東西南北約30km四方の範囲の土地被覆図例であり、さいたま市・上尾市・鴻巣市・行田市・熊谷市・深谷市など鉄道に沿って市街地（赤系統の色）が農地（黄色）の中に拡がっており、近郊の丘陵地（緑色）ではゴルフ場と思われる芝地（黄緑色）が点々と分布しているのもよくわかる。なお、画像中の右上に見える青色は利根川である。

　図5は、日本の地球観測衛星ADEOSによる可視・近赤外観測画像とカナダの地球観測衛星RADARSATによる映像レーダ観測画像から得られた東西約3km×南北約8kmの範囲の土地被覆図例である。画像の南端の相模湾に突き出た大磯港付近は大磯町であるが、画像の大部分は平塚市であり、南部を中心に市街地（赤色系）が広く分布している。南北に流れている花水川（水色）の北部域は水田（黄色）・畑地（茶色）といった農地が拡がっているのがわかる。

　図4や図5は地方自治体レベルの地表範囲の土地被

図2　**地球観測衛星Landsatの観測画像から得られた土地被覆図例**

©TRIC/NASA

図3　**地球観測衛星MOS-1の観測画像から得られた土地被覆図例**

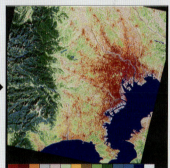

©TRIC/TSIC

図4　**地球観測衛星SPOTの観測画像から得られた土地被覆図例**

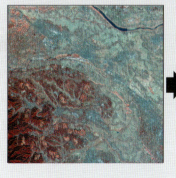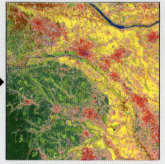

©TRIC/NASA

Chapter 2　宇宙考古学の予備知識

覆図例を示したが、現在では地球全体を1週間程度で観測可能なセンサを搭載した地球観測衛星が打ち上げ・運用されており、地球全体の土地被覆図の作成もされるようになっている。図6は、米国の地球観測衛星TerraとAquaによって収集された年間あたり46シーンの地球全体の観測画像から作成された複数年にわたる土地被覆図例である。大規模な砂漠化や森林の伐採・火災など地球温暖化にも相互作用が考えられている地球表面の変化といった地球規模での重要な土地被覆情報が得られる。

図5　地球観測衛星ADEOSとRADARSATの観測画像から得られた土地被覆図例

©TRIC/JAXA

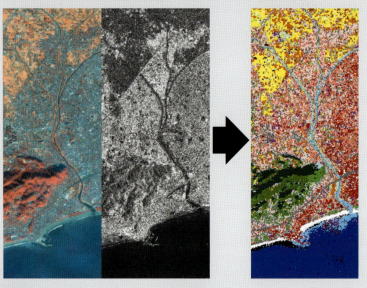

図6
地球観測衛星Terraおよび
Aquaの観測画像から得られた
土地被覆図例

©TRIC/NASA

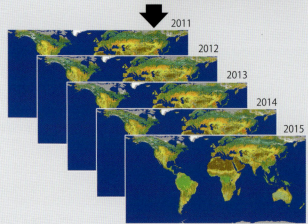

2.6 グランド・トゥルース

恵多谷 雅弘

リモートセンシングの地上検証のことをグランド・トゥルース (ground truth) という。画像解析をする上で、実際に現地を見ておくことは重要である。例えば、ピラミッドを知らない人が初めて衛星画像でピラミッドを見た場合、それがエジプト王朝時代を象徴する建造物であることをおそらく理解できないであろう。グランド・トゥルースは、衛星が観測した広域情報を正確に解析するための補助手段であり、リモートセンシングにおいて画像処理と並ぶ重要な作業である。

宇宙考古学では、既存の遺構をトレーニング (教師) データとして未発見の遺跡が存在する可能性がある有望地点を画像処理によってあらかじめ抽出し、現地で確認するといった調査が一般的である。トレーニングデータ取得のためには、既知の遺跡の実態や遺跡の立地環境を実際に現地に赴いて観察するグランド・トゥルースは不可欠である。図2.6.1 は、日本の地球観測衛星だいち (ALOS) に搭載されたLバンド合成開口レーダPALSARの観測時刻に同期して、エジプトの砂漠で実施したグランド・トゥルースの様子である。古代エジプト遺跡の発見に寄与したLバンドSARと、発見した遺跡の地表パラメータとなる土壌水分率の因果関係を明らかにするために、合計3回の同期観測行われた。このようにグランド・トゥルースは衛星の観測日時と同期して実施するのが理想的であるが、それができない場合は植生などの状況がほぼ変わらない同じ季節に行うと良い。

衛星データから海面の温度や水質を推定するために、衛星観測に合わせて船で温度計測したり、サンプル収集したりするような調査もある。これをシートゥルース (sea truth) と呼ぶ。

参考として、グランド・トゥルースの準備項目 (例) を以下にまとめた。

a. **グランド・トゥルースマップ (GTマップ)**
 紙面に出力したグランド・トゥルース用の、緯度経度情報付きの拡大衛星画像図 (図2.6.2)。グランド・トゥルースで最低限必要な資料であり、地形図、地質図、遺跡分布図、歴史資料などの情報を重ねて見ることができれば、より効果的な調査が期待できる。現地での観察結果を直接書き込めるよう、紙面にプリントして携帯し、その後の画像解析に反映させる。タブレットやスマートフォンなどでも代用可能であるが、砂漠を歩くような調査では太陽光が強く衛星画像の細かな特徴が液晶画面上で見えにくくなる場合も多く、高温で動作しなくなることもあるので注意。

b. **GPS**
 調査目的地に正確に辿り着くためにGPSがあると便利である。ネット環境がある場合は、スマートフォンやタブレットのGoogle Mapなどは移動ルートの記録もできて大変便利である。ネット環境がない砂漠や山岳地域などではハンディー型GPSの使用を推奨する。海外調査などでは、GPSの持ち込みが可能かを事前確認しておく必要がある。

c. **GPS内蔵カメラ**
 GPS内蔵カメラを使って調査記録を残しておけば、調査後に写真整理が容易になる。ネット環境がある地域では、GPS内蔵スマートフォン (高解像度のもの) でもその代用となる。

d. **四輪駆動車両**
 砂漠や山岳地域の調査では四輪駆動車が不可欠である。現地の運転に慣れた運転手を確保することが重要である。予算に余裕がある場合は2台以上手配しておけば、スタックなどで調査に支障をきたす心配が減らせる。また海外での調査では、調査中に大雨などで道路が寸断される場合もあるので、気象情報収集やそうした時の連絡手段確保も大切である。

e. **その他**
 調査目的に応じて、観測機材 (例えばビデオカメラ、赤外線カメラ、ハイパースペクトルカメラ、双眼鏡、土壌水分計、温度計等、三脚)、野帳、筆記用具などを準備。

図2.6.1
ALOS衛星 (合成開口レーダPALSAR) の
観測と同期したグランド・トゥルース

(写真上:遺跡分布地点の土壌水分率計測、写真下:土壌水分計、エジプト・サッカラ西方砂漠、2006年8月)

図2.6.2
グランド・トゥルースマップ (中国・広元市)

12シーンのLANDSAT/ETM+ モザイク画像 (2000年5月～2002年6月)

Chapter 2 宇宙考古学の予備知識

COLUMN 4
スペクトル計測とGPSの活用

恵多谷 雅弘

すべての物質は、種類や状態が異なれば、それぞれ固有のスペクトル特性（図1）[※1]を持っている。衛星リモートセンシングによって地表情報を解析するためには、対象物の持つスペクトルの特徴を知っておくことが重要である。特に、可視赤外線センサの観測画像を遺跡調査で活用したい場合、地表物のスペクトル特性を把握していれば、どの衛星のどのセンサの取得データが、調査目的に最も適しているかをあらかじめ見極めることができる。例えば、Landsat8号衛星に搭載されているイメージングマルチスペクトル放射計（OLI：Operational Land Imager）は、可視光線から赤外線までの波長域を九つの波長帯（バンド）に分けて観測するセンサである。このセンサの観測画像を使って植生を調査する場合は近赤外線（バンド5：845～885nm）が有効で、鉱物などの調査では短波赤外線（バンド7：2100～2300nm）がその特徴をとらえ易いとされる。さらに地表物の詳細なスペクトル特性を知りたい場合は、ハイパースペクトルカメラ[※2]など用いて現場で計測を実施する。図2のハイパースペクトルカメラ（SPECIM IQ）は、400～1000nmの波長域の光を204バンドに分光して撮影し、対象物のスペクトル特性（波形）を取得することが可能である。

一方、グランド・トゥルースでは、調査地点までのナビゲーション、経路や位置の記録にGPSを携帯する。かつては大縮尺の地形図などを使って調査地点に出向いたが、最近ではGPS衛星を使ったハンディー型GPS（図3）を使えば、地図がない辺境の地でも数mの精度で現在位置を同定できる。スマートフォンやタブレット型コンピュータにインストールされた地図ソフト（GoogleマップやmyTrackなど）も自分の位置や移動してきたルートを衛星画像上に重ねて表示できるので大変便利である。ただし、山岳奥地や砂漠などの電波が届かない地域では使えない場合があり、また砂漠などでは気温が高くなると使えなくなることもあるので注意したい。なお、海外調査ではGPSの所持自体が違法となる国もあるため、あらかじめ調査した上で渡航して欲しい。

図1　土、植物、水のスペクトル特性
（分光反射率）

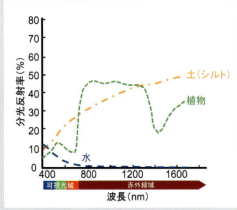

参考資料：リモートセンシング通論（JARS）

図2　ハイパースペクトルカメラを用いたグランド・トゥルース

図3
ハンディー型GPS
（GPSMAP66i：Garmin社）

※1：可視光線や赤外線などを分光器で分解したときに得られる波長ごとの強度特性。
※2：光を波長ごとに分光して撮影するカメラ。

Chapter 3
宇宙考古学とは

画像解析室（東海大学情報技術センター／品川キャンパス）

Chapter 3　宇宙考古学とは

3.1 日本におけるリモートセンシング史　　恵多谷 雅弘

　日本におけるリモートセンシングへの本格的な取り組みが始まったのは、1970年代の後半である。その初期段階では航空機に搭載された光学カメラやスキャナで観測されたフィルム媒体を用いた調査が主流であり、画像処理にはアナログ方式の解析装置が用いられていた(図3.1.1)。当時の応用領域は、広域を対象とした土地被覆の調査、海洋調査、事故災害等の解析などがほとんどで(図3.1.2)、可視・近赤外波長域の地表情報を吸収フィルターで4波長帯域に分光して航空機から撮影するマルチバンド・カメラ(multiband camera)や、スペクトル・メータ(地表物の分光反射率測定装置：図3.1.3)などの登場は、この時代におけるリモートセンシング技術発展過程の一つの特徴であろう。宇宙考古学の原点ともいえるリモートセンシング技術の考古学的応用研究が始まったのもこの頃である。

図3.1.1　アナログ画像処理システム

(東海大学情報技術センター：1974年)

図3.1.2　事故・災害の調査

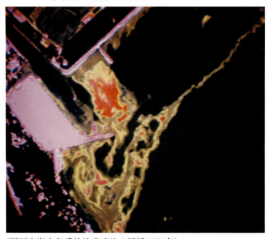

(瀬戸内海水島重油流出事故の解析：1974年)

図3.1.3　スペクトル・メータを用いた分光反射率測定

(富士山麓グランド・トゥルース：1974年)

3.2 宇宙考古学のはじまり

恵多谷 雅弘

　世界には、文献上存在する可能性があるにもかかわらず、未だ発見されない遺跡が残っている。考古学の領域では、地表からは確認不可能な遺構の発見や、遺跡の全体像を捉えるための有効手段として、空中写真を用いた調査が早くから導入された。航空考古学の先駆者として知られるイギリスのクロフォード (O. G. S. Crawford) は、空中写真による遺跡探査では、太陽高度が低い朝夕に僅かな地表の凹凸によってできる影、植生の生育状態の違い、地表に現れた堀、穴、凹地、溝、運河などの痕跡が、遺跡発見の大きな手がかりとなることを指摘している[1]。空中写真は、通常、数十mから数千mの高度から地表を撮影するため、地上分解能が高く、測量などに適している。また近年では、任意の場所を、任意の時間に、安価で撮影できることから、遺跡の全体像を記録する場合などに、しばしばドローンが用いられる。その一方で、空中写真は一度に撮影できる範囲が狭く、砂漠などの広域調査では大量の写真撮影が必要となることから、コストが高くなるのが問題となる。また、海外調査などでは、セキュリティーなどの関係から撮影許可が下りない場合も多いようである。

　1972年にLandsat1号 (図3.2.1) が打ち上げられ、そのデータが公開されたのを機に、世界の宇宙機関も次々と人工衛星を打ち上げた。この宇宙からの情報技術の登場によって、これまで空中写真だけでは難しかった広大な地域に分布する遺跡、それらの立地環境、時系列的な変動などを、効率的かつ定常的に捉えることが可能となり、考古学やそれと関わる研究者達の調査にも衛星データが利用され始めた。近年のWorld View-3衛星に搭載されている高分解能センサは、観測幅約13km、地上解像度は約3.7m (直下) で、可視から近赤外波長域の多チャンネル情報を鮮明なデジタル画像として捉えることができることから、空中写真や地図が入手困難な海外調査などでは、それらに代わる有効ツールとしても利用可能である。

　衛星が捉えた近年の地球の姿を歴史学的な知見や考古学資料と重ね合わせ、未発見の遺跡や古環境を広域的視点で調査するリモートセンシングの考古学的応用領域を、宇宙考古学 (スペースアーキオロジー: Space Archaeology) と呼ぶ。日本における宇宙考古学は、1988年に開催された「宇宙考古学について」と題する研究セミナー (主催: なら・シルクロード博記念財団) で、わが国のリモートセンシングの第一人者であった故坂田俊文・東海大学教授 (元東海大学情報技術センター所長) と、フランスの地理学者ジャンテル (P. Gentelle) 教授が、古代研究における衛星データの有効性と可能性に関して発表したことが始まりとされる[2]。初めて、わが国で宇宙考古学を本格的に採用した調査として、故江上波夫・東京大学名誉教授を総隊長として、1990年に開始されたゴルバンゴル計画 (チンギス・ハーンの陵墓探査: 読売新聞社・モンゴル科学アカデミー共催) が知られる。その後の1993年には、パリのユネスコ本部で第1回目となる宇宙考古学専門家会議が開催され、ユネスコが計画している古代シルクロードの調査にリモートセンシング技術を応用するための論議が行われた[3]。1994年には、第2回目の宇宙考古学の専門家会議 (宇宙考古学国際セミナー) が奈良で開催され、そこでは日本、フランス、イギリス、アメリカ、トルコ、中国などのリモートセンシングの専門家と考古学者らによる調査報告や討議が行われた。このとき、宇宙考古学という新たな学際領域の課題として、「未知遺跡の探査」と「古環境の推定」の二つの大きなテーマが存在することが分かってきた。

図3.2.1

カリフォルニア州のヴァンデンバーグ空軍基地の発射台に置かれたランドサット1号　(1972年7月)

©NASA

Chapter 3　宇宙考古学とは

COLUMN 5

古文化財の科学的調査と宇宙考古学

恵多谷 雅弘

　文化財とは、学問的、社会的な価値をもった人類の遺産である。そうした貴重な文化遺産に対する保護や保存は十分でなく、破損しつつあるものも多い。そのため、それらの学問的価値の判定や記録に残すべき情報を確保するための効率的かつ効果的な科学的手法の確立が必要とされている。

　東海大学情報技術センターなどのグループが1970年から1980年代に取り組んだ高徳院国宝銅像阿弥陀如来座像（通称：鎌倉の大仏）の表面腐食の画像解析がある。後に私が宇宙考古学に取り組む第1歩となった研究である。鎌倉の大仏は、高さ13m、重さ122t、1252年に造られたブロンズ像である。当時は奈良の大仏と同様に大仏殿があったが、1495年の津波で倒壊して以来露座となった。その後も数々の被害に遭い、何度も修復が行われた。「鎌倉の大仏は表情が変わる」と言われているが、もちろんそんなことはない。この場合の表情とは腐食パターンのことである。人々の浄財で作られたため、ブロンズの組成が不均一で長い間の風雨などの影響でアンバランスな腐食変化を起こしているのである。そうした変化を可視光線から赤外線までのマルチスペクトル写真で記録し、画像解析を実施した。

　こうした研究領域を近年では文化財科学と呼ぶ。現在私が取り組んでいる宇宙考古学もこの領域に属しており、宇宙からの観測技術を考古学に応用した科学的な調査手法の一つである。文化財科学の研究も多様化しているが、今も起こっている環境変動が世界各地に分布する遺跡や文化財に与える影響を調査するこうした技術は、今後ますます重要になるであろう。

鎌倉大仏のマルチスペクトル写真と撮影スタッフ
（1980年7月5日撮影）

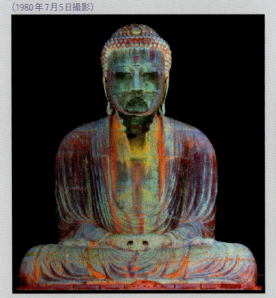

腐食変化の調査では太陽光の影の影響を受けないように、撮影は高出力の光源を用いて夜間に行う。

3.3 未知遺跡の探査

惠多谷 雅弘

　宇宙考古学において、衛星データに最も期待されることは未知の遺跡発見である。世界には、いまだ発見されていない多くの遺跡が残存すると考えられる。古代エジプトのピラミッドはその代表例で、建造したことが分かっているにもかかわらず、所在地が分からないピラミッドがまだ幾つかあるとされる。衛星センサの高性能化によって、そうした砂漠や密林の下に埋もれた古代遺跡の調査に衛星データが有効なことを実証する調査事例が報告されている。東海大学と早稲田大学が、高分解能衛星データの画像解析と古環境理解によって1996年に発見したダハシュール北遺跡は、その先駆的な事例であろう。

　近年の考古学調査の世界的な動向として、Google Earthの無償の衛星画像や航空写真から遺跡の所在地や特徴、調査ルートなどを検討するケースが増えている。その一方で、地表物や痕跡がほとんど残っていない遺跡や小規模な遺跡の探査を目的とした場合、Google Earthでは十分な情報を得られないケースもある。やはり本格的に遺跡探査を行いたいのであれば、衛星データ配布機関から調査目的に適した衛星データを入手し、必要な補正を行い、画像処理を加えた上で、遺跡の立地環境や考古学資料と組み合わせて有望地点を選定し、最終的にグランド・トゥルースによって検証する、といった手順で進めることを推奨する。

　遺跡探査における衛星データの有効性を初めて実証したのは、日本とモンゴルの研究者達によって行われた「ゴルバンゴル計画」である。この国際プロジェクトでは、衛星データや地中レーダなどの科学技術を用いたチンギス・ハーン(成吉思汗)の陵墓探査が1990年から4年間にわたって実施された。その最終年度の1993年は、チンギス・ハーンのフドウアラルの大オルド(Ord：斡耳朶＝宮廷)跡として古くからの伝承が残るモンゴル東部、ヘンティー県のアウラガ宮殿址遺跡(図3.3.1)一帯が調査対象となった。アウラガ宮殿址遺跡の北方約20kmに、モンゴル時代に築かれた墳墓が集中するイフハイラント谷の断層崖がある。プロジェクトチームでは、当初、チンギス・ハーンの陵墓を、モンゴル帝国・元朝期の前後の王朝で遼・金(907年〜1234年頃)、あるいは明(1368年〜1644年頃)の各皇帝の墓地と同じような地下宮殿を有する大型施設と想定していた[4]。しかしながら、考古学班がイフハイラント谷で確認したモンゴル時代の墳墓の規模は、通常直径3〜4m、大型のものでも10m程度だった(図3.3.2)。一方、当時入手可能だった衛星データの中で、地上解像度が最も良いセンサは、フランスSPOT衛星に搭載されたHRV/P(高分解能可視近外放射計パンクロマティックモード：SPOT-P)の10mであり、しかも白黒画像である。この画像だけでそうした小規模墳墓を識別することは困難と考えられた。

図3.3.1
アウラガ宮殿址遺跡

図3.3.2
モンゴル時代の墳墓群(手前の石の集合)

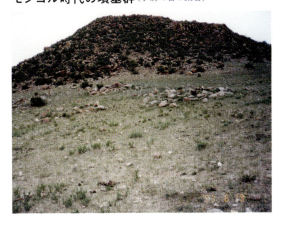

Chapter 3　宇宙考古学とは

そこで衛星探査班では、同一地域を撮影した地上解像度30mのLandsat画像を入手し、そのマルチスペクトル情報をSPOT-P画像に重なるように再配列(足りない画素を近隣の画素から求めて内挿する画像の補正処理のこと)し、両者を合成することで、仮想的に地上解像度を10mに向上させたカラー合成画像(パンシャープン画像)を作成し、再度識別を試みた(図3.3.3)。しかしながら、地上解像度10mのパンシャープン画像でも調査対象地域内で確認されている墳墓のいずれも識別できないことが分かった。

以上のことから、次にモンゴル時代の墳墓の位置をパンシャープン画像上にプロットし、衛星情報と墳墓の分布に関連性が見出せないかを調査した。その結果、モンゴル時代の墳墓の立地環境に、以下のような興味深い共通性があることが分かってきた。

a. 水供給が容易な川筋近くにある。
b. 草地や遊牧民の営地が分布する。
c. 背後に丘陵地を持つなだらかな傾斜地にある。
d. 墳墓構築の石材供給源となる岩場が近くに存在する。
e. 景観に優れている。

なかでも注目されたのは、イフハイラント谷の断層崖近くの川筋に点在する草地と遊牧民の営地がモンゴル時代の墓域の分布とおおむね重なることであった(図3.3.4)。最終的にこの条件を満たす地点を衛星データから絞り込み、現地を隈なく踏査したところ、断層崖沿いの傾斜地で、これまで未発見の石造りの階段遺構(図3.3.5)とモンゴル時代の石積式の大型墳墓群(図3.3.6)を発見した。階段遺構は、元尺の寸法(1尺=31.6cm)に見合う幅約124cm、奥行き約96cmの2段の階段を有し、その両側には長方形の石材が立てられていた。墓域は階段の背後の山稜の僅かな平坦部に分布し、その規模は大型のもので直径10m程であった。またその奥の岩壁には岩壁墨書文字の存在も確認された(図3.3.7)。

図3.3.3　パンシャープン画像
(○白丸内にモンゴル時代の墳墓が分布)

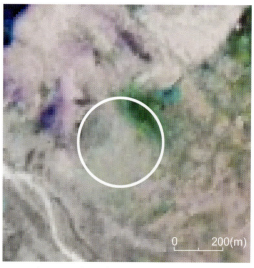

SPOT-P(1992/08/24)/Landsat TM(1990/09/03) パンシャープン画像　©CNES, 1992, SPOT IMAGE:NASDA

図3.3.4
イフハイラント谷の草地・営地・モンゴル時代墳墓の分布と遺跡発見地点

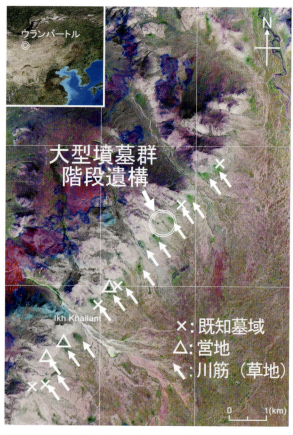

SPOT-P(1992/08/24)/Landsat TM(1990/09/03) パンシャープン画像　©CNES, 1992, SPOT IMAGE:NASDA

考古学班の見解では、この遺跡はモンゴル墓の礼拝・祭祀施設ではないかと推定されている。当初の目的のチンギス・ハーンの陵墓との関係は不明であるが、少なくとも以上の結果は、衛星データの画像特徴量、既知の遺跡分布、遺跡の立地条件を組み合わせて多次元的に理解し、それらから遺跡の有望地点を絞り込むことで、衛星データだけでは識別できない小規模遺跡の発見が可能になることを実証した。

　そしてこの発見で得られた知見が、その後のエジプト、中国、ベトナム、サウジアラビアでの遺跡探査に大きく貢献することになる。

図3.3.5　階段遺構

図3.3.6　モンゴル時代の石積式大型墳墓群

図3.3.7　岩壁墨書文字（赤色破線枠内）

75

Chapter 3　宇宙考古学とは

COLUMN 6

モンゴル草原の遺跡探査

惠多谷 雅弘

　1990年から4年間、私はチンギス・ハーンの陵墓探査(主催：読売新聞・モンゴル科学アカデミー)の隊員として、モンゴルのヘルレン川流域の調査に参加した。

　1993年の最終調査で、モンゴルの首都ウランバートルから四輪駆動車(くどうしゃ)に乗車して草原を約8時間走った。車両は読売新聞社が日本から船で持ち込んだ調査用の専用車であるが、草原の悪路や岩場を長時間走行し、さらに橋がない川を渡るような場所もあり、デルゲルハン村のベースキャンプに到着するまでにタイヤが2度パンクした。日本の車のタイヤはチューブレスが主流で、近年ではスペアタイヤさえ装備されていないが、草原の調査では何度パンクしてもゴム片を貼れば修理できるチューブ式のタイヤが便利とのことだった。

　翌朝起きると良い天気だった。水道はないので洗面や洗濯は近くの池の水を使う。池には牛や馬たちが水浴びをしに集まっていた。現地の調査隊員が料理してくれた羊の肉と焼きたてパンの朝食を食べ、ベースキャンプを出て調査を開始した。この日、衛星データから特定した遺跡の有望地点で、これまで未発見の階段遺構が見つかった。階段遺構の西の岩山にはモンゴル時代の墳墓と思われる遺構群の分布も確認できた。現場を細かく観察した後、急いでベースキャンプに戻り、隊長の加藤晋平先生(筑波大学：当時)に報告した。

　翌朝から、調査隊総出で遺跡発見地点の本格的な調査が行われ、遺跡の存在が考古学的に確定した。私にとっては、衛星画像解析で初めて発見した遺跡である。

　調査が終わり、ベースキャンプに戻る途中で当日の飲料水を調達するために川に寄ることになった。読売新聞のカメラマンの方と上流の水源近くまで車で入り、透き通った河水を鍋で汲んだ。水がきれいな場所はボウフラもいるので、コーヒー用のフィルターでボウフラとごみを濾過(ろか)してポリタンクに流し込む。ベースキャンプに帰り、持ち帰った水でお茶を淹れた。夕食後、外に出て空を眺めると満天の星が眩しく光っている。まるでプラネタリウムのようだ。調査3日目が終わった。夜空を幾つもの流れ星が通り過ぎた。

ベースキャンプ

イフハイラント谷で飲料水を調達。きれいな河水に動物達も集まってくる。

3.4 古環境の推定

恵多谷 雅弘

　世界の古代文明の発祥地域は水と深く関わっている。エジプト文明はナイル川、メソポタミア文明はティグリス・ユーフラテス川、インダス文明はインダス川、そして中国文明は黄河や長江の流域に発祥しており、人類はこの大河に沿った地域で長い歴史を築いてきた。しかしながら古代の都市や遺跡を衛星画像で調べると、その多くが北緯30度から40度付近の乾燥した砂漠に分布している(図3.4.1)。これは砂漠に文明が発祥したのではなく、その地域に環境変動があり、乾燥化あるいは砂漠化したことで、人間の生活条件が変わってしまったことを示唆している。

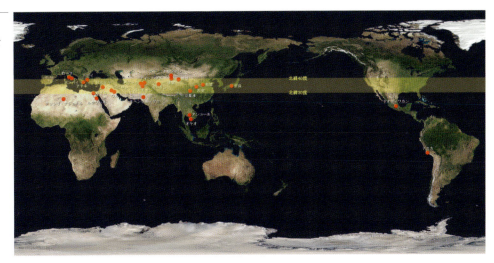

図3.4.1
世界の主な遺跡分布
©NASA

　シリアのパルミラは、古代シルクロードにおける東西交易の要衝として栄えた都市遺跡として知られているが、乾燥した砂漠に都市が形成された背景については十分な検討が行われていない。遺跡一帯を1986年に観測されたLandsat TMデータで調査すると、かつて豊富な水資源が存在していたことを示唆する湖の残影が遺跡の南東部に判読され(図3.4.2：暗い青色部分)、当時、水資源が豊富で人間が生活しやすい環境があったのではないかと推察できる。

　一方、中央アジア、タクラマカン砂漠東部に位置するロプノールは、「さまよえる湖」とも言われ、環境変動が繰り返された。かつてタリム盆地を取り囲む山脈の雪解け水を集める内陸湖だったが、4世紀ころから干上がったとされる。1960年代に中国初の核実験が行われた地としても知られる。ロプノールを2001年に観測したLandsat ETM+データで眺めると、南北約60kmに及ぶ、人の耳の形のような地形の特徴を見ることができる(図3.4.3)。湖の痕跡ではないだろうか。北側には、乾燥地域の塩湖あるいはその痕跡などでよく見られる水色のスペクトル特徴をもつ領域(赤外カラー合成画像の場合)が広がっている。

図3.4.2
パルミラのLandsat画像

Landsat TM：1986/11/24撮影

図3.4.3
ロプノールのLandsat画像

Landsat ETM+：2001/05/26撮影

Chapter 3　宇宙考古学とは

図 3.4.4
衛星画像で見る近年の洞庭湖の変動

Landsat MSS:1979/11/08撮影　©NASA/TRIC　　Sentinel-2:2022/03/08撮影　©ESA/TRIC

　宇宙考古学のもう一つの研究の流れに古環境の推定がある。地球には人類誕生以前からの長い歴史があり、過去から将来に至る地球環境を理解するには、近年の技術によって観測される今日の環境を古代の環境や過去の人間活動などと関連づけ、長期的な視点で解明することが重要である。それには地球の歴史的な水供給変動、特に「水と遺跡の関係」に着目した調査は重要である。

　古代の人々の生活を反映した遺跡の分布を近年の調査データと組み合わせて調べることで、遺跡が形成された当時の水辺環境が推定できる。中国文明と深くかかわる長江流域の洞庭湖では、上流からの土砂流入に起因する湖底上昇と面積縮小が著しく、それが下流地域に洪水を頻発させるという問題が起こっている。近年の洞庭湖を1979年のLandsat MSS画像と2022年のSentinel-2画像で比較すると、特に東洞庭湖と南洞庭湖において湖水面積の縮小傾向が見られる（図3.3.4）。一方、旧石器時代（～B.C.1600年頃）から東周時代（B.C.711～同249年頃）における湖区内の時代ごとの遺跡分布と標高の関係からは、当時の人々の生活拠点が海抜約20mの洞庭平原から海抜30m以上の丘陵地へと移動した様子がうかがえる（図3.4.5）。このことから、洞庭湖はかつて拡大傾向にあり、その後の何らかの原因で湖の縮小化が始まり、今日に至ったことが推定できる。

　古代の都市や集落の興亡にはそれぞれ異なった原因が過去に存在しており、今現在の環境や現象だけをいかに正確に観測してもその原因の解明には限界がある。このような問題に対して、近年の科学技術で調査された様々な環境データを歴史的な資料・データと連動させながら理解することによって、今日の地球環境に対する新たな解釈や、将来予測における信頼性の向上に役立つデータの取得が可能となると考えられる。古環境の推定は、遺跡探査の重要ファクターである遺跡の立地や分布とも密接に関係してくることから、両者は連動して進めることになる。古代の都市や遺跡が形成された当時の歴史的背景や社会現象を含めた長期的視点での地球環境理解に対して、様々な衛星センサによってここ数十年間に観測された空間情報やスペクトル情報から、遺跡分布、地形、地質、植生、水系などの特徴を判読し、歴史的脈絡などと重ねながら、遺跡探査や古環境理解に有効な情報を抽出することが宇宙考古学の重要な課題である。

図 3.4.5　**洞庭湖周辺の遺跡分布と標高の関係**

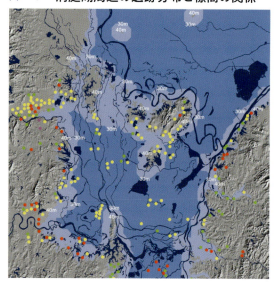

● 旧石器時代　● 新石器時代　● 商周時代　● 東周時代

遺跡分布資料:湖南省文物考古研究所・向桃初氏等の協力による陰影　原データ:ロシア縮尺1:200,000地形図

COLUMN 7

始皇帝の時代の洞庭湖の景観

鶴間 和幸

　中国一の大河、長江の中流に長江と漢水（漢河）が交わる江漢平原がある。湖北・湖南両省が南北に接し、湖北省側に淡水湖で中国第2位の面積を誇る2625㎢（1995年）の洞庭湖がある。長江に澧水、沅水、資水、湘水の四河川が流入し、巨大な湿地帯に囲まれ、古来資源豊かな雲夢沢と呼ばれた。現在では、湘水が注ぐ長江南の東洞庭湖、澧水、沅水が注ぐ西洞庭湖、資水が注ぐ南洞庭湖と別れているが、梅雨（6月下旬～7月上旬）に始まる増水時（7月～9月、旧暦6月～8月）には河川の水量が増え、洪水が発生すると一つの広大な湖となる。1998年の長江の大洪水（6月下旬～8月下旬）のときには、巨大な遊水池の役割を果たし、長江下流の大都市の水害を軽減した。

　2009年に江漢平原の西の峡谷に巨大な三峡ダムが建設され、長江の水量をある程度調整できるようになった。洞庭湖の形状は短期的には夏秋の雨期と冬春の乾期の降雨量の変化によって、長期的には土砂の堆積と開拓地の拡大によって大きく変わる（恵多谷雅弘『洞庭湖の環境変動』）。2枚の衛星画像を照合すると、1枚には西・南洞庭湖は見えず、湘水は直接長江に注ぎ、1枚には東・南・東洞庭湖で水をたたえている。

　国家文物局主編『国家文物地図集』湖南分冊（1997年）には戦国、秦、漢から明、清など歴代王朝の地図に大きさの異なる洞庭湖が復元されている。清朝の洞庭湖が最大級であり、一つの大きな洞庭湖を形成し、現在の倍以上の面積であった（1825年約6000㎢）。これが長期的な変動であり、洪水時には短期的にも拡張する。香山雄一・莫佳寧「地形図の変遷から見た洞庭湖の面積変化に関する研究」（2015年日本地理学会春季学術大会報告）によれば、1998年の大洪水時と1920年代の面積はほぼ一致するという。長期的変動と短期的変動の洞庭湖の面積が一致するという奇妙な現象が起こる。

　秦の時代の洞庭湖は小さく、周辺に湿地帯の雲夢沢が大きく広がっていたと思われる。洞庭湖は秦の始皇帝の巡行地であり、近年新しい史料の発見によって新事実がわかってきた。『戦国策』によれば「秦は荊人と戦い、人いに荊を破り、鄢を襲い、洞庭、五都、江南を取る」とあり、始皇帝の曽祖父の昭王（在位前325～前251）の時代に楚都の郢を占領して南郡を置いたときのことが語られ、秦は洞庭と五都と江南（長江南）を取ったという。洞庭湖は、当時は湖と呼ばれていなかった。五都とは洞庭湖周辺の五渚（五つの湖水）のことである。当時の洞庭湖は小さな湖水に分かれていた。

2024年の洞庭湖

Sentinel-2 2024/05/30 撮影
©ESA/TRIC

79

Chapter 3　宇宙考古学とは

　湖北省では秦漢時代の墳墓から睡虎地秦簡、岳麓秦簡などで知られる竹簡、簡牘が大量に出土し、湖南省では古井戸から里耶秦簡、益陽秦簡、長沙漢簡などが出土している。里耶秦簡には始皇帝の時代に洞庭郡があったこと、岳麓秦簡には始皇帝が洞庭の水を訪れていることがわかった。いずれも司馬遷の『史記』には見られない新事実である。秦は統一して36の郡を置いたと『史記』には書かれているが、現代にいたる2000年間誰もが予想しなかった洞庭郡の存在が里耶秦簡によってわかった。洞庭の水のほとりに洞庭郡を置いたのである。

　恵多谷は洞庭平原の旧石器、新石器、商(殷)、周、東周(春秋戦国)時代の遺跡分布を整理し、洞庭湖の長期的変動を明らかにした。洞庭湖は環境変動によって拡大と縮小を繰り返した。洞庭平原に大きく広がる遺跡は東周時代には洞庭湖が拡大したことで、段丘や小高い丘だけに生活拠点が移動されたという。

　2000年前に始皇帝が訪れた当時の洞庭湖は長期的には縮小期であったと思われる。始皇帝が遭遇した洞庭湖の景観はどのようなものであったのだろうか。『史記』によれば始皇帝は前221(始皇26)年の統一後、5回にわたって全国を巡行している。そのなかで前219(始皇28)年に第2回目の巡行と前210(始皇37)年の最後の第5回目の巡行で洞庭湖を訪れている。さらに岳麓秦簡によれば始皇26年の4月(旧暦では夏3ヶ月の4月を孟夏、5月を仲夏、6月を季夏という)にもう一度訪れていることがわかった。始皇26年4月の巡行では雨期を前にして水量の少ない洞庭湖を訪れていることになる。始皇帝は湘山でこう語っている。「天下を統一して南の蒼梧山(五帝の帝舜の埋葬地)に行こうとして洞庭の水を渡り湘山と屛山に登った。その樹木は美しく、駱翠山以南の樹木もまた美しい。それらを伐採してはならない」。この一言で駱翠山以南まで禁苑とする法令が制定された。洞庭湖周辺の初夏の山々の新緑の景観がうかがえる。ここには大きな洞庭湖はなく、湿地帯に樹木が広がる光景が目に浮かぶ。

　始皇28年の『史記』の記事では、全く異なる洞庭湖の景観がうかがえる。湘山にある湘君(帝舜の妻)の神を祭る祠に渡ろうとしても大風が吹いていてなかなか渡ることができなかった。始皇帝は怒って刑徒3000人に湘山の樹木をすべて伐採させたという。このとき始皇帝が洞庭湖に到着したときは雨期にかかっていたと思われる。冬に都を出発し、春の三ヶ月は東海に面した琅邪台の離宮で過ごし、夏にこの地に入ったようである。増水して渡ることができない状況は、雨期の洞庭湖であったことを示している。

　始皇37年は10月に咸陽を出発し、今までとは異なり直接雲夢に向かった。11月の初めには洞庭湖に到着したことであろう。伝説の五帝の一人帝舜が亡くなった蒼梧山を洞庭湖から遙拝した。湘水の上流に九つの連峰が垂直に林立する山並みがある。雨期を避けて冬の静かな洞庭湖を訪れて祭祀を行った。上古の五帝の遺跡を訪問することで、五帝を超えるみずからの存在を確認した。皇帝とは、天の帝星(北極星)に近づこうとして考案した称号であった。

秦の時代の洞庭湖

清の時代の洞庭湖

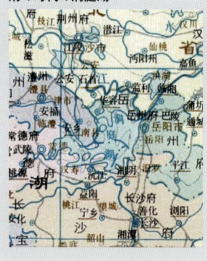

国家文物局主編
『中国文物地図集』
湖南分冊、1997年

3.5 宇宙考古学の方法論と研究テーマ

恵多谷 雅弘

　東海大学情報技術センターが、文化財保護を目的に、鎌倉の大仏の本格的な写真計測(東京大学・東京文化財研究所・高徳院などとの共同研究)を始めたのは1970年代のことである。当時は航空機カメラによる写真計測がリモートセンシングの主流であり、赤外線写真などで大仏の腐食変化を経年的に記録したこの調査はリモートセンシングの考古学分野への応用のさきがけとなった。さらに、その後実施した藤ノ木古墳、高松塚古墳、キトラ古墳などの石室内調査(橿原考古学研究所・奈良文化財研究所などとの共同研究)や、法隆寺百済観音像の想定復元(電通テック・NHKアート・東京芸術大学・法隆寺などとの共同研究)は、ファイバースコープの導入や、画像処理技術を駆使した、当時の最先端科学技術による分野横断型の考古学調査として知られる。

　Landsat1号の打ち上げから既に50年以上の月日が過ぎ、地球規模から地域規模まで、多種の衛星データが利用可能になった。それによってリモートセンシングは急速に発展し、応用領域も多様化した。そうした流れの中で、衛星データから得られる科学的な知見は、遺跡分布の調査や古環境の解明においても重要な手がかりの提供可能なツールとなり、宇宙考古学という新たな学際領域を誕生させた。

　宇宙考古学の研究では、リモートセンシングの専門家と考古学や歴史学の専門家だけではなく、場合によっては美術や地質学の専門家達と分野横断型のチームを組んで調査を行う。多分野の研究者が協力して調査に取り組むことで、これまで単独では不可能だった多角的な視点での調査を効率的に行える。最新の研究事例では、エジプトはエジプト考古学の研究者、中国は中国考古学の研究者が役割分担して調査するといった既成概念をなくし、専門とする地域以外の調査にも参加し、チームとして意見交換や情報共有しながら、世界各地の遺跡調査を実施する新たなチャレンジも始まっている。

　世界には様々な文化や歴史があり、遺跡の立地や形状も多種多様である。その一方で、地域は違っても遺跡の分布や立地環境には幾つかの共通性もある。このことから、異なる地域での調査事例を重ねながら、地域ごとの特徴や共通性「特に水と遺跡の関係」を理解した上で、グローバルスタンダードな方法論を確立することが、これからの宇宙考古学の課題である。

　東海大学情報技術センターがこれまでに参加してきた宇宙考古学の主な研究テーマを以下に示す。

■ 東海大学情報技術センターが実施した宇宙考古学の主な海外調査

1990年

図3.5.1
ヘンティー山のグランド・トゥルース
－モンゴル・ヘンティー県

ゴルバンゴル計画・チンギス・ハーンの陵墓探査
1990-1993年度
(共同研究機関:読売新聞社・モンゴル科学アカデミーほか)

1995年

図3.5.2
衛星SARによる古代エジプト遺跡の調査
－エジプト・ギザ県

古代エジプト遺跡の探査
1995-1996年度
(共同研究機関:早稲田大学古代エジプト調査室)

Chapter 3　宇宙考古学とは

2000年

図3.5.3
青海路の遺跡調査
－中国・都蘭県

中国・青海省における漢から唐代のシルクロード研究
1999-2000年度
（共同研究機関：シルクロード学研究センター、奈良芸術短期大学・青海省文物考古研究所ほか）

2003年

図3.5.4
アンコールワット（Angkor Vat）遺跡のグランド・トゥルース
（バルーンから撮影）
－カンボジア・シェムリアップ州

宇宙からの古環境調査
1999-2003年度
（共同研究機関：AESTO・早稲田大学エジプト学研究所・奈良芸術短期大学・山形大学・橿原考古学研究所・NARSSほか）

2004年

図3.5.5
昭化古城のグランド・トゥルース
－中国・広元市

四川省における南方シルクロードの研究
2004年度（共同研究機関：ならシルクロード博記念財団、橿原考古学研究所、佛教大学、四川省文物考古研究所ほか）

2005年

図3.5.6
ダハシュール（Dahshur）砂漠の土壌水分率計測
－エジプト・ギザ県

衛星SARを用いた遺跡探査技術に関する研究
2005-2007年度・科研費
（共同研究機関：エジプト科学研究省リモートセンシング宇宙科学局NARSS）

2007年

図3.5.7
黄海のグランド・トゥルース
－中国・山東省

東アジア海文明の歴史と環境の調査
2007年度
（共同研究機関：学習院大学東洋文化研究所）

82

2009年

図3.5.8
秦始皇帝陵のグランド・トゥルース
－中国・陝西省

秦始皇帝陵の立地環境調査
2009-2014年度・科研費
(共同研究機関:学習院大学東洋文化研究所・西北大学・
秦始皇兵馬俑博物館)

2012年

図3.5.9
**ナイルデルタ・アハマール (Kom al-Ahmar) 遺跡の
グランド・トゥルース**
－エジプト・ブハイラ県

衛星データと地質情報を活用したエジプト西方デルタの
潟湖をめぐる歴史環境研究
2011-2014年度・科研費
(共同研究機関:早稲田大学総合研究機構)

2012年

図3.5.10
ナイルデルタ・ディバー (Kom al-Dibba') 遺跡の立地環境調査
－エジプト・ブハイラ県

衛星SARを用いた多地域対応型遺跡探査技術に関する研究
2012-2014年度・科研費
(共同研究機関:学習院大学国際研究教育機構・
早稲田大学総合研究機構・東亜大学・NARSS)

2014年

図3.5.11
ルイロウ (Luy Lau) 故城の立地環境調査
－ベトナム・バクニン省

ベトナム都城遺跡の調査
2014-2017年度・科研費
(共同研究機関:東亜大学・ベトナム国家歴史博物館)

2016年

図3.5.12
烏拉山のグランド・トゥルース
－中国・内モンゴル自治区

秦帝国の空間的考察
2016-2017年度・科研費
(共同研究機関:学習院大学国際研究教育機構)

Chapter 3 宇宙考古学とは

2018年

図3.5.13
ハウラー（al-Hawra）砂漠の遺跡分布調査
−サウジアラビア・タブーク州

多衛星データの複合的活用による遺跡探査技術とその応用に関する研究
2015-2018年度・科研費
（共同研究機関：早稲田大学総合研究機構・学習院大学・
東亜大学・サウジアラビア観光遺産庁 SCTH・NARSS）

2018年

図3.5.14
秦山島のグランド・トゥルース
−中国・江蘇省
2018年

秦東門遺跡の調査
2017年度 - 現在・科研費
（共同研究機関：学習院大学国際研究教育機構・
連雲港市重点文物保護研究所・故宮博物院）

2022年

図3.5.15
ドゥンカシュ（Dunqash）の碑文分布調査
−エジプト・バフルアルアフマル県
2022年

多地域での遺跡探査を可能とする衛星データの応用に関する研究
2019-2022年度・科研費
（共同研究機関：早稲田大学総合研究機構・学習院大学・淑徳大学・
金沢大学・NARSS・サウジアラビア文化遺産庁ほか）

〜現在

図3.5.16
ナーダ（Nadah）の碑文分布調査
−サウジアラビア・タブーク州

多衛星データの活用によるグローバルスタンダードな
遺跡探査技術の実践的開発
2023年度 - 現在・科研費
（共同研究機関：早稲田大学総合研究機構・学習院大学・淑徳大学・
金沢大学・サウジアラビア文化遺産庁・NARSS・故宮博物院）

Chapter 4
砂漠・乾燥地の遺跡調査

古代エジプト遺跡の立地環境調査（屈折ピラミッド：エジプト）

Chapter 4 砂漠・乾燥地の遺跡調査

4.1 シルクロードの調査

恵多谷 雅弘

シルクロードにはいろいろな道があり、オアシスの道、草原の道、海の道の三つの道がメインルートであり、仏教はインドからガンダーラ、オアシスの道を経て、東アジアに伝わったという見解が一般的とされる。一方、近年、四川省の三星堆文化のような特殊な青銅器が注目されるようになると、長江文明の存在も論じられるようになってきた。前漢の武帝が、匈奴と戦うために西域に派遣した張騫が、大夏(アフガニスタン北部)で竹杖と蜀布を目撃し、それらが身毒(インド)で入手したものであることを知り、蜀(四川)からインドを通過して西域に至る交易路が存在することを知ったとされる[1]。また、四川では後漢時代の揺銭樹に仏像がついており、インドから四川に仏教が伝えられたと考えられている。こうした日本ではあまり論じられないサブルートを含むシルクロードの全体像を明らかにするためには、中国と西域のみならず、西蔵との結びつきを知ることが重要である。

東海大学情報技術センターは、1999年から6年間にわたり、シルクロード学研究センター(財団法人なら・シルクロード博記念国際交流財団)が主催したシルクロード調査に参加した。この調査では、歴史学、仏教学、考古学、地理学の専門家らとともに、祁連山脈と崑崙山脈に挟まれたいわゆる青海路(青海シルクロード)と、四川省の成都から関中までの南伝仏教の道(南方シルクロード)の遺跡環境推定に衛星データが利用された。

4.1.1 シルクロードマップ

シルクロード学研究への衛星データの応用の初期の事例として、「シルクロード・サテライト・マップ(図4.1.1a))1996年作成」が知られる。このマップは、衛星データと標高データをコンピュータ画像処理して作成したシルクロード全域のベース画像に、シルクロードの都市・遺跡の位置の緯経度情報(図4.1.1b))を入力整備して作成した試案である。マップ上に表示した各ルートは地形などを考慮しながら都市・遺跡を線で結んで表示しており、それぞれ地域や時代などにより重要性が異なっていたことが想定されるが、それについては区別していない。また海上ルートについては除外している。同図の完成によって、東アジアから中央アジアを横断しヨーロッパへと続く古代交通路と、そこに分布する古代都市や遺跡、砂漠、草原、山脈、河川、湖沼など、これまで地域規模でしか見ることができなかったシルクロードの全体像を宇宙からの視点で見ることが可能となった。

図4.1.1 a) シルクロード・サテライト・マップ

©TRIC/NOAA/シルクロード学研究センター

4.1.2 中国・青海省における漢から唐代のシルクロード研究

私達日本人にとって、中国西部の青海省は未知の世界である。シルクロードのメインルートは河西回廊を通ってタクラマカン砂漠へと向かうのが一般的であるが(図4.1.2)、青海路は、海獣葡萄鏡の名前の原点となった中国最大の湖「青海湖」があるというだけではなく、中国と西蔵の結びつきの解明に重要な地域と考えられている[2)](図4.1.3)。

東海大学情報技術センターでは、2000年7月に、シルクロード学研究センター、青海省文化庁、及び青海文物考古研究所が共同実施した青海路の現地調査に参加した。調査では、予備検討資料として作成した縮尺1:2,000,000の衛星画像図と、13シーンのLandsat ETM+データを繋ぎ合わせた青海省都蘭(とらん)周域の縮尺1:200,000衛星画像図(図4.1.4)が、地図の代用として活用された。調査地点は青海路に残る遺跡群(図4.1.5、図4.1.6)で、各調査地点の地上検証とGPS計測を実施し、最終的に衛星画像ベースの遺跡分布データベース(都蘭周辺)を試作した。

これらの衛星画像でシルクロードを眺めると、乾燥地帯のオアシス都市を結ぶルートが見えてくる。それは図4.1.3に示した河西回廊や青海南ルート(仮称)を見れば一目瞭然で、茶色で表示されている主に岩や砂地で覆われる地表面に、緑色の植生域(オアシス都市)が連なって分布している。図4.1.5では、青海南ルートの遺跡群が河川あるいは水の存在を示唆する植生域(緑色)に分布している特徴も確認でき、シルクロードの都市や遺跡の立地条件として水辺環境の存在が重要であることも、人工衛星の広域画像から理解できる。

青海省は標高3,000mを越える場所がほとんどで、日本では春に咲くのが一般的な菜の花は夏に咲く。衛星画像を使った調査、特に土地被覆などの画像解析では、そういった国や地域ごとの条件の違いを知っておくことも大変重要である。高地のグランド・トゥルースでは、高山病対策(高地への適応期間の設定、予防薬や酸素の準備など)も欠かせない。この調査では、標高約2,000mの西寧市内で2日間の適応期間を設け、その間を現地協力機関との調整や調査の準備に充てた。また移動車両には枕型の酸素ボンベが現地機関によって準備された。

図4.1.1 b)

遺跡位置の緯経度情報(抜粋)

	国名・都市・遺跡名		東経(度, 分)		北緯(度, 分)		ONC
328	タギスケン古墓群	Tagisken	63	47	44	22	F-5
329	シグナク	Sygnak	66	44	44	9	F-5
330	オトラル	Otrar	68	26	42	49	F-6
331	ジャンブール (タラス)		71	21	42	52	F-6
332	イッシク古墳群	Issyk	77	25	43	22	F-6
333	ベスシャトゥル古墳群	Besshatyr	78	21	43	54	F-6
334	チリクタ古墳群	Chilikta	84	32	47	10	F-7
	ウズベキスタン						
335	ヒワ		60	21	41	23	F-5
336	ウルゲンチ (キャト)		60	37	41	33	F-5
337	トプラク・カラ	Toprak-kala	60	50	41	40	F-5
338	ハザラスプ		61	4	41	18	F-5
339	ブハラ		64	25	39	46	G-6
340	ケルミネ		65	21	40	8	G-6
341	アフラシャブ		66	56	39	39	G-6
342	テルメズ	Termez	67	11	37	17	G-6
343	ジザク		67	50	40	6	G-6
344	ダルベルジンテパ	Dal'verzin Tepe	67	52	38	12	G-6
345	ハラシケット		68	45	40	56	F-6
346	シャールヒヤ		68	58	40	41	F-6
347	タシケント		69	15	41	17	F-6
348	アフシケット		71	39	40	59	F-6
349	クヴァ遺跡	Kuva	72	4	40	29	F-6
	トルクメニスタン						
350	ニサ	Nisa	58	14	38	1	G-5
351	メルブ	Merv	62	11	37	35	G-6
352	アムル (チャルジョー)		63	34	39	5	G-6
	アフガニスタン						
353	バーミアン		67	49	34	49	G-6
354	ガズニー		68	25	33	32	G-6

	国名・都市・遺跡名		東経(度, 分)		北緯(度, 分)		ONC
388	ホショ・ツァイダム遺跡	Khosho-Tsaidam	102	50	47	35	F-8
389	ハル・バルガス遺跡	Khar-balgas	102	39	47	25	F-8
390	ハルホリン遺跡	Kharkhorin	102	50	47	13	F-8
	インド						
391	スリナガル		74	48	34	4	G-7
392	マトウラー		77	41	27	29	H-9
393	アグラ		78	0	27	10	H-9
394	ボンベイ		72	51	19	5	J-8
395	エロラー		75	7	20	2	J-8
396	ゴア		73	49	15	28	K-8
397	アリガメートラ		79	45	11	55	K-8
398	マドラス		80	15	13	3	K-8
	ネパール						
399	カトマンズ		85	19	27	42	H-9
	カンボジア						
400	アンコールワット		103	51	13	26	K-10
	ベトナム						
401	ドンソン　(タインホア)		105	46	19	48	J-11
402	フエ		107	34	16	28	J-11
403	オケオ		105	20	10	10	K-10
	中華人民共和国						
404	サヤトシャハリ遺跡		78	51	40	24	F-6
405	バシュ北東の砂丘の遺跡		79	0	40	8	F-6
406	アクス	阿克蘇	80	15	41	10	F-6
407	昭蘇石人墓		81	4	43	9	F-6
408	キジル千仏洞		82	41	41	47	F-6
409	クチャ	庫車	82	56	41	43	F-6
410	タシュクルガン		75	16	37	48	G-7
411	クンシャラブ峠		75	25	36	50	G-7
412	カシュガル	喀什	75	59	39	27	G-7
413	ヤルカンド/ソーチョ		77	15	38	25	G-7
414	ピシャン	皮山	78	16	37	37	G-7

図4.1.2

中国周辺のNOAA14号AVHRR画像とシルクロード(赤線)

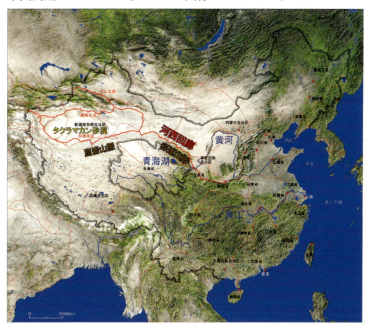

©TRIC/NOAA

COLUMN 8

シルクロード

村松 弘一

東アジアの衛星画像を見ると、北から緑色・黄色・緑色の順で東西に広がる帯を見ることができる。北の緑の帯はシベリアの針葉樹林帯でその南縁には黒海北岸からモンゴル高原へとつながる草原地帯が広がる。紀元前8世紀頃に黒海北岸からカスピ海北岸で活動したスキタイの騎馬文化や製鉄技術は草原の道(ステップロード)を通って、紀元前6～5世紀にはモンゴル高原に至った。その後の、草原地帯には匈奴・柔然や突厥など遊牧騎馬民族が次々と現れ、南の農耕民と対立するとともに、多くの文化・技術をもたらした。特に、西アジアのヒッタイトを起源とする製鉄技術は、東アジアの古代帝国成立に大きな影響を与え、アイアンロードとも呼ばれる「鉄の来た道」の発掘調査がおこなわれている。

草原の南縁に広がるのがイエローベルトとも言うべき、黄色い大地の帯である。西はカスピ海東岸からタクラマカン砂漠・チベット高原、河西回廊、黄土高原そして黄河下流域に至る乾燥・半乾燥地帯である。現在は気候変動や人為的な環境変化から、多くの地域が砂漠・砂漠化地帯となっているが、西部ではアラル海に入るアム川・シル川流域はマーワラーアンナフール(トランスオクシアナ)と呼ばれ、ブハラやサマルカンドなどのオアシス農業都市が栄え、東部では黄河流域に長安や洛陽など農耕を主たる生業とする中国古代帝国が成立した。その間に位置する河西回廊は、北のゴビ砂漠、南の祁連山脈にはさまれた廊下(回廊)のような地で、敦煌や酒泉など祁連山脈の地下水によって潤ったオアシス都市が形成された。これらのオアシス都市を結んで、盛んに東西交易が行われた。漢代には張騫が大月氏と対匈奴同盟を結ぶためにこの道を通り、西のフェルガナ盆地には汗血馬がいることを武帝に伝え、唐代には仏教の経典を求めて玄奘三蔵が国禁を犯してまでも河西回廊・タクラマカン砂漠を経て北インドに至った。名を為した将軍や僧侶のみならず、無数の商人や名もなき人々がこの黄色い帯の道を東西に行き来した。この道を19世紀のドイツの地理学者・探検家のフェルナンド・フォン・リヒトホーフェンは「ザイデンシュトラーセン(Seidenstrassen)」と名付けた。絹の道、シルクロードである。近年は祁連山の南の青海高原を通り、都蘭を経て、アルチン山脈を越え、敦煌に至る青海シルクロードの存在も注目されている。

黄色い大地の南の緑色の帯は長江流域の照葉樹林帯である。この緑の帯は海を越え朝鮮半島を経て日本へとつながる。それは、長江中流域で始まった「稲作の道」でもある。この緑の帯は、西はチベット高原の南縁を通って、インドへとつながる。張騫は大夏で身毒(インド)経由でもたらされた蜀の絹を見たという。この道は西南シルクロードとも呼ばれる。

さらに、緑の帯の南には青の帯がある。南シナ海・インド洋の青である。ここでは、海港をつないで人々が交流した。いわゆる海のシルクロードである。インド洋を通る海の道は、1世紀の『エリュトゥラー海案内記』に見られる。エジプトのフスタート、サウジアラビアのハウラーには、ジャンク船で中国から運ばれた陶磁器(China)もあった。いわゆる「陶磁の道」と呼ばれる。

本書であつかうエジプトと中国、東アジアは緑・黄・青の東西に広がるベルト利用して、「絹の道」「鉄の道」「陶磁の道」や「稲作の道」など様々な「道」でつながっていたのである。

図4.1.3 青海路(黄色線)
©TRIC/NOAA

図4.1.4 青海湖・都蘭周辺のLandsat画像
(緯度経度座標系、200分の1に縮小)
データ:Landsat7号ETM+(1999/7/30撮影ほか13シーンのモザイク)　©TRIC/USGS

図4.1.5
青海省都蘭周辺の遺跡分布図

図4.1.6
青海南ルート現地地点
(2000月11日～同7月18日)

②考肖図(墳墓と2重の土塁をもつ大型遺跡、8世紀)
③熱水渭血大墓(8世紀後半〈吐蕃時代〉の王墓)
⑨英徳爾羊場大墓の墳丘(7～8世紀〈吐蕃時代〉)

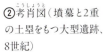

Chapter 4

砂漠・乾燥地の遺跡調査

4.1.3 四川省における南方シルクロードの研究

　2004年に実施した四川省における南方シルクロード調査では、省都の成都から陝西省・漢中までの古代交通路を調査対象地域に設定し(図4.1.7)、ルート上に分布する遺跡群の空間的特徴を、衛星データから作成した数値地形データをもとに解析した[3]。使用したデータは、Terra/MODIS、Landsat7号ETM+、CORONA、QuickBird、SRTM/DEMなどである。

1）三星堆遺跡

　三星堆遺跡は、成都平原の古都・広漢の西郊、鴨子河南岸の農耕地帯にある。1986年、南興鎮という村で二つの土坑が発見され、そこからこれまでに例を見ない独特な器物が大量に出土したことからこの遺跡が特に注目されるようになった。遺跡の外観的特徴として、南北約2,000m、東西約2,100mに及んだとされる平面形が不規則な長方形をなす版築城壁の存在が指摘され[4]、現在も東城壁、西城壁、南城壁は残存している。北城壁に関しては、鴨子河の氾濫で失われたとの見解もあるが、それに関しては明らかでない。

図4.1.7
2004年度調査ルート(黄色線)

Terra/MODIS画像　©TRIC/NASA
MODIS SupportTeam

　この規模の遺跡の調査では、QuickBirdなどの高分解能衛星データが有効であり、特に航空写真や詳細な地図の入手が困難な地域の調査ではその代用として強力なツールとなりえる。図4.1.8は三星堆遺跡周辺のQuickBirdカラー合成画像である。この画像は2003年5月1日03：42：17(UTC)に撮影され、UTM(WGS84)地図投影法で幾何補正された標準画像・バンドルプロダクトをもとにパンシャープン処理したもので、鴨子河南岸に位置する遺跡を中心として約3×4.2kmの範囲を地上分解能約0.6mの高分解能画像として捉えている。

　祭祀坑の発掘区は、西・北・東の三方を馬牧河に囲まれた城壁内南西部の台地にある。1986年にここで発見された二つの土坑(1号坑、2号坑)から出土した多量の遺物は、三星堆遺跡を取り巻く文化を語る上であまりにも有名であるが、QuickBird画像上では草地と裸地が混在する土地被覆として判読される。城壁が残存する各地点の土地被覆は主に農草地であり、画像上から計測可能な城壁の規模は、東城壁が長さ約600m(雲で覆われた不明確部分を除く)、基礎部の幅約45m～55m、西城壁では各々約480mと約40～48m、南城壁は各々約570mと約33m～60mであった。東城壁の一部には貯水池として利用されている場所も見られる。月亮湾と称される発掘地点は、東城壁と西城壁の中間点からやや東寄りで、馬牧河の北東に位置する。画像から判読した限りでは、そこはY字型の土地区画の中にあり、城壁が確認できる部分を画像から計測すると、長さ約550m、幅約30m～57mであった。Y字型の土地区画の南端からは、周囲と不連続な帯状の盛り上がりが南の方向にさらに350m～400m程は続いているように見える。三星堆では、近年の調査で、城中を区分する内城壁の存在が指摘されているが[5]、それとの関係は不明である。

　2021年新たに三星堆遺跡の祭祀坑が6基(3～8号)発見され、話題になっている。1986年の祭祀坑2基(1号、2号)にはさまれた位置にあり、祭祀坑は2基だけではなかったことがわかった。祭祀坑は三星堆博物館に隣接する。3～8号祭祀坑から出土した文物は1万7000点、比較的完全なものは4500点あまりにおよぶ。すでに現地で行われた文化財保護修復成果展では50点あまりの青銅器、黄金期、玉器、象牙などが展示された。5号坑からこれまでにない黄金仮面が出土している。2号坑で出土していた青銅人面具と同じ容貌をした金面である。3号坑からはふたたび青

銅大仮面も出土している。2号坑で出土していた最大級の縦目獣面具（幅138cm、高さ66cm）（図4.1.9b））に匹敵する幅131cm、高さ71cmの大きさである。円口方尊の青銅器には、方形の四隅が戦争の神と見なされていたフクロウの形で飾られているという。5号坑からは象牙の彫刻も出土している。そのほか祭祀坑とは別に、月亮湾燕家院子付近では建築遺構、灰溝（ゴミため）、玉石器の加工工房も発見されている。

2）成都－漢中ルートの地形解析

成都から漢中に至る現在のメインルートは、成都－綿陽－梓潼－広元－漢中を通過する国道108号線である。このルートは、四川盆地と北方地域を結ぶ今日の主要幹線路である。同時に古代交通路で知られる剣閣や広元を経由して嘉陵江沿いに北上するルート（嘉陵江ルート）や朝天区から漢中盆地へと向かうルート（金牛道）[6]などと重なる部分が多いことから、四川省におけ

図4.1.8
三星堆のQuickBird画像
2003/05/01撮影
©Maxar Technology/HitachiSoft
画像処理：TRIC

図4.1.9　三星堆遺跡

a）三星堆遺跡

b）縦目獣面具
（瞳が突起した神獣仮面）
1986年
広漢市三星堆2号祭祀坑出土

c）縦目獣面具
（瞳が突起して縦飾りのある神獣仮面）

る交通路とその歴史的変遷を調査する上で、重要路線の一つといえる。

グランド・トゥルースに先駆けて、SRTM/DEMから調査ルートの成都〜漢中間の起伏変化を解析した(図4.1.10)。ここでの標高値はSRTMの3秒メッシュ(約90m)DEMで、縮尺20万分の1地形図とLandsat/ETM+画像から判読した道路情報を同一座標系で重ね合わせて抽出した。同図によれば、成都〜漢中間の起伏変化は、成都〜梓潼、剣閣〜朝天区(図4.1.11〜図4.1.13)、大安鎮〜漢中の平坦区間と、梓潼〜剣閣、朝天区〜大安鎮の丘陵・山岳区間の2タイプに大別できる。全区間の平均標高は約594m、最大標高は朝天区〜大安鎮区間における約1,188m(寧強近くの地点)、最低標高は成都〜梓潼区間における約455m(綿陽市内)である。市街地や集落の多くは標高500m程の平地や河谷に集中している。

3) 数値地形モデルの活用

標高、勾配、斜面方位、水系などの地形特徴を数値の集合や数式で表現するモデルをDTM(Digital Terrain Model：数値地形モデル)という[7]。このうち特に標高を表現したものがDEMであり、全地球を30秒メッシュ(約1km)でカバーするGTOPO30(約1km)や、水深データを含めて5分メッシュ(約10km)でカバーするETOPO5などのデータセットはよく知られる。地形図をメイン・ソースとしたこれらのDEMデータに対して、

図4.1.10　SRTMとLandsat/ETM+画像から作成した成都〜漢中ルートの起伏変化

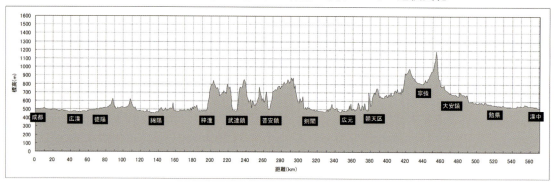

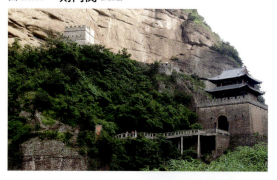

図4.1.11　剣門関(剣閣)

図4.1.12　千佛崖(広元市)

図4.1.13
嘉陵江の岸壁に残る古桟道
(名月峡)

本プロジェクト研究で使用したSRTM/DEMは、スペースシャトルに搭載された二つのSARアンテナで同一地点を観測し、その位相差を利用して干渉を行うインターフェロメトリ(Interferometry)技術で抽出された標高情報である。リモートセンシング分野では、環境情報を地球規模や地域規模で数値モデル化し、それを活用した調査・研究が盛んに行われているが、DTMは考古学調査の基本データの一つとして有効な情報となる。図4.1.14に、成都〜漢中ルートの一部(広元市周辺)を例に、SRTM/DEMから作成した4パターンの数値地形モデルを示した。

図4.1.14　DEMデータから作成した成都〜漢中ルート(広元市周辺)の数値地形モデル

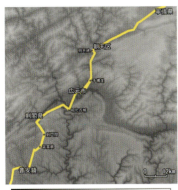

a) 段彩画像(黄色線はGPSデータからトレースした調査ルート)

DEMを画像化するための最も簡単な方法であり、ここでは1mの精度で与えられた標高データを100m間隔でレベルスライス処理して等高帯図として出力した。
©TRIC/NASA

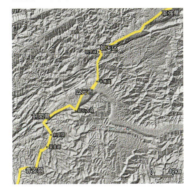

b) 地形陰影画像(黄色線はGPSデータからトレースした調査ルート)

地形陰影とは、光源(主に太陽光)が地形面に照射されたときにできる明暗のことであり、DEMの表現方法の一つとしてよく用いられる。地表の陰影パターンは地形の起伏で微妙に変化することから、光源方向を適切に与えることで、立体的な分かりやすい地形表現が可能となる。一般的には、光源を北西方向上空(入射高方位=-45度、入射光高度角=45度)から当て、北西斜面を明るくし、南東斜面を暗くなるように処理すると地形の起伏が分かりやすくなるとされるが[8]、ここではLandsatなどの衛星画像との比較が容易になるよう光源を南東方向上空から当てた。
©TRIC/NASA

c) 傾斜度画像(黄色線はGPSデータからトレースした調査ルート)

地形的特徴を傾斜度で示した画像である。ここでの傾斜度の定義は、SRTM/DEMのメッシュ・データに対して3×3マスクを設定し、その中心点を通る全8方向に対して起伏量を算出し、それらがメッシュ辺長に対して作る角度の最大値(最急上り勾配)とした。画像上の明るい部分は傾斜度が大きな場所、暗い部分は傾斜度が小さな場所であることを意味している。
©TRIC/NASA

d) 鳥瞰図

広元市を中心投影した鳥瞰図の一部である。ベースに用いた衛星データは2000年5月から2002年6月までの春から秋に観測された12シーンのLANDSAT/ETM+モザイク画像で、標高はSRTM/DEMを同一ピッチ(約30m)に補間したものを使用した。赤い点はGPS計測地点、黄色線はGPSの各計測地点を通過順に直線で結びETM+画像上に重ねて表示したグランド・トゥルースの移動ルートである。ここでは立体感を強調するため、地上距離に対して高さ方向の距離を1.5倍に設定し、北東方向を俯瞰している。剣門関の断崖地形や嘉陵江流域の地形景観がリアルに視覚化されている。
©TRIC/NASA

Chapter 4 砂漠・乾燥地の遺跡調査

4.2 古代エジプト遺跡「Site No.35(ダハシュール北遺跡)」の発見

4.2.1 宇宙考古学の幕開け

吉村 作治

　講演会に出かけるため東京駅に着いた私の眼に飛び込んできたのは、駅の売店の店先に貼られた新聞だった。朝日新聞の朝刊、その一面に青く美しいセヌウのミイラマスクが載っていた(図4.2.1)。2006年7月から開催される「吉村作治の早大エジプト発掘40年展」の記者発表の翌日のことだ。この展覧会は私たち調査隊が40年にわたってエジプトの各調査地で発見した遺物をエジプト政府から約250点借りて、日本全国10都市で巡回展示するというものだった。今から3800年前の古代エジプトの将軍セヌウは青いミイラマスクをつけ、エジプトのダハシュール北遺跡で眠っていた。そのマスクが日本でお披露目されるのである。そのダハシュール北遺跡こそ、宇宙考古学によって発見された世界初の遺跡だった。そして私がセヌウと出会うまでには宇宙考古学との出会いから遡ること10数年、試行錯誤と困難の道程があった。

　私は小学校4年生の時、図書室で『ツタンカーメン王のひみつ』という本に出会った。それはイギリス人エジプト考古学者のハワード・カーターが、誰もその存在を信じていなかった少年王ツタンカーメンの王墓を発見する物語だった。10歳の私にとってその冒険譚は衝撃的で、将来、自分もエジプト考古学者になって大発見をしたい、という生涯の夢が見つかった。そしてお陰様で、今80歳を超え、現役エジプト考古学者として70年前の夢を追い続けているというわけである。1798年の欧米のエジプトにおける学術調査のスタートはナポレオンのエジプト遠征といわれている。それは軍事目的ではあったにせよ、175名の学者からなる調査団が同行し、後世、『エジプト誌』という大著として刊行されているからである。

　日本に於けるエジプト調査は1966年9月、早稲田大学の学生だった私が、川村喜一先生(当時早稲田大学講師)を隊長とし、他4名の隊員と一緒に、初のエジプト調査隊を組織してエジプト縦断するジェネラル・サーベイでスタートした(図4.2.2)。

　その後、私はエジプトにおける発掘権取得を目指したが、それまで日本はエジプトに対してユネスコからの遺跡救済事業にも協力もしたこともなく、そんな遠く離れた東洋の国が発掘をしたいと言っても、所轄官庁のエジプト考古省(当時は考古庁)はなかなか取り合ってくれなかった。しかし考古庁長官などキーマンを招聘し、日本の発掘調査の状況を視察して頂くなど粘り強い交渉の結果、発掘権を取得でき、いよいよ1971年からルクソール西岸マルカタ南地区で発掘を開始したのである。そして1974年1月に、マルカタ南で新王国時代第18王朝のアメンヘテプ3世の祭殿址である魚の丘彩色階段を発見するに至った。そのニュースは運よくAP通信の記者の目に留まり、何と朝日新聞に「ツタンカーメン王発見以来の快挙」という過分なお褒めの言葉を頂き掲載された。この魚の丘彩色階段の発見があったからこそ、私はエジプトでの発掘調査に一生をかけようと決心することが出来たのである。

　私たちのエジプト調査はナポレオン以来の伝統と歴史を持つ欧米の調査隊には、既に200年遅れをとっていたわけで、彼らに追いつき追い越すためにはどうしたらいいか、私は1980年代に入ってから真剣にこの命題に取り組むようになっていった。そこで思いついたのが日本の得意とする最新技術を考古学に応用できるかということだった。

図4.2.1
セヌウの
ミイラマスクと私

図4.2.2
1966年のジェネラル・サーベイ
(ダハシュールの赤いピラミッド前)

考古学における作業というのは、まず計画立案があり、そのあと、調査隊の編成がある。計画書を作成して関係官庁に申請し、許可をもらう。当時、私はこれらの作業は人間関係が関わるし、人間でなければ難しいと思った。しかし今日、これだけ生成AI等が発展している状況下では、あながちそうではないという気もする。そして許可が下りて現場に出ると、最重要課題は遺跡探しである。もちろん申請するときには十分下調べをしてその地域に遺跡があると想定した上でのことだが、そう簡単には遺跡は見つからない。我々考古学者はアナログな方法だがまず何度もその現場を下を向いて歩く。地表面の様子、落ちている石や土器片などを舐めるようにして歩くのだ。もし自分に地下を見通せる透視能力があったらどんなにいいだろう、と夢のようなことを考えていたのを思い出す。そして私はそれを機械がやってくれたら、といつも考えていた。

そうして掘る場所が決まればいよいよ発掘である。200年間の習慣とエジプト政府の方針で作業員（人夫という）は、エジプト人でなければならず、我々は周辺の農民たちを雇うのだが彼等をまとめるのが専門の親方である。そして予測通りに遺構が出たり、遺物が出れば近代機器が活躍する。測量機器や写真・ビデオ撮影などだが、現在では3D測量なども当たり前になっている。私は当時、この発掘の行程を、遺跡を探すこと、遺跡と遺物を記録し収集すること、そして最後に報告書にすること、という三つのパートに分けた。後者の二つは主にコンピュータのソフト開発が中心であったが、1番目が難物だった。地球の中に人間が創った構造物を探す、その遺物をかぎつける機械を探したいと思ったのである。

そこで私が辿り着いたのが物理探査と呼ばれる手法で、電気探査、電磁波探査、重力探査、磁気探査など各種あって、実際に社会で活用されていることを知った。そして我々の発掘調査に適しているのは、電磁波探査であるということで機器の開発に着手し、1987年の第2の太陽の船発見や大ピラミッド内部の道の空間発見など目覚ましい成果を得ることが出来たのである。

そんな時、私に1本の電話があった。NHKディレクターの堀田勤吾氏（図4.2.3）で、私が発掘権取得のため、カイロに住んでいた頃、生活費を稼ぐためテレビ撮影のコーディネーターをやっていたのだが、以前、NHKの『未来への遺産』という番組でお世話になった方だった。堀田さんは、「吉村さん、何か新しい発見しましょうよ、それも新しい方法で出来ないですかね」とおっしゃる。私もかねてから考えていた最新技術を応用したいという想いを告げると、「わかりました、探してみます」という答えが返ってきた。

そして私は堀田さんの紹介で、東海大学の坂田俊文教授（図4.2.4）に出会った。坂田教授は行きつけのホテルのバーを指定し、私が座るや否や私の顔を見て「君、宇宙考古学って月にピラミッドがあるとか、火星にスフィンクスがいるとか、そういったものを探していると思っていない?」とおっしゃった。私が「実は、はい、そうです」と答えると、坂田先生は「やっぱり、でもそれは違うんだよ。遥か宇宙から地球の地下に埋もれている遺跡を見つけるんだ、すごいだろう」と、茶目っ気たっぷりに答えられたのである。これが日本における宇宙考古学の始まりだったと思う。

その頃、米ソの冷戦が終結したため、旧ソビエト連邦が経済事情の悪化から軍事衛星写真データを販売しているという情報を得た。我々はその衛星写真は非常に高価だったが、すぐにエジプト地域のデータを入手することが出来、それを坂田先生率いる東海大学情報技術センターが解析にとりかかった。その結果、遺跡の存在が考えられる候補地を38カ所選定し、次に考古学手法を用いた実地探査をあきらめずに続けていった。実際にその場所に出向いてみるとそこは遺跡ではなくビニールハウスの反射であったり、池であったりと調査は難航した。

図4.2.3
堀田勤吾氏
（ダハシュール発掘現場にて）

図4.2.4
坂田俊文教授と（後方はダハシュールの屈折ピラミッド）

しかし念願叶ってそれまで遺跡の空白地帯といわれていたダハシュール北地区で広大なネクロポリスを発見するに至った(図4.2.5)。1995年のことである。そして1996年、新王国時代の高官イパイのトゥーム・チャペルの発見を皮切りに、2005年セヌウのミイラをはじめとする未盗掘墓の大発見が続くという快挙が成し遂げられたことは私にとってたいへん幸運なことであった。さらにダハシュール北遺跡発見のエピソードは、堀田ディレクターによって記録され、NHKBSのドキュメンタリー特別番組として放送された。

お陰様でダハシュール北遺跡は2024年8月、第30次発掘調査が実施された。このネクロポリスにはおそらく500基を超える墓が眠っていると考えられている。発掘調査はまだまだ続くのだ。宇宙考古学で発見した遺跡におけるこの成果は、今は亡き川村先生、堀田ディレクター、坂田先生に胸を張って報告出来ることと私は思っている。おそらく宇宙考古学は後進の研究者たちによってこれから益々その活用の場を広げていくことだろう。この新しい学問領域誕生の発端を担えたことは、私のエジプト考古学者としての誇りなのである。

図4.2.5　ダハシュール北遺跡の発掘現場

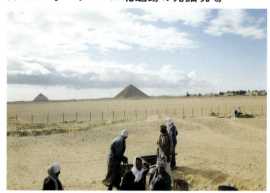

a) 赤いピラミッドと屈折ピラミッドを望む

b) 大発見のはじまり

4.2.2　エジプトにおける考古学調査の歴史

長谷川 奏

「エジプト学」という学問は、＜考古学＞というまさに近代西欧世界の象徴的学問体系の形成と、イスラーム世界における科学的学問の停滞、という明暗を分ける舞台の上で作り上げられたように思われる。科学的な民俗誌の先駆けと言われる『エジプト誌』の編纂(1809～1825)、ロゼッタ・ストーンの発見を機縁に始まった古代エジプト語の解読、イギリス・フランス・プロシア(ドイツ)等の西欧列強の学術調査隊がエジプト各地(ギザ・ルクソール・アスワーン・アブーシンベル等)で達成していった学術調査隊の数々の成果、在地の文化財の散逸と西欧列強による博物館コレクションの形成といった一連の「エジプト学」史の形成は、こうした西欧近代という強力な力の流れの中に置くことができよう。

ダハシュールの地は、ギリシア・ローマの古典文献では、「メンフィスの次に、リビュア側(ナイル川西岸)にアカントス市、オシリスの神域、テバイケ・アカンタ樹の杜があり、この樹からゴムを採る」程度の記述が残る場でしかなかったが、現実の考古学遺跡としては、古王国第4王朝スネフェル王の二つの石造ピラミッドが立つ著名な埋葬地であり、北側のものが通称「赤いピラミッド」、南側が「屈折ピラミッド」と呼ばれている。赤いピラミッドの東側には古王国時代のマスタバ墓が建てられており、さらに東の耕地近くには第12王朝のアメンエムハト2世やアメンエムハト3世の煉瓦造ピラミッドが立ち並んでいる。南地区では、ダハシュール湖に接する耕地近くに、第13王朝アメニ・ケマウ王の崩れたピラミッドや古王国時代のマスタバ墓の墓域がある。本報告でも深く関わるダハシュール北地区を見ても、中王国時代第12王朝のセンウセレト3世のピラミッド複合体と、それを取り巻くマスタバ墓群や第13王朝のケンジェル王の墓域があるなど、古王国～中王国の遺跡が密集しているのである。

1843年にダハシュールを訪れたプロシアのレプシウスは、当地域全体の地形および遺跡分布の地図を作製した。さらに19世紀の初頭から20世紀の始めにかけては、マスペロとバルザンティを中心とするエジプト考古局による調査、ド・モルガンによる大規模な発掘調査、1920年代のジェキエ、1940年代のアブドゥル・サラーム・フセイン、1950年代のアハマド・ファクリーらにより数々の調査が行われたが、1956年にダハシュール地域は軍事エリアとなった。それでも1960年代には、

マラジョーリオとリナルディなどによる部分的な調査が行われたが、本格的な発掘調査は、70年代以降に行われることとなる。1970年代中葉には、ドイツ考古学研究所が発掘の許可を得て、アメンエムハト3世のピラミッド、屈折ピラミッドの参道、ダハシュール南地区の遺跡分布調査などの調査が始まった。さらに1990年には、ニューヨーク・メトロポリタン美術館によって、センウセレト3世のピラミッド複合体の再調査が開始され、数々の発見がなされた。このように学術調査は行われたものの、ダハシュール遺跡は長い間の軍の施設の存在によって、一般の観光客は近づけない場となってきたために人々の出入りを阻んできた。しかしそれがかえってこの地の美しい自然を守ってきたとも言える。ダハシュール湖の水面には水鳥が集い、水辺周辺の緑地には、牛や羊などの家畜が群れた。湖の湖面にピラミッドが映る姿は、ファールーク王室の人たちをも魅了し、季節的な水辺狩猟の場も設けられた。

そもそもピラミッド・ゾーンは海抜標高20〜21mあたりの耕地帯に沿った高台にあり、ナイルの氾濫が引いたあとにも、水を集落のまわりにぐるりとまわして防衛のために利用したなごりが残る。古代都市や神域の周囲には、かつての環状水路を利用した運河が残されているのである。埋葬地では、耕地帯のまちやむらからのアプローチが勘案されなければならなかった。そこで、溜池灌漑の堤防がアプローチとしてもちいられるか、氾濫が引いた後にも沼沢地が残る場には河岸の接岸ポイントが設けられ、遺体はここで降ろされ、さらに砂漠の斜面をわたって運ばれた。ピラミッドのような代表的な埋葬施設とシンボリックな建造物が建てられているのは、海抜標高50mあたりの高台のへりなので、接岸地点からはおよそ30m高い場まで引き上げられたことになる。ダハシュールを事例に述べるならば、南北に6kmほど広がる砂漠の墓地の範囲の中に、このようなナイルの氾濫水が入りこんだ窪地と推測される地点が4〜5箇所あり、それぞれが古代の接岸地域であったことをイメージさせる。そこで耕地帯の標高20mのラインから砂漠2〜3km奥側にある標高50〜60mのラインが、リモートセンシング調査では最も注目されたのである。

図4.2.6　**予備調査**

写真提供:c)〜e)は©長谷川奏、f)は©東日本国際大学エジプト考古学研究所

a) メンフィス歴史地図

b) 20世紀初めのナイル川の氾濫風景
写真:©Lehnert & Landrock

c) メンフィスのグランド・トゥルース風景

d) メイドゥームのグランド・トゥルース風景

e) ダハシュール湖のグランド・トゥルース風景

f) 耕地から見たアメンエムハト3世のピラミッドと屈折ピラミッド

Chapter 4　砂漠・乾燥地の遺跡調査

COLUMN 9

ダハシュール湖畔から見るピラミッド

惠多谷 雅弘

　1995年2月、早稲田大学の調査隊とともに実施する未知のピラミッド調査の準備のために、私はNHKの撮影クルーと共に、初めてカイロを訪れた。遺跡探査を行うための予備調査が目的で、私は衛星データを使って事前に研究室で選定してきた要調査地点を優先的に観察した。NHKのクルーは番組で使う予定のピラミッドのCGを作成するための情報収集が主な目的だった。ギザからメイドゥームに至るピラミッド群の立地を観察すると、それらはナイル川の氾濫原に沿った砂漠丘陵上に分布していることが理解された。予備調査のある日、サッカラの要調査地点において、初めての発見があった。多数の土器片や日乾煉瓦が地表に露出している。調査隊に緊張が走った。ピラミッドの時代の遺跡ではないとの判断からそれ以上の詳しい調査は見送られたが、私たちの研究の方向性が正しいことを裏付ける記念すべき古代エジプト遺跡の発見だった。

　その日は少し肌寒かったが、天気は良かった。次の調査地点に向かう途中でダハシュール湖に立ち寄って昼食をとることになった。ダハシュール湖はナイル耕地に面した砂漠縁辺に位置する湖で、水鳥が集まる南東の湖畔からは湖越しに屈折ピラミッド、赤いピラミッド、アメンエムハト3世のピラミッドなどが一望できる。「古代エジプト人もこうした美しい風景をいつも眺めていたのだろうか」などと思いながら早稲田隊が用意して下さったおにぎりを木陰で頬張った。

　ピラミッドが分布するメンフィスネクロポリスでも環境変動は起きている。2008年8月の調査で同じ場所を訪れると、湖は枯渇し、残念ながら同じ風景を見ることはできなかった。詳しい原因は分からなかったが、こうした水環境の変動は世界でもよく見られる。乾燥化や農業用水の過剰取水などによってしばしば起きることもある。世界遺産となっているこの地域一帯では定期的な調査が必要かもしれない。

ダハシュール湖の変化

1995年2月

2008年8月

4.2.3 未発見遺跡の有望地点選定

恵多谷 雅弘

古代エジプトの象徴的な建造物遺構であるピラミッドは、古王国時代から中王国時代にかけて、"ピラミッド・ゾーン"と呼ばれる古都メンフィスのネクロポリスを中心としたナイル川西岸の砂漠地帯の丘陵に建造された。ピラミッドに関する研究はエジプト学における大きな課題の一つであるが、実はその建設目的すら分かっておらず、未だ解明できない多くの課題が残されている。1952年、エジプトの考古学者ザカリーア・ゴネイムによって、ピラミッド・ゾーン内の砂漠地帯から砂に埋もれた1基のピラミッドが発見された。エジプト第3王朝のセケムケト王のものとみられるこのピラミッド(図4.2.7)は、基底部で約120mの一辺をもつ壮大な建造物であったが、何らかの理由によってピラミッドの上部構造が未完成なために、約4500年に及ぶ長い間砂に埋もれたまま発見に至らなかった。エジプト考古学では、文献上、こうした未発見のピラミッドや古代遺跡がまだ幾つか存在しているものと考えられている。

セケムケト王のピラミッドを含めて、エジプトでこれまで建造されたことがわかっているピラミッドは王のものだけで46基に至るが、このうち第5王朝メンカウホル王、第7〜8王朝ネフェルカーラ王、第9〜10王朝イティ王の3基に関しては、ピラミッドを建造した可能性があるにもかかわらず、その所在は今も分かっていない。これらの王のピラミッドを探し出すことが可能ならば、それから得られる新たな知見によってピラミッドに関する多くの謎が解明できるかもしれない。

このような背景のもと、東海大学と早稲田大学が新たな共同プロジェクト研究「衛星による未知のピラミッド探査」に着手したのは1994年のことである。この研究では、古代エジプトを対象に、衛星リモートセンシングデータの活用によって砂漠に埋もれた未知のピラミッドや王朝時代の遺構を発見することで、従来の考古学調査のような勘や経験に頼った手法に代わる科学的手法の確立に主眼を置いた。

考古学分野において、リモートセンシングに最も期待されていることは未知の遺跡の発見であるが、実際に衛星データで遺跡を発見し、その発掘に成功したという報告例は殆どない。そこで研究を始めるにあたり、まず古王国時代から中王国時代に建造されたピラミッドが建ち並ぶアブ・ラワーッシュからメイドゥームまでのいわゆる「ピラミッド・ゾーン」の中から、アブ・シールからダハシュールの一帯をテストサイトに選定し(図4.2.8)、ピラミッドの現況と立地環境を重点的に調査することにした。エジプトにある遺跡の多くはナイル川流域の砂漠地帯に分布しているが、なかでもテストサイトの中心地区となるメンフィスは、王朝時代において、政治・行政に関わる空間と墳墓とが設けられた葬送空間の二つの構造が際だったコントラストを見せた重要都市であり、そこにはピラミッドをはじめとした王朝時代の大型建造物が集中している。ピラミッド・コンプレックス(Pyramid Complex：ピラミッド複合体)と呼ばれるピラミッドの構造的特徴は、エジプト王朝時代の遺跡形態の典型例と考えることができる。すなわちナイル川西岸の砂漠縁辺に河岸神殿が建造され、河岸神殿と葬祭施設が参道によって連結された構造を有し、葬祭施設もつ本体はナイル川の氾濫水が及ばない安定した岩盤上に各側面がおおむね東西南北を指向するように建造された。

プロジェクトチームでは、砂に埋もれた未発見遺跡を衛星データで探し出すには、こうした王朝時代の象徴的建造物であるピラミッドの空間的特徴や立地条件を満たす地点をこれまで遺跡が確認されていない空白地域から絞り込むことが重要と考え、まず早稲田大学の考古学チームが作成した遺跡分布図に記載されたピラミッド群の残存状況について衛星データとグランド・トゥルースで検証し、次に周辺遺構を含めた遺跡の立地条件を具体的に明らかにした上で、最終的に「未発見遺跡の有望地点」を絞り込むことにした。本プロジェクトで収集した衛星データを表4.2.1、画像処理後のデータ例を図4.2.9に示した。これらの衛星データは、遺跡分布図と重ね合わせて見ることができるように、同一縮尺、同一座標系の遺跡探査用画像データベースとして構築され、未発見遺跡の有望地点選定とグランド・トゥルースなどで用いられた。

図4.2.7 **セケムケト王のピラミッド**

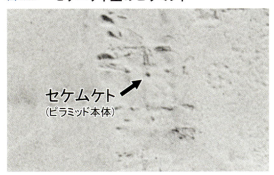

CORONA 1963/12/23撮影　©TRIC/USGS

Chapter 4 砂漠・乾燥地の遺跡調査

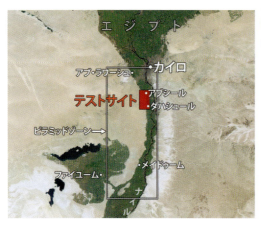

図4.2.8 　テストサイト
Landsat TM モザイク画像　©TRIC/USGS

表4.2.1 　収集した衛星データ

No.	衛星	センサ	地上解像(m)	Path-Row	取得日	遺跡探査で期待される用途
1	Landsat	TM	30	176-039	1987/02/08	スペクトル特徴、立地環境の調査
2	SPOT	HRV/PAN	20/10	112-290	1987/05/12	スペクトル特徴、立地環境の調査
3	SPOT	HRV/PAN	20/10	112-290	1994/04/12	スペクトル特徴、立地環境の調査
4	SPOT	HRV/PAN	20/10	112-290	1994/04/18	スペクトル特徴、立地環境の調査
5	SPOT	HRV/XS	20/10	112-290	1994/04/12	スペクトル特徴、立地環境の調査
6	SPOT	HRV/XS	20/10	112-290	1994/04/18	スペクトル特徴、立地環境の調査
7	SPIN-2	KVR-1000	2	–	1991/02/27	地表特徴（形状など）の調査
8	JERS-1	L バンド SAR	18 (3look)	260-250	1994/08/26	地中探査
9	JERS-1	L バンド SAR	18 (3look)	260-251	1994/08/26	地中探査
10	JERS-1	L バンド SAR	18 (3look)	260-252	1994/08/26	地中探査
11	EERS-1	C バンド SAR	30	17396-3015	1994/11/12	地形調査
12	EERS-1	C バンド SAR	30	17396-2997	1994/11/12	地形調査
13	EERS-1	C バンド SAR	30	17389-585	1994/11/11	地形調査

図4.2.9 　画像処理後の主な衛星データ

NO.1 Landsat TM +
SPOT-P
パンシャープン
1987/05/12 +
1987/02/08
©TRIC/CNES

NO.8 JERS-1
L バンド SAR
1994/08/26
©JAXA

NO.11 EERS-1
C バンド SAR
1994/11/12
©ESA

NO.7 SPIN-2
KVR-1000
1991/02/27
©Sovinformsputnik

100

ピラミッドというと、古王国時代に建造されたギザの三大ピラミッドを連想する。クフ王のピラミッド(第1ピラミッド)は一辺約230mの基底長をもち、約146mの高さで建っている。サッカラの階段ピラミッドは約118〜140mの基底長をもち、高さは約60mである(図4.2.10)。このような巨大な建造物が砂漠の中に完全に埋もれてしまうなどということはとうてい考えられない。実際に予備調査で観察した残存するピラミッドも、何らかの理由で崩壊したか建造途中で放棄されたものが目立った(図4.2.11)。このことから、新たに発見される遺跡は崩壊あるいは建造途中で放棄され、砂に埋もれてしまったもの以外期待できないことが予想された。

収集した衛星データの役割であるが、まずLandsatとSPOTの中分解能光学センサについてはパンシャープン化してテストサイト全体の調査に、個々の遺構の識別には単バンド(510〜760nmの波長帯)のモノクロ画像ではあるが地上分解能が約2mで遺跡の形状まで判読可能なロシアの高分解能衛星画像KVR-1000をそれぞれ使用することにした。一方、SAR画像については、当初期待していた砂に埋もれたセケムケト王のピラミッドや、プタハ神の聖牛アピスのために造られたサッカラの地下式墳墓セラペウム(図4.2.12)は、JERS-1のLバンドSARでもEERS-1のCバンドSARでも検出できなかった。ただし、予備調査(1995年2月)で、遺構の一部が地表に露出した未報告遺跡「Site No.29」の検出に成功したJERS-1のLバンドSARは地中探査で利用することにした。Site No.29の遺跡の詳細については後で述べる。

図4.2.13は、地上解像度2mのKVR-1000画像で見た未完成あるいは崩壊したピラミッドの地表特徴である。この画像は太陽高度が低いとき(1991年2月午前9時頃)に撮影されたことが幸いし、僅かな凹凸が影となってよく捉えられている。探査対象となる未完成あるいは崩壊したピラミッドには、正方形のピラミッド本体残存部の輪郭や、竪穴遺構に類似した円形状の地表痕跡が認められ、それらはa〜fの6パターンに分類できる。本研究プロジェクトの探査対象となる未発見のピラミッドや王朝時代遺構も、可能性としては、これと類似する構造的特徴をもつものと推定された。

図4.2.10
クフ王の
ピラミッド(上)と
ジェセル王の
階段ピラミッド(下)

図4.2.11
上部が崩壊した
ペピ1世の
ピラミッド(上)と
メルエンラー王の
ピラミッド(下)

図4.2.12
セケムケト王の
未完成ピラミッド(上)と
サッカラの地下式
墳墓セラペウム(下)

Chapter 4 砂漠・乾燥地の遺跡調査

図4.2.13
想定される未発見遺跡の
地表特徴

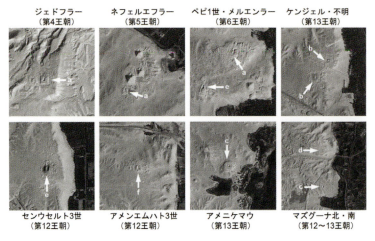

　アスワーン・ダムの建設がはじまる19世紀以前のエジプトではナイル川は毎年夏から秋にかけて規則的に氾濫を繰り返していた（図4.2.14）。エジプト王朝時代の代表的建造物であるピラミッドは、氾濫原の西側縁辺に沿った砂漠丘陵地だけに建造され、それらの位置関係はナイルの氾濫とピラミッド建設が互いに影響関係にあったことを示唆しているものと考えることができる。エジプト王朝時代の遺跡探査において、こうしたナイル川の古環境とピラミッドの関係を理解することは極めて重要と考えられ、例えばナイル川の水位変動とピラミッドの立地条件に定量的な関係を見出すことができれば、未発見遺跡の有望地点選定の効率化が図れる。
　図4.2.15は現在の地形データを用いてピラミッド建造場所と古代のナイル川の水位変動をシミュレーションで復元した画像である。使用した地形データは縮尺1：5,000の地形図から抽出した1m単位の標高（DEM）である。この画像から、ピラミッドがナイル川の増水の影響を受けにくい高台を選んで建造されたことが推定できる。
　以上をまとめると、テストサイト内における未発見遺跡の有望地点選定条件は、以下のようになる。
- 遺跡分布図上の空白地点であること。
- 崩壊してまたは建造途中で放棄され、砂に埋もれていること。
- KVR-1000画像から判読された6パターンの地表特徴のいずれかを有すること。
- 海抜40m以上の高さを持つ丘陵地であること。

図4.2.14
ナイル川の氾濫風景の古写真（ダハシュール）

写真:©Lehnert & Landrock

図4.2.15
ピラミッド建造場所とナイル川の
水位変動の関係（地形データによるシミュレーション）

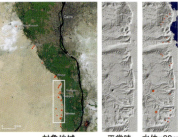

4.2.4　発掘調査地点の決定

恵多谷 雅弘

　1996年10月、前述の選定条件をもとに衛星画像から選定した38か所の遺跡の有望地点（図4.2.16）に対するグランド・トゥルースを開始した。調査を進めていくうちに、ピラミッドや大型遺構が多数分布し、考古学的に注目度が高いサッカラなどは、殆どの場所がエジプト、フランス、スコットランドなどの外国調査隊の申請区域と重複しており、たとえ衛星画像上で未発見遺跡の有望地点を見つけたとしても、発掘権の取得が困難なことが判明した。つまり、発掘権が取得できない場所は私達の探査対象とはならないのである。例えば、Site No.15とSite No.16は、KVR-1000画像で壁体遺構と推定される構造物であるが、スコットランド隊の調査領域と重複していたことから、確認だけに留めた。また調査地点のなかには軍事領域で入構すら不可能な場所もあり、それらは調査対象から除外した。

　最後に残った有望地点は、アブ・グラーブ北西の1カ所、サッカラのグレート・エンクロージャー南西の4カ所、南サッカラの3カ所、そしてダハシュールの1カ所の合計9カ所となった。それらの全てを考古学的に検証した結果、4カ所（Site No.26、Site No.27、Site No.29、Site No.35）において、考古学的に最も有望と考えられる未報告の遺構や遺物の分布を確認した。

　まず予備調査で発見した「Site No.29」であるが、遺跡の検出に寄与したJERS-1のLバンドSAR画像と考古学チームが作成した遺跡分布図を図4.2.17に並べて示した。Site No.29はサッカラのグレート・エンクロージャー西方約700mの地点にある。この遺跡は、光学センサの衛星画像では確認できなかったが、JERS-1/SAR画像で広範囲にわたるレーダ反射（後方散乱：Backscatter）が砂漠内に認められことから予備調査の対象地点となった。JERS-1/SAR画像中の左側の暗い領域は砂漠、右側の明るい領域は主に農耕地と人工構造物である。この画像の赤い破線内（Site No.29）を見ると、遺跡分布図では遺跡が存在しないはずの砂漠に、遺跡からと推定される強いレーダ反射が検出されている。再調査したところ、新王国時代のものと推定される日乾煉瓦遺構と多数の遺物が検出され、緩やかな斜面の丘陵に砂が薄く覆った日乾煉瓦遺構、約30～50cm角の石灰岩片、約10～30cm大の彩色土器片、陶器などが地表に広く散乱していた（図4.2.18）。ピラミッドの時代（古王国から中王国時代）の遺跡ではないとの判断から発掘対象にはならなかったが、砂に埋もれたエジプト王朝時代の未報告遺跡を衛星SARで検出したエジプト学史上初の事例であり、宇宙考古学における資料的価値は極めて高い。

図4.2.16
衛星画像から選定した未発見遺跡の有望地点

数字：遺跡の有望地点（Site No.）
○：最終的に残った遺跡の有望地点

SPOT-P/Landsat TM 1987/05/12+1987/02/08
©CNES/TRIC
パンシャープン赤外カラー合成画像

 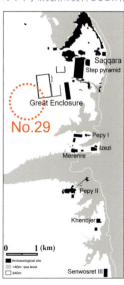

図4.2.17
遺跡検出に寄与したJERS-1/SAR画像（左）と同じ範囲の遺跡分布図（右：早稲田大学エジプト学研究所の資料をもとに作成）

JERS-1/SAR
（1994/08/26）
©JAXA/TRIC

Chapter 4　砂漠・乾燥地の遺跡調査

次に、ケンジェル王のピラミッドの南約600 mの軍用鉄道が横切る南サッカラに存在する「Site No.26」と「Site No.27」であるが、そこから出土したとみられる石棺が3基（図4.2.19）、さらに周囲には時代不明の多数の石材散乱や人工的と推定される構造物の存在が確認された。しかしながら、これらについてはケンジェル王のピラミッド周域の墓域と確認され、後の資料確認でも既に調査済みであることが分かった。

残る有望地点はダハシュールの「Site No.35」だけである。ダハシュールは第4王朝スネフル王のいわゆる屈折ピラミッドや赤いピラミッドで有名な地域であるが、軍事地域として従来立入が不可能であった。しかしながら、S.C.A.（Supreme Council of Antiquities：エジプト考古最高会議）が近年同地区の観光地化を推進させたため、入構が可能となった。Site No.35は、遺跡分布図上では空白地域に位置し、未完成あるいは崩壊したピラミッドの中央に共通してみられた円形の落ち込みがKVR-1000画像上で3カ所存在する。ナイル川の氾濫の影響を受けにくい標高約45～50 mの小丘上にあり、（図4.2.20、図4.2.21）、LandsatやSPOT画像上で、ピラミッド建造資材ともなる石灰岩の分布域に見られる明るい反射も認められた。考古学チームの調査では、攪乱を受けてはいるものの、大規模な墓域の存在を示唆する複数のシャフト墓や、石灰岩の切石、ヒエログリフが刻まれたレリーフ片（図4.2.22）、青色顔料が施された土器片、ファイアンス製のシャブティ像、指輪などが確認されたことから、合同プロジェクトチーム内で協議した結果、Site No.35の発掘調査実施が決定した。[9), 10), 11)]

図4.2.18　**Site No.29の地表状況**

a）Site No.29の概観

b）土器片の分布

c）日乾煉瓦遺構の地表露出

図4.2.19　**Site No.26及びSite No.27で確認された石棺**

図4.2.20
Site No.35とその周辺のKVR-1000画像

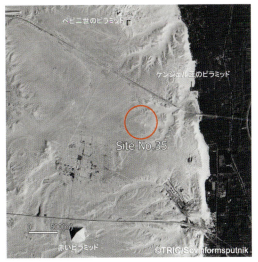

KVR-1000 1991/02/27

図4.2.21
Site No.35地点におけるナイル川の氾濫シミュレーション（氾濫水位＝40m）

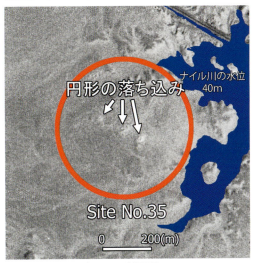

KVR-1000　© Sovinformsputnik/TRIC

図4.2.22　Site No.35の地表状況

4.2.5　Site No.35「ダハシュール北遺跡」の発掘調査のはじまり

長谷川 奏

　新たなメンフィス墓地の理解につながると期待されたダハシュール北遺跡は、700m四方にわたる広がりをもつ。細部調査のために当該地にグリッドを設定し、電磁波調査、試掘調査、遺物分布調査などを行った。私たちが調査を行った地域は、レプシウスによって書かれた地図には描かれているものの、具体的な記述は見られていない。調査の結果、当墓域の中心となる地域は南北100m×東西300mに広がることが確認された。遺跡の中心は、標高43〜50mほどの小高い丘に位置していた。中心地域の北および東の地区には、およそ15基におよぶ既掘墓がみられた。最も南に位置するシャフトの多くは、2m×1mほどの規模である。さて、遺跡の中心の南側では、17m×47mの日乾煉瓦遺構が姿を現したが、これが大きな学術成果を象徴するものとなった。建物の最前面はゆるやかに傾斜し、スロープか階段によるアプローチが作りつけられていたと考えられた。そこを抜けると、床が石灰岩で敷かれていたと思われる空間につながり、そして最奥部の部屋は両側に長方形の副室をもつ構成になっていると思われた。総じてこの遺構は、サッカラで見つかっている新王国時代の神殿型平地墓を連想させ、特にホルエムヘブの神殿型平地墓（17m×45m）と類似した構造のように思われた。つまりサッカラの神殿型平地墓の類例から考えると、当遺跡の遺構は、スロープと前庭、中庭、至聖所からなると考えられ、中庭には地下につながる竪坑があるものと推測された。

　第1次調査（1997年-1）では、予備調査でみつかった墳墓の発掘を行った。発掘調査を進めた結果、予想通り中庭から、地下の埋葬室に導く深さ13mのシャフトが発見された。このシャフトの上部には切石が積まれており、精巧な作りであることを示し、切石の規格から、これがアマルナ時代に後続する時代に建造されたことが推測された。シャフトの基底部近くからは、20〜30個にわたるレリーフ・ブロックが集中的に取り上げられ、シャフトの基底部からぐるりとまわりこむ構造をもつ地下の部屋がみつかった。これらの部屋は既に盗掘を受け、中で火が焚かれた痕跡が残っていた。部屋になだれこんだ砂をクリーニングしたところ、アラバスター製と思われるカノプス壺やシャブティ、護符やビーズなどの装飾品などが多数取り上げられたが、これらの多くは火を受けていたので、埋葬は荒らされた

Chapter 4

砂漠・乾燥地の遺跡調査

ものと思われた。これらの遺物のうち、レリーフ・ブロックに神官や貴族が描かれたモチーフの様式や、アテフ冠を被る石灰岩小像の表情、ロータスをあしらったファイアンス製指輪、青色顔料を特徴とする土器片などから、これらの遺物は、新王国時代の第18王朝末から第19王朝初期にかけての時期に年代づけられると考えられた。さらに第1次調査で出土した煉瓦に年代づけられるスタンプからは、「王の書記イパイ」の名が読み取られたため、この人物が墳墓の造営者であったと推測された(図4.2.23)。

第2次調査(1997年-2)では、地上面ではイパイの墓の周辺を調査し、地下の部屋をクリーニングしたところ、多くの出土遺物が得られた。出土遺物からは、イパイの埋葬を直接示すものはみられなかったが、レリーフや各種の副葬品は、新王国時代のアマルナ時代以後の特徴をもつ多くの遺物があり、ツタンカーメン王やラメセス2世の名も読み取られたことから、イパイの墓は第18王朝末から第19王朝初期にかけて利用されたものであるという年代観は確実となった。

第3次調査(1998年)では、イパイの墓の構築に至る手順がうかがわれる遺構部分が、各所で観察された。加えて北側入口に面する地下の部屋(F室)の床面には、さらにもう1層深い地下に導く斜路と、これにつながる地下の部屋が見つかった。その空間には、花崗岩製の棺が置かれているものと推測され、この棺を内部に安置するために、シャフトが削り込まれ、イパイの墓の元来の地下遺構が改変されたと推測された。またイパイの地下遺構からは、ツタンカーメンの妻であるアンケセナーメンの名を有する指輪も得られたため、本遺跡調査が、同王の在位年代を中心としたポスト・アマルナ時代が遺跡の形成背景にあることが確信されたのであった(画像ギャラリー2、p.10～p.13)。

図4.2.23　ダハシュール北遺跡の発掘調査のはじまり

a) 電磁波探査

b) 探査データの確認風景

c) ヒエログリフが刻まれた石灰岩片の地上分布

d) 出土した大型日乾煉瓦遺構

e) レリーフ・ブロック

写真a)～f):
©東日本国際大学
エジプト考古学研究所

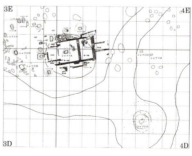

f) イパイの墓と周辺の墓の分布図

COLUMN 10

砂嵐の来襲

恵多谷 雅弘

エジプトでは、3月から4月頃になると、「ハムシーン」と呼ばれる砂嵐がしばしば起こる。季節の変わり目の温度差から発生する現象で、砂塵が強風に巻き上げられて運ばれてくる。1996年3月下旬、当時ダハシュールの発掘主任をされていた長谷川奏先生（早稲田大学）と北ダハシュールの小丘（後のダハシュール北遺跡）を訪れると、発掘調査に先だった測量調査や物理探査がはじまっていた。考古班のスタッフが手際よく作業を進めている。

この時点で宇宙考古学の役割の大部分は終了し、あとは何が出土するかをじっくりと待つのみであった。私が小丘の地表観察や写真撮影などを行っていた時、屈折ピラミッドが見える南方向の空が急に暗くなり、風が強くなってきた。ハムシーンである。空中に巻き上げられた砂漠の砂が容赦なく顔に当たる。痛い。目を開けているのも困難になり、砂でカメラが壊れてしまうのでもう写真撮影もできない。遺跡近くに繋がれていた現地作業員のロバも耳を塞いで小さくうずくまって鳴いている。コートのフードをかぶり、サングラスで目を覆い、風上に背を向けて嵐が去るのをしばらく待ったが、これ以上の調査の継続は危険との判断からこの日は撤収が決まった。あいにく調査現場には四輪駆動車が1台しかなかった。調査機材を全員で急いで積み込むと車内はすぐに満杯になり、隊員は乗車できない。運転手以外は全員ドアの外のバンパーやステップに足をかけ、車体にしがみつきながら嵐が吹き荒れる砂漠から避難した。砂漠を離れてサングラスを外すと、鼻の上には1センチほどの厚さの砂が積もっていた。

私が東京渋谷の大学で、衛星データによって特定した遺跡の有望地点の一つ（後のダハシュール北遺跡）からイパイのトゥーム・チャペルが出土したという知らせを受けたのは、その翌月のことである。

ダハシュールの調査現場に迫り来るハムシーン

（1996年3月6日：写真後方左手は屈折ピラミッド）

※エジプトでは通常は大西洋のアゾレス地域を起点とする北西方向の風が吹き、これに対応したまちづくり、家づくりがなされている。ここで述べたハムシーン（イタリア語ではシロッコなどと呼ばれる）は、アフリカ大陸を南から渡ってくるもので、例外的ではあるが、たいへん強烈な春の風物詩である。

Chapter 4 砂漠・乾燥地の遺跡調査

4.3 地中遺跡の探査

恵多谷 雅弘

4.3.1 衛星搭載SARの地中透過性

ダハシュール北遺跡の発見に先駆けて実施された予備調査で、JERS-1のLバンドSAR画像によってエジプト学史上初めて検出された砂に埋もれた王朝時代遺跡「Site No.29」が検出された。このことは、Lバンドの衛星搭載SARが地下遺跡の探査に有効なことを示唆している。衛星搭載SARは、マイクロ波を地表面に照射し、その反射波(後方散乱係数：σ⁰)を受信することで情報を得るセンサである。一般に、砂漠の遺跡探査では、石材など散乱体が存在すると後方散乱係数は大きな値を示す。ただし、地表あるいは地中からのレーダの反射波には多種の観測パラメータ(変数)が関与する。主なものとして、レーダのシステムパラメータ(波長、偏波面※1、分解能)、視野パラメータ(観測方向、入射角)、観測対象物固有のパラメータ(起伏、粗さ、誘電率、含水量)などが挙げられ、これらの間には相互作用がある[12] (図4.3.1、図4.3.2)。

衛星SARの観測周波数(バンド)として、Seasat、JERS-1、ALOSシリーズなどのLバンド(1.2GHz)、EERS-1やRADARSATなどのCバンド(5.3GHz)、スペースシャトルX-SARなどのXバンド(9.6GHz)がある。このうちCバンドとXバンドは、分解能は良いがマイクロ波の透過性が悪く、森林の観測などでは照射したマイクロ波が地表まで到達せずに枝葉などで反射してしまう。これに対してLバンドのマイクロ波は物質を透過する性質があり、条件が整えば、光学的には見えない地中の物体が見える可能性もある[13]。

乾燥地域においては、Lバンドのマイクロ波が地表の砂や土壌を透過して、その基盤岩などを映し出したケースが幾つか報告されている。J. F. McCauley等は、SIR-A実験において北部スーダンのSelima Sand Sheetで採取した表層サンプルの性質から砂漠地帯におけるマイクロ波の透過性を調査した結果、表面の細礫、風成層の砂(深さ1cmから20cm付近で採取)、沖積層のサンプル(深さ2.6mから2.7mで採取)はいずれも極度に乾燥しており、マイクロ波が物質内部にどれだけ浸透し、減衰するかを示す指標のSkin Depth(表皮深度)は、1mから6mに及んだと報告している[14]。

図4.3.1 衛星搭載SARと地表面の幾何的関係
(衛星CG:PALSAR-4 ©JAXA)

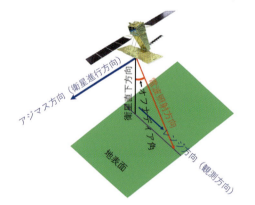

図4.3.2 Lバンドの衛星SARによる地下遺跡探査の仕組み
(模式図)

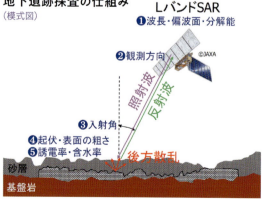

❶〜❺:反射波に関与する観測パラメータ
(衛星CG:JERS-1 ©JAXA)

※1:偏波面
電磁波の振動の方向と伝搬方向を含む面のこと。SARが送信/受信するマイクロ波には、偏波面が地表面に対して水平な水平偏波(H)と垂直な垂直偏波(V)の二つがある。JERS-1のSARはHH(送信偏波H・受信偏波H)の単偏波で地表を観測している。ALOS/PALSARは、HとVを切り替えることで、HH、VV、HV、VHの四つの偏波データの観測が行える。偏波面の方向によって検出される地表情報が違ってくる。

予備調査で検出したSite No.29とJERS-1のLバンドSARと因果関係を検討するため、JERS-1/SARの後方散乱特性を明らかにしておく。図4.3.3は、Site No.29発見に寄与したJERS-1/SAR画像、及びSite No.29と比較用に選定した各モデル地点のレンジ方向(センサの観測方向)、アジマス方向(衛星の進行方向)各500mの範囲の後方散乱特性である[15]。選定したモデル地点は、遺跡の存在が報告されていない平坦な砂漠のメンフィス西方の涸れ谷ワーディー・タフラ、王朝時代の象徴的建造物の古王国から中王国時代に建造された原形、半壊、全壊の各ピラミッド、新王国時代の砂に埋もれた大型遺構が発見されたダハシュール北遺跡、そして大型地下式墳墓として知られるサッカラのセラペウムの計6地点である(図4.3.4b)～g))。調査対象地域内には多くの王朝時代遺跡の存在が知られるが、モデル地点に選定した各遺跡については、石材あるいは日乾煉瓦を建材とした王朝時代遺跡の特徴的大型建造物を擁している。

JERS-1/SARの後方散乱係数σ^0は次式によって導出した。

$$\sigma^0 = 20 \cdot \log 10 \, I + CF \quad [dB]$$

I：処理済みSARデータのピクセル・カウント値
CF：校正実験によって決定される変換係数

ここでの変換係数CFはUser's Guide to NASDA's SAR products Ver.3[14])の校正値-68.5を用いた。

Site No.29の検出に関与したパラメータを効果的に分離して明らかにすることはできないが、図4.3.3から以下のことが読み取れる。

・遺跡はレンジ方向において検出しやすい。
・ピラミッドのレンジ方向の最大値は地上建造物の残存状況と相関関係にあり、建物の規模が小さくなるにつれて後方散乱係数が減衰する傾向が認められる。
・Site No.29のレンジ方向の最大値は、全壊ピラミッドと地中に何も存在しない砂漠との中間値を示している。
・大型日乾煉瓦遺構が出土したSite No.35の後方散乱特性と比較すると、Site No.29にはそれとは異なるタイプの散乱体(日乾煉瓦以外の遺構)が埋もれている可能性がある。

Site No.29の遺丘は、発掘調査が実施されていないことから遺跡の全貌はまだ明らかではないが、考古学チームの地表観察では新王国時代の遺跡の可能性が高いと推定されており、発掘調査が待たれる。

図4.3.3　JERS-1/SAR画像と後方散乱特性

図4.3.3-1
各モデル地点における後方散乱の計測範囲
JERS-1/SAR画像　©JAXA/TRIC

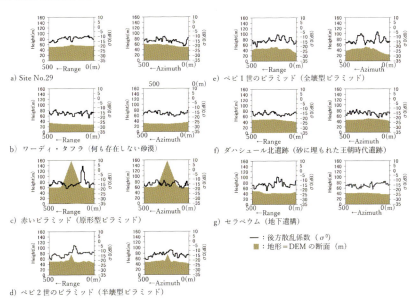

図4.3.3-2　レンジ・アジマス方向の後方散乱特性

Chapter 4 砂漠・乾燥地の遺跡調査

図4.3.4　Site No.29と選定した比較地点

a) Site No.29

b) ワーディー・タフラ

c) 赤いピラミッド

d) ペピ2世のピラミッド

e) ペピ1世のピラミッド

f) ダハシュール北遺跡（Site No.35）

g) セラペウム

110

COLUMN 11

エジプトの研究協力機関 NARSS

El-Sayed Abbas Zaghloul・
恵多谷 雅弘

　エジプトは、リモートセンシング技術を使用したエジプトの古代遺跡の探査の分野でリモートセンシング技術が使用されている主要国の一つであり、世界で2番目に多い国と考えられている。NARSS (National Authority for Remote Sensing and Space Sciences) は、科学研究省に属するリモートセンシングの国家機関として1991年に設立された。その目的は、エジプトにおける最先端宇宙技術と地球観測の利用を促進することである。リモートセンシング・アプリケーションと宇宙科学技術の二つの大きな部門を持ち、リモートセンシング・アプリケーションの部門では、地球観測衛星やさまざまな航空機センサから提供されるデータを使用して、天然資源、自然災害、環境管理の評価と監視など、さまざまなアプリケーション用の地図や空間データを作成している。宇宙科学技術の部門では、センサや衛星サブシステムなどの研究開発に取り組んでいる。2007年にウクライナと共同開発した地球観測衛星「EgyptSat-1号」、2014年に「EgyptSat-2号」、2018年には「EgyptSar-A」をバイコヌール宇宙基地からそれぞれ打ち上げ、衛星受信局はアスワーン、地上管制基地はカイロに置かれている。

　NARSSは1997年以来、遺跡探査の分野において、東海大学情報技術センター (TRIC) や早稲田大学などと共同で、宇宙考古学の共同研究を行っている。TRICとは研究協定を交わし、エジプト考古最高会議SCA (Supreme Council of Antiquities) とも連携して、ナイル川流域に分布する古代遺跡の包括的な調査や古環境調査、トシュカ (ナセル湖・下ヌビア地域) 水資源開発に関する調査などを展開してきた。2006年からは北西デルタ地域のブハイラ県にあるコーム・アル=ディバーゥ遺跡発掘のための調査、2022年からはエジプト紅海沿岸の古代港を特定するための予備調査 (研究代表者：長谷川奏) などにも参加している。

　2009年には、Ayman所長 (当時) が訪日し、TRIC、JAXAの研究者などと地球観測分野の協力などについての協議を行った。日本の大学や研究機関との学術交流にも積極的に取り組んでおり、リモートセンシングの応用に関する国際会議 (NARSS・TRIC・早大ほか共催) を東京 (エジプト考古学ビル) とカイロ (SCA、NARSSなど) で合計6回開催している。そこでは、リモートセンシングと考古学の専門家などによって、両国間で進行中の共同科学研究活動の成果が多数発表され、それらの多くの研究論文は、以下を含むエジプトと日本の学会誌や科学雑誌に掲載されている。

- Journal of Asian network for GIS- based Historical studies,
- Mediterranean World,
- Egyptian Journal of Remote sensing and space sciences
- Sophia Journal of Asian, African, and middle Eastern studies
- 日本リモートセンシング学会誌
- 写真測量とリモートセンシング
- 日本砂漠学会誌

古代エジプトの遺跡探査 (ダハシュール)

ナイル川流域の古環境調査 (サッカラ)

坂田TRIC所長のルクソール市長訪問 (ルクソールの遺跡環境調査にて)

ALOS衛星の遺跡観測に同期した地上実験 (サッカラ)

コーム・アル=ディバーゥ遺跡の調査

ナイルデルタ北西地域のコアボーリング

NARSS本部 (カイロ)

第3回エジプト・日本合同リモートセンシング・セミナー (SCA会議室)

Ayman局長のTRIC訪問

Ayman局長 (中央) の宇宙情報センター (熊本受信局) 訪問

4.3.2 SIR-Cによる古代エジプト遺跡 Site No.39の検出

　シャトル・イメージング・レーダは、米国のスペースシャトルに搭載された実験用SARシステムであり、1981年のSIR-A以降、これまでにB、Cが実施された。このうちSIR-Cは、1994年4月と9月～10月の2度にわたり、米国、ドイツ、イタリアによって実施されたミッションのことをいう。軌道の傾きは57度、高度は225kmである。SIR-C実験は、多周波（L、C、Xバンド）、多偏波の性能評価を目的としており、オフナディア角（衛星直下方向と電波照射方向のなす角度）は15～60度±3（入射角は15～64度±3）の範囲で変更が可能で、観測幅は15km～100kmである。SIR-Cは、衛星からの最初の同時多周波SAR画像の収集、多偏波観測、季節変化検出のための多時期SAR画像の取得という点などにおいて画期的なミッションであったとされる。

　JERS-1/SARによるSite No.29の発見は、エジプトの砂漠地域における遺跡探査にLバンドSARが有効なことを実証する大きな成果となったが、SIR-CのLバンドSAR（HH偏波：送信偏波H-受信偏波H）は、観測パラメータ等では若干仕様が異なるが、周波数や偏波においてほぼ同じセンサと考えることができる。そこでピラミッドゾーンを撮影したLバンドSIR-Cの画像解析を行ったところ、KVR-1000の高分解能光学センサ画像でも、遺跡分布図上でも何も存在しないと考えられていた砂漠丘陵「Site No.39」において、隣り合うメルエンラー王のピラミッドと極めてよく似た強い後方散乱パターンが認められた（図4.3.5）。メルエンラー王の後方散乱と比較すると、強度はやや弱いものの、散乱パターンの形状は極めてよく似ていた。サッカラ地区はエジプト王朝時代の古都メンフィスのネクロポリスに属しており、そこには古王国時代、中王国時代に建造された多くのピラミッドが建ち並び、考古学的に非常に重要な地域であるが、この場所に関してはレプシウスの遺跡地図にも記載されておらず（図4.3.6）、遺跡の存在に関する報告もない。

　東海大学、早稲田大学、NARSS、SCAの合同チームによるグランド・トゥルースの結果、東経31度12分49秒、北緯29度51分01秒のメルエンラー王のピラミッドから約200m西のワーディー・タフラ沿いの砂漠丘陵地で、古代エジプトの遺構の一部と考えられる石灰岩片が僅かに地表に露出している状況が確認された[16]。周域にはシャフト墳墓と推定される直径約2～3mの地面の落ち込みや、石片、土器片な

図4.3.5
Site No.39の光学センサ画像、SIR-C画像、及び遺跡分布図

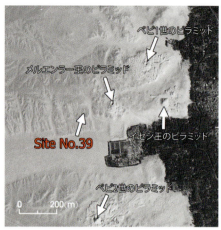

a) KVR-1000（光学センサ）画像
1991/02/27　©Sovinformsputnik/TRIC

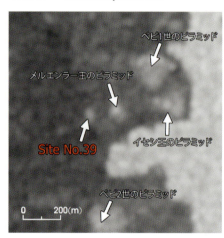

b) SIR-C画像
1994/04/29　©NASA/TRIC

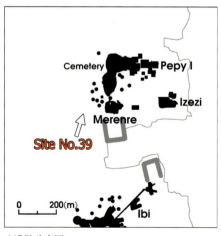

c) 遺跡分布図
（早稲田大学エジプト学研究所の資料をもとに作成）

どの分布もあり、それらの特徴はエジプト王朝時代の遺跡の存在を示唆していた(図4.3.7)。

この遺跡の存在については、JERS-1/SARでは検出できていない。マイクロ波の後方散乱は、入射角に対して高い依存性を示し、入射角が大きくなるにつれ後方散乱係数は小さくなる。Site No.39が入射角65.2度のSIR-C(HH偏波)で検出され、同38.7度のJERS-1/SARで検出されない理由は、こうしたSARの基本特性に基づいた結果と考えると説明がつくが、この点についてはさらに詳しい調査が必要である。

SiteNo.39で検出された遺跡の特徴を以下にまとめた。
・画像上の後方散乱の広がり(形状)は約100mで、メルエンラー王、イセシ王などのピラミッドに見られる後方散乱の広がりと類似している(図4.3.8)。
・海抜約48mの標高とワーディーに面した環境は、古代ナイル川の氾濫汀線付近(海抜約40m以上の砂漠丘陵地)に建造されたピラミッドの立地条件と共通する。
・Site No.39が大入射角のSIR-Cだけで検出される要因として、入射角の関与を想定するならば、急勾配面を持つ建造物(例えばピラミッドや太陽神殿など)が地中に存在する可能性がある。

ピラミッドをはじめとしたエジプト王朝時代遺跡の多くは、ナイル川西岸の砂漠縁辺に沿った丘陵地に築かれたことが知られる。これは王朝時代建造物の立地選定においてナイル川の水位変動が強く意識されたためと考えられる。ダハシュールの小丘で発見されたSite No.35も、サッカラのピラミッド群を東に望む小丘上で発見されたSite No.29も、南サッカラのメルエンラー王、イセシ王、ペピ1世のピラミッドが建ち並ぶ地点で発見されたSite No.39の立地も、こうした遺跡の立地条件を勘案しながら衛星画像を解析した結果、発見できた遺跡である。

なおSite No.29とSite No.39に関しては大変有望な遺跡であるが、残念ながら外国の調査隊の申請区域と重なることから、今は発掘できない。二つの遺跡は、発見から25年以上経った今も、砂漠の下に眠ったままである。

図4.3.6 レプシウスの遺跡地図

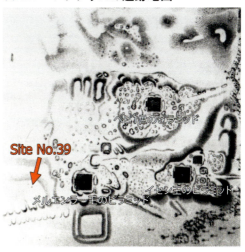

図4.3.7 Site No.39の地表状況

a) 加工面のある石灰岩片の地表露出

b) 地表の大きな落ち込み

c) 日乾煉瓦遺構の地表露出

Chapter 4　砂漠・乾燥地の遺跡調査

図4.3.7　**Site No.39の地表状況**

d) 石片・土器片の分布

e) 地表の落ち込み

f) 線状に見える石灰岩片分布

図4.3.8
Site No.39地点の高分解能衛星画像(拡大比較)

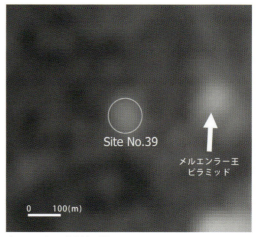

a) SIR-C（HH偏波）画像　　　1944/04/20 ©NASA/TRIC

b) KVR-1000　　　1991/02/27 ©Sovinformsputnik/TRIC

c) QuickBird
2004/05/31　©Maxar Technologies/HitachiSoft　画像処理:TRIC

114

Chapter 5
港・河川流域の遺跡調査

ウナス王ピラミッドの河岸神殿（サッカラ・エジプト）

Chapter 5 港・河川流域の遺跡調査

5.1 ナイルデルタの調査

5.1.1 調査概要

長谷川 奏

　古代経済史研究者のマニングによれば、私たちが王朝時代の壁画や模型などからうかがい知ることができる古代エジプトの緑豊かな邸宅は、耕地帯の中ほどにあった。そこではさまざまな樹木が繁茂し、庭の中ほどには魚が泳ぐプールが設けられるなど、見事な庭園のある世界であった。また果樹園はナイルの氾濫水が及ばない耕地のやや高台に設けられた。そこでは、ぶどうやオリーブも栽培され、地中海文化の広がりと共に、モモ、アプリコット等と共に植樹されていったと思われる。一方、夏に氾濫水で覆われる低い耕地は、水が引いた後には、麦作のためのホウド(溜池)が点在し、沃土の大地には椰子が生い茂り、水辺にはパピルスや睡蓮が繁茂した豊かな景観があった。しかし、デルタ外縁の低地は、そうした肥沃なナイルの低地とは別世界の荒れ地である。

　現在筆者たちが進めているエジプト・西方デルタにあるコーム・アル゠ディバーゥ遺跡は、南北二つの丘からなり、集落遺跡を形成する南丘陵は6haを測り、丘の頂部は麓から10mほどの標高差を測る。微地形測量の後、磁気探査を行ったところ、南丘陵の頂部では、ヘレニズム時代に建造されたと推測される祭祀施設ナオス(Naos)を中心に形成された神殿周域住居(Temple Precinct)とそれをとりまく家屋が捕捉された。探査画像は、日乾煉瓦住居が密集した集落を示していると思われ、さらに竈等の施設・家畜小屋・倉庫・広場・街路等が含まれていると考えられる。集落は丘の南～西側に集中しており、概ね東西方向よりやや傾く規則的な軸線がある。さらに丘陵の北部には、内側に矩形の施設を持つ方形の大規模遺構も判読された。地表面に分布する遺物(ローマンランプ、東方シギラータ土器、アンフォリコス等)の年代から、集落の最も活発な活動時期は、ローマ時代(後1～3世紀)にあると推測されており、現在遺跡の構造を探るための発掘作業が進められている(図5.1.1)。

　コーム・アル゠ディバーゥ遺跡は、アレクサンドリア後背のイドゥク湖畔にある。地中海沿岸にはいくつかの湖が分布しているが、これらは今から8000年ほど前の海進が現在の海岸線まで引いたことによって形成されたと考えられ、多くは海と繋がった潟湖として残された。

土中には高い塩分が残るため、通常の農業は難しい場として知られているが、不思議なことにこの地域には多くのヘレニズム遺跡が分布している。ならばそこで営まれた人々の暮らしぶりはどのようなもので、そこには、生活の困難な場をも生きた空間として取り結んだどんな知恵と戦略があったのであろうか?

　本研究は、こうした疑問に答えるべく、地域の環境の変化を探ることを主軸にしたプロジェクトである。遺跡には末期王朝時代の痕跡がみられる可能性があるにせよ、主要な住居が造られているのはヘレニズム時代であり、当該の時代に、生産性の低い伝統的な低地は、人々が生産活動を行うことができる場に変貌していったようである。当該の地域は、南北軸では北から地中海～砂丘～海水塩分の高い湖域～淡水の湖域～緑地というように環境の差異が大きい一方、東西軸では平坦な低地がデルタの端から端まで続いている。南北軸ではこうした地理的な特徴が最大限に生かされて経済活動が営まれ、東西軸では低地で営まれた文化が画一的に広がる基盤をなしていたことは想像に難くない。

　この地域では、おそらく塩分に強い作物(瓜科等)が細々と栽培され、漁業(海水域ではボラ・サヨリ、淡水域ではナイルパーチ・コイ・ナマズ等)や野鳥の捕獲(ウズラ・カモ・サギ等)も営なまれていたと思われる。人々はおそらくこうした脆弱な生業をかけあわせて暮らしていたに違いなく(生業複合)、それがヘレニズム政権によって維持されることにより、活発な地域経済圏が営まれたと思われる。しかしそのような豊かな水辺の自然環境は、この200年間の急速な近代化の波の訪れと共に消滅していった。デルタ地域でそれを最も端的に示すのが、湖の湖面範囲の縮減と砂丘丘陵の削平であった。東海大学のチームは、1960年代の半ばまでまだ残存していた砂丘列の存在を米港偵察衛星のCORONA画像で復元し、さらに砂丘丘陵が削平されて果樹園となった後も、ごく僅かに残された高台を高解像度のWorldView-2を利用してつきとめていったのである。残された高台の頂部には、古代における建造物プランを反映すると思われる植生がはっきりと残されていた。

　こうした研究におけるリモートセンシングの活用は、ピラミッド・ゾーンの「遺跡探索」とはまた別物であり、古代の経済あるいは古代環境を探る新たな利用法と言えよう。

図5.1.1 デルタの調査

a) マリユート湖・アブキール湖・イドゥク湖の古地図（1866年）

b) アレクサンドリア港湾部の景観

c) コーム・アル＝ディバーゥ北丘陵遺跡の景観

d) ボーリング調査風景

e) 砂丘堆積観察風景

f) コーム・アル＝ディバーゥ南丘陵の調査風景

5.1.2 丘陵遺跡 Site No.52の発見

恵多谷 雅弘

エジプトでは古代以来19世紀にかけて、ナイル川は毎年夏から秋に規則正しく氾濫し、沿岸とデルタのほとんどの地域を水で覆った。ナイル川の氾濫によって形成された肥沃な低湿地は、同国の主要穀物である小麦や大麦などの栽培あるいはナツメヤシの生育の場となり、エジプト文明の歴史を通して豊かさの象徴であった。

ナイルデルタの平坦な低湿地には大小の湖沼が分布するが、そのうちのラシード支流沿岸とその西の西方デルタには、ナイル川の氾濫が及ばないマウンド上におおむね神殿を中心とした煉瓦遺構、土器片、墳墓群、草地などで構成されるヘレニズム時代の遺跡がマウンド状の遺跡が多数存在している。この遺跡はテル(ヘブライ語でテル、アラビア語でコーム)と呼ばれ、面積は小型のもので約0.003km^2(コーム・アル=マディーナ遺跡)、大型のものは約0.47km^2(コーム・アル=ガラフ遺跡)に及び、ナイル川の氾濫の影響を受けにくい海抜数m～十数m程度の高さを有している。

合同調査チームでは、エジプト西方デルタの潟湖周域の古環境復元を主題に、ピラミッド・ゾーンの砂漠で展開してきた衛星画像解析と遺跡の立地環境理解を基本とした遺跡探査の方法論[1), 2), 3), 4)]を、ヘレニズム時代遺跡の集中分布が見られるアレクサンドリア東部のブハイラ県のイドゥク湖南部の低湿地(図5.1.2)の遺跡調査に新たに応用した[5)]。

イドゥク湖周辺の低湿地では、ナイルの氾濫の影響を受けない丘陵地の存在が遺跡立地の重要条件となっており、丘陵地の分布を知ることが新たな遺跡発見の重要な手がかりとなる。ナイルデルタの遺跡やその周辺には、古砂丘堆積に由来する黄色砂の堆積で形成された丘陵地が多く存在するが、対象地域のイドゥク湖周辺には、コーム・アル=ディバーゥ丘陵遺跡を含む岬状の丘陵地がかつて北西方向に大きく広がっていた(図5.1.3、図5.1.4)。現在、丘陵地の殆どは土地開発などで消失してしまったものの、現在のイドゥク湖の湖面範囲に近いこの一帯は考古学調査がほとんど行われていないことから、新たな遺跡発見が期待できる有望領域の一つと予測された。

図5.1.3
コーム・アル=ディバーゥ丘陵遺跡(南丘陵)

図5.1.2 **調査対象地域**

図5.1.4 **土地開発前のイドゥク湖南岸の丘陵分布**

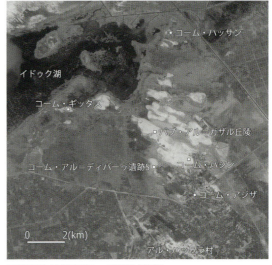

CORONA 1965/01/25　©TRIC/USGS

そこで本調査では、イドゥク湖周辺の丘陵地に着目し、ALOS/PALSAR、Landsat/ETM+、CORONA、WorldView-2などの多衛星データの画像特徴量から、その一帯に残存する遺跡の有望地点を特定することにした。画像解析では、まず収集した2シーンのPALSAR画像（2007年8月17日、同年9月3日撮影）を用いて既知のテル状遺跡の画像特徴量を調べた。その結果、LバンドHH偏波においてテル状遺跡を特徴的に捉えた後方散乱特性が確認できた。テル状遺跡丘陵部を対象に計測したPALSAR画像の後方散乱係数σ⁰は、概ね-20dB～-22dBの非常に低い値を示しており、-4dBから-14dB前後の値を示す農地や集落などとは明確な差が認められた。ただし、テル状遺跡とほぼ同じ値をもつ土地被覆として水域（河川、湖沼、養魚場等）があることから、PALSAR画像だけでテル状遺跡を抽出することは困難と判断された。一方、Landsat/ETM+画像（2002年6月17日撮影）では、複数のバンド（バンド1、バンド2、バンド3、バンド8の4バンド）でテル状遺跡と水域の分光放射輝度の差異が認められた。このことから、PALSAR画像と組み合わせて土地被覆分類を行えば、テル状遺跡と同じ特徴を持つ遺跡の有望地点が抽出可能と考えられた（図5.1.5）。

　図5.1.6は、同一縮尺、同一座標系で幾何補正（リサンプリングサイズ＝約15m）したPALSAR（HH偏波とHV偏波の2バンド）とLandsat/ETM+（バンド1、バンド2、バンド3、バンド8の4バンド）のうち6バンドを使って土地被覆分類した結果である。Landsat/ETM+のバンド選定では、既知のテル状遺跡が画像上で不明瞭なバンド4～7を除いた。分類項目数は、テル状遺跡内に分布がみられる赤色煉瓦、土器片、黒色小石、湿地、草地、さらに周囲の水域、裸地、畑地、果樹園、集落、市街地などを含めた合計30とした。最終的に、テル状遺跡あるいはそれと類似した土地被覆に分類された合計11項目を未知遺跡の有望地点と考え統合した。以上の結果、PALSARとETM+の撮影時期の違い等に起因する土地被覆変化の影響は若干認められるものの、未知遺跡の有望地点は○印を中心としたイドゥク湖南東部のかつての古砂丘堆積に由来する岬状の丘陵地一帯に集中していることが明らかとなった。このことから、グランド・トゥルースの対象地域を○印内に絞り込み、新たに取得したCORONA（1968年5月6日撮影）とWorldView-2（2010年5月29日及び同年6月17日撮影）の高分解能衛星画像を用いて判読した（図5.1.7）。

　1960年代に撮影されたCORONA画像（地上解像度約2.7m）は、2000年代のWorldView-2画像（地上分解能約50cm）と一緒に判読することで、過去の自然環境や、遺跡分布とその変遷などを知るための有力情報となる。両画像を比較すると、イドゥク湖南東部はこの40～50年間の土地開発によって大きく変貌しており、未知遺跡が存在する可能性が高い丘陵地の殆どは削平され、今は農耕地、果樹園、養魚場などとなっている（図5.1.8）。しかしながら、土地被覆分類結果から抽出した遺跡の有望地点内（東経31度13分01秒、北緯30度19分42秒）を詳細に観察すると、土地開発で削平されず残存する黄色砂と草地の土地被覆から成る小丘「Site No.52」が新たに確認された。小丘上には構築物の痕跡とも考えられる3本の直線構造もWorldView-2画像から判読された（図5.1.9）。2012年2月22日にグランド・トゥルースを行ったところ、砂漠の遺跡の特徴とは異なる、植生で覆われた丘陵上部に、ヘレニズム時代の住居跡遺構と推定される方形外郭を有する地表痕跡が発見された（図5.1.10）。この遺跡の存在に関しては、エジプト政府考古部門（SCA）の遺跡登録台帳にも記載されていない。

図5.1.5
**調査対象地域の
ALOS/PALSAR画像と
Landsat7/ETM+画像**

a) ALOA/PALSAR HH偏波　2004/08/17
©JAXA/METI/RESTEC/TRIC

b) Landsat/ETM+　2002/06/17
バンド1238（演算）カラー合成
©TRIC/USGS

Chapter 5 　港・河川流域の遺跡調査

図5.1.6
最尤法による分類結果(左)と統合・抽出された未知遺跡の有望地点(右)

(分類項目)
1～8:水域
9～10:裸地
11～12:果樹園
13:集落
14～17:畑地
18～19:市街地
20～30:テル状遺跡
または未知遺跡の有望地点

©TRIC/USGS/JAXA/METI/RESTEC

図5.1.7　遺跡の同定に用いたCORONA画像(左)と同一範囲のWorldView-2画像(右)

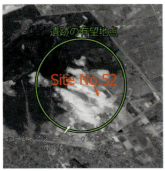

1968/05/06撮影　©TRIC/USGS

2010/5/29・2010/6/17撮影のモザイク
Maxar Technologies/ Hitachi Solutions
画像処理:TRIC

図5.1.8　**土地開発によって養魚場に変貌した古砂丘堆積に由来する丘陵地跡**

図5.1.9　**Site No.52の同定に用いられたWorldView-2画像**

a) WorldView-2
2010/6/17撮影

©Maxar Technologies/
HitachiSolutions
画像処理:TRIC

b) 住居遺構の位置

図5.1.10　**Site No.52の丘陵上部で発見されたヘレニズム時代の住居跡遺構と推定される方形外郭をもつ地表痕跡(上)と丘陵の地形(下)**

Site No.52の遺跡の特徴であるが、果樹園内には大小2カ所の小丘が確認できるが、遺跡が確認されたのは北西側の草で覆われた小丘上で、そこから北西方向に下る緩斜面をもつ。小丘上に煉瓦構築物などの上部遺構の存在は確認できないが、その痕跡と推測される方形外郭をもつ草の未生育部分が大きな特徴となっている。WorldView-2画像から計測した遺構の外郭部分の規模は、幅約11m、奥行き約18mであり、長軸は北東－南西方向を指向している。ALOS/PRISMの3方向視モードDSM（Digital Surface Model：数値地表高さモデル）データから計測した丘陵上部の標高は約6m、周囲のマンゴー畑との比高は約3mであり、ナイル川の氾濫の影響を受けにくい場所である。

SCAの遺跡登録台帳によれば、マハムディーヤ市には8か所の考古遺跡が、アブーフンムス市には44か所の考古遺跡が登録されている。調査対象地域はその一角を占め、これらの中には墓地として利用されたり、既に近年の開発で削平されて失われてしまったものもあるが、マハムディーヤ市の遺跡の中には、コーム・アル＝ガラフ、コーム・アル＝ウスト、コーム・アル＝アハマールなど、考古学的な調査の進行が期待される比較的保存状態の良い遺跡も多い。これらの丘状をなす遺跡形成のあり方は、デルタの同様の事例を参照にする限り、最下部に更新世の海抜降下に由来する岩盤風食と粗砂堆積からなる隆起部を持ち、その上に主にナイルの氾濫に由来するシルト層と砂層が互層になっている堆積状況が想定される[6]。

一方、ここで言及されているアブーフンムス市の一角は、上層の堆積に、古砂丘に由来する黄色堆積が特徴的な一角であり、それがアブーフンムス市より北側に位置する考古遺跡コーム・アル＝ディバーゥN及びS、コーム・ハシン、コーム・アジザ[7]の一大特色をなすと思われる。従って、この一角に限っては、古砂丘に由来する黄色堆積がなす丘状の高まり部分が、古代における住居跡（あるいは村落）の最も有力なテリトリーとなる。1866年に作成されたMahmud Falakiの地図に拠れば、往時の湖面範囲を復元する手がかりは、標高0.5m〜1.0mのレベルであると考えられる。そこで1926年のエジプト測量局作成の地図（再版1931年及び1934年）をもとに、標高0.5m〜1.0mのレベルを探ってみると、この地域は、ナイルの氾濫時には、ほぼ北東〜南西の軸をもつ長軸2〜3km、短軸1〜2kmの細長い小島状の丘陵がいくつか分布して取り残された地域となり、一方で小島状の丘陵なかでも最も標高の高い部分が住居テリトリーとして選択されたと推測される。それによれば、発見された遺跡は、コーム・ハシンや現在のイズバット・ザガイバ村が位置する丘陵とは別の丘陵に属し、地図表記でバブ・アル＝ガザルまたはコーム・アル＝ゲジラなどと呼ばれた古砂丘堆積の丘陵の一角に含まれていた可能性が高い。その一帯は殆どが削平され、現在は果樹園に変貌しているが、丘陵頂部に残された遺構の痕跡は、長軸18m程度の比較的大きな規模の3区画構成が特徴となっている。もちろん日乾煉瓦の規格や遺物分布のあり方等の検討は今後に譲らなければならないが、考古資料の検索によれば、王朝末期（末期王朝時代からグレコ・ローマ時代）遺跡の施設に類似したプランをみつけることもできることから、住居区画の一角を占める信仰に関わる施設や、それに付属する貯蔵施設などが想起できる可能性もあろう[8]。この地区の遺跡分布図は、SCAの遺跡登録台帳かPenny Wilsonの論考に限られていることから、Site No.52の発見は、当該地域の考古学調査に新たな光を投ずるものとして評価しえよう。

ナイルデルタには前6千年紀頃の海進に由来する潟湖が分布しており、強い塩基性土壌のために灌漑システムの整備が遅れて来たことが知られる。その不毛の地に多くのヘレニズム時代遺跡が分布していたことは、ファラオ時代の後に地中海沿岸と古都メンフィスをつなぐ重要な戦略拠点がその一帯に存在していたことを示唆している。Site No.52の性格や構築された年代に関しては現時点では確定はできないが、今回の発見は遺跡探査における衛星データの有効性を実証するだけではなく、これまで注目されてこなかったナイルデルタの遺跡分布の実態解明に向けた衛星データの新たな応用分野開拓に寄与するものと期待される。その一方で、今回新たに発見された遺構は、一帯の土地開発で近い将来に破壊されてしまう可能性もあることから、遺跡の性格や年代を特定するための早急な発掘調査の実施と遺跡の保護が次の課題となる。

Chapter 5 港・河川流域の遺跡調査

COLUMN 12

ナイルデルタでの調査用車両

惠多谷 雅弘

2009年2月、カイロのホテルを出て、車で早稲田大学の長谷川奏先生とラメセス中央駅に向かった。カイロ市内の道路は相変わらず渋滞していた。ようやく駅に到着し、アレクサンドリア行きの特急列車に乗車した。エジプトの調査での列車移動は初めてだった。広大で平坦なデルタの農村風景を眺めながら2時間程すると目的地のシーディガバー（Sidi Gaber）駅に到着し、そこから車に乗り換えて調査対象の遺跡に向かった。

私はリモートセンシングが専門なので、新たな遺跡を探すために、まずは同じ時代の既知の遺跡の形態、現状、立地環境などをよく観察し、それらの特徴を衛星データと照合しておく必要がある。ナイルデルタの低湿地には、ナイル川の氾濫が及ばない小高い丘（ヘブライ語でテル、アラビア語でコーム）の上に煉瓦遺構や土器片が観察される遺跡が多く存在する（図1）。低湿地の遺跡はたいてい農地などに囲まれており、悪路で道幅も細いため、普通の乗用車で遺跡まで乗り入れることは難しい。そうした場合、トゥクトゥク（図2）が便利である。トゥクトゥクは集落に行けば乗車でき、小回りが利くため悪路でも難なく通行できる。もし転倒しても3人いれば起こすことも可能という。優れた調査用車両だ。

トゥクトゥクに乗って遺跡近くまで着くと、そこからは徒歩しかない。夏はテルの頂上まで簡単に登れるが、2月は雨が多く、農道も遺跡内も地面がぬかるんでいてなかなか前に進めない。まるでスケートをしているみたいである。靴底を見ると5cm程の厚さの粘土状の重い泥がべっとりと付いていた。やっとのことで頂上まで辿り着き調査を始めた。翌年の調査では現地の村で長靴を入手し、転倒しないよう注意して遺跡を回った。

図1 ナイルデルタの遺跡 (Kom al-Ust) 2009年2月

図2 トゥクトゥクで遺跡に到着

5.2 東アジア海文明の調査：都城遺跡の立地環境調査

5.2.1 調査概要

福島 恵

　2005〜2010年に行われた日本学術振興会アジア研究教育拠点事業「東アジア海文明の歴史と環境」は、日本の学習院大学、中国の復旦大学、韓国の慶北大学の3カ国3大学が共同で、日本海、東シナ海、東海、西海、黄海、渤海など様々な呼び名がある日本・中国大陸・朝鮮半島・台湾に囲まれた海域を「東アジア海」と呼んで、その歴史と文明を共同で探究するプロジェクトであった[9]。

　このプロジェクトでは、いくつかのセクション・班に分かれて定められた研究テーマに取り組んだが、2007年度の夏は、「東アジア海文明の形成と環境」という研究セクションに属す全ての研究班が、同じ時期に中国調査を計画し、各班の現地調査の前後にさまざまな経路で山東省北部の「蓬萊」という町に集合した。8月8日夜、蓬萊に集まったのは、日本人18名、韓国人6名、中国人3名の合計27名であった[10]。東アジア海域の交流における中国での中心地は、宋代以降の江南地域の経済的な発展に伴って、浙江省寧波や福建省泉州になるが、それよりも前、唐代以前の東アジア海域の交流拠点は、この山東省の蓬萊であったと言える。古くから海上交通の要衝であった蓬萊は、漢代には武帝が訪れて東海に思いを馳せ、唐代には日本・朝鮮半島・渤海の人々が往来して日中韓をつなぐ場所であった。そこで、これまで各班が行ってきた研究を、この都市を軸に関連づけてまとめようと試みたのである[11]。

　集合の翌日は、研究者のテーマごとに各自調査をすすめ、その多くは、蓬萊の街の構造を知るために市内の調査を行った。宋代以降の府学（現在ここは戚継光故里として観光地化されているが、本来の戚氏宅は府学の北側か）・上水門・城壁西南角・下水門・草橋・鐘楼などを徒歩で踏査したのだが、これらの場所は、歴史学の事前調査で一般的に用いる史料（史書・古地図など）に加えて、恵多谷雅弘氏をはじめとする東海大学情報技術センターの協力を得て、リモートセンシングデータ（特にCORONAなど衛星写真）を利用して、蓬萊の街の復元を試み、城壁・市内の河川・古い街のパターンなどの場所を事前にピックアップして調査対象とした場所であった[12]。

　蓬萊の城壁は、1962年のCORONA画像（図5.2.1）ではそれらしきものが見えるが、調査時は開発が進んでいて、概ね取り壊されているようであった。ただし、城壁の一部であった上水門だけは残っていた。明らかに古い時代のレンガ造りで、順治17年（1660）（康熙33年〔1694〕増補）の『登州府志』に掲載される古地図（府城図）に描かれているように三つの小さな水門が連なっていた。門の下の川は調査時は水無川であったが、増水すれば水が流れて、水門の機能を現役で果たすことができそうであった（図5.2.2）。

図5.2.1　**CORONA画像**（AFT未補正）

1962/05/30撮影　©TRIC/USGS

図5.2.2　**上水門**（2007年8月9日福島撮影）

Chapter 5　港・河川流域の遺跡調査

　ここで、蓬莱の沿革を簡略にまとめれば、以下のとおりである。秦では斉郡、漢では東莱郡黄県に属した蓬莱は、武帝(前2世紀頃)が築城して海中の蓬莱山を望んだことが町の名の由来とされる。唐は貞観八年(634)に蓬莱鎮を置き、神龍3年(708)に蓬莱県を登州として、城を新たに北一里に移動した。その後はこの地が継続して使用されていて、明初(洪武9年〔1376〕)の府への昇格にともない、城市を拡張しており、1962年のCORONA画像に見えた城壁はこの時以来のものだと考えられる。

　筆者が専門に研究する唐代の場合、登州と言えば、日本の遣唐使の円仁がこの町を訪れたこと、また、彼がその旅行記『入唐求法巡礼行記』に記録するように、この町には新羅館・渤海館と呼ばれる新羅・渤海など異国の来航者のために設置された在外使館や宿泊所のような施設があったことが知られている。この町の構造が復元されれば、唐代の東アジア海域の交流がどのような環境下で行われたのかが具体的に分かることになる。

　唐代の登州を復元するには、明代にいかにこの城市を拡張したかが参考になる。明代以降の城市の東門は宜春門、南門は朝大門であるが、光緒7年(1881)の『増修登州府志』(巻4古蹟・巻7営建 城池)などによれば、拡張以前は、東門は明代以降の鼓楼の位置にあって望仙門と呼ばれており、南門は上水門の西側にあったとされる(図5.2.3)。これらの記載から、拡張前の登州は、明代の拡張後の西南角の約1/4、画河(上水門と下水門を結ぶ川)の内側の地域だったことが分かる。

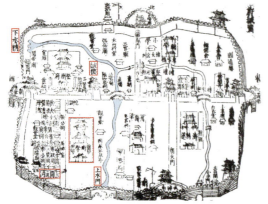

図5.2.3
順治17年(1660年)『**登州府志**』「**登州府城図**」
(赤枠は文中で言及した場所。水色は画河)

出典：王自強主編、『山東省輯』p.310、中国古地図輯録、星球地図出版社、北京、2006.

　円仁の『入唐求法巡礼行記』(開成5年〔840〕3月2日の条)の記録によれば、登州の城の西南角に彼が逗留した開元寺があるという。開元寺は開元26年(738)に玄宗の勅命で全国一斉に建立された寺院で、円仁は、登州の開元寺には多くの僧房があったが、僧侶だけでなく官客(他所から来た官人)で部屋が不足していたことを記録している。この城の西南角は、拡張の前後で唯一移動がなかった場所で、光緒7年『増修登州府志』(巻15寺観)でも開元寺がこの位置にあることが分かるので、創建以後、1000年以上同じ場所にあったとみられるが、我々の調査時には確認することができなかった。西南角の城壁があった場所も開発工事中で、城壁を確認できなかったが、この城壁の外側は、衛星画像で見えていた通りに一段低くなっていて、まさにここが登州の西南角であることが分かった。

　また、円仁の記録によれば、新羅館・渤海館は「城南の街東」にあるという。先行研究[13), 14)]は、この渤海館・新羅館の所在地を現在の「前花市弄23」だとするが、この場所は、明代拡張後の「城南の街東」にあたる場所で、唐代だと城外になってしまうので、それは誤りではないだろうか。唐代の「城南の街東」にあたる場所としては、明清時代の地図の府学にあたる場所がふさわしい。この府学は宋代に作られたようなので(順治17年『登州府志』巻4学宮)、唐代の新羅館・渤海館が、宋代に府学に改変された可能性もあるのだろう。そうすると、新羅館・渤海館は、開元寺から大通りを挟んだ東側(街東)の隣接地域に位置したことになる。

　定められた遣唐使船で帰国しなかった円仁は、山東半島の新羅人たちの援助をうけて唐に在留し、この登州で仏教の聖地である五台山に巡礼するための公験(旅行許可証)の申請を行った。その際、彼は滞在した開元寺と新羅館・渤海館との間を行き来して、旅の情報収集をしたに違いない。そして、開元寺が多くの客人・僧侶が留寓していたこと、新羅館・渤海館が東アジア海域の交流拠点であることからすれば、開元寺と新羅館・渤海館とを行き来したのは円仁だけではないはずであり、両施設が登州城内で、しかも至近距離であることは、それらの施設の利用者や彼らの故郷の国々の緊密な関係性の形成に有効的に作用したと考えられるだろう。

　リモートセンシングデータの活用によって、東アジア海域の交流で重要な役割を果たした蓬莱の都市機能の一端を確認することができたのである。

5.2.2 時系列衛星データと地形データの活用

恵多谷 雅弘

図5.2.4に東アジア海の全体像、図5.2.5に山東半島・遼東半島のSRTM/DEMデータ、図5.2.6に調査対象地域をそれぞれ衛星画像で示した。黄海は、古来、中国、朝鮮、日本を結ぶ海上交通路として盛んに利用されてきたが、調査対象地域の蓬莱には、廟島群島を経由して遼東に至る航路が遣唐使の時代には存在していた。このプロジェクトの衛星画像解析では、その蓬莱の古環境、特に今は消失してしまった登州府城の復元に主眼を置いた。収集した衛星データは、Terra/MODIS、Landsat/TMなどの広〜中域の衛星画像、QuickBird、CORONAなどの多時期高分解能画像、SRTM/DEMなどの衛星地形データである。

図5.2.7に、1962年5月30日に撮影された登州府城のCORONA画像、同じ場所の1968年5月30日撮影のCORONA画像、そして2006年5月13日撮影のQuickBird画像を同一縮尺、同一座標系に幾何補正し、時系列的に並べて示した。1962年のCORONA画像では、周長約5.2kmの城壁がはっきりと確認できる。画像から城内面積を計測すると約1.6km^{2}である。1968年になると、南西角を残して城壁はほぼ消失し、2006年のQuickBird画像では城壁の痕跡は殆ど確認できないが、画像を拡大して見ると、南側の城壁の画河が交差する地点に上水門と思われる城壁が残存しているようであり、南西角の地点でも城壁の一部が僅かに残存している可能性が認められた（図5.2.8）。一方、SRTM/DEM画像（図5.2.9）、CORONAステレオペア画像（図5.2.10）、及びそれらで作成した三次元画像（図5.2.11、図5.2.12）からは、登州府城の立地として、北方を黄海に面し、周囲はおおむねなだらかな丘に囲まれ、画河からの水供給を意識した標高約10m〜30mの緩斜面が利用されていることが分かる。

図5.2.4　東アジア海の全体像

Terra/MODIS, Landsat7/ETM+、ETOPO2
©TRIC/NASA GDAAC MODIS data support team/USGS

図5.2.6　調査対象地域

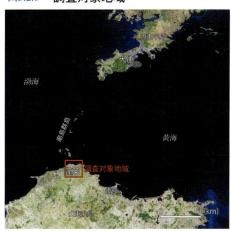

Landsat7/ETM+　2000/06/12　©TRIC/USGS

図5.2.5　山東半島・遼東半島のSRTM/DEMデータ

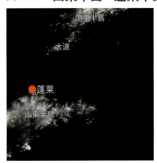

a) 16ビット→8ビット変換画
©TRIC/NASA

b) 陰影化画像
©TRIC/NASA

Chapter 5　港・河川流域の遺跡調査

図5.2.7
時系列の高分解能衛星画像で見る登州府城の変遷

a) CORONA画像　1962/05/30撮影
©TRIC/USGS

b) CORONA画像　1968/05/30撮影
©TRIC/USGS

c) QuickBird画像　2006/05/13撮影
©Maxar Technologies/HitachiSolutions画像処理:TRIC

図5.2.8
時系列の高分解能衛星画像で見る登州府城の痕跡(残存部)

a) 上水門

b) 城壁南西角
QuickBird画像　2006/05/13
©Maxar Technologies/HitachiSolutions　画像処理:TRIC

図5.2.9　登州府城(赤枠)周辺の地形

登州府城周辺の地形（SRTM/DEMのレベルスライス画像）
©TRIC/NASA、道路は©Mapbarを参考に作成

126

衛星画像解析が完了した2007年8月、学習院大学のプロジェクト調査チーム(鶴間研究室)のグランド・トゥルースに同行することになった。現地までの経路のうち、仁川～煙台間、煙台～大連間は船で移動した。登州府城調査と関連した海上交通路(黄海)の体験調査である。遺跡環境の調査では、対象となる地域だけではなく、その周辺を含めた現環境を理解しながら古環境を推考することも重要であり、この航海は大変貴重な経験となった(図5.2.13)。

蓬莱に到着後、まず衛星画像解析から特定された登州府城の上水門と南西角の2地点のグランド・トゥルースを行った。上水門では、WorldView-2画像などで特定した城郭の一部が実際に残存しているかどうかの確認を行った。現地を訪れると、前述の通りの古地図に描かれている三つの小さな水門が残存していた。衛星データから予測していた通り、残存部分(煉瓦構築物)の長さはおおよそ30mであり、保存状態も良好で、遺跡名が刻まれた石碑も確認できた(図5.2.14)。一方、南西角の地点については公園として整備中で、城壁を復元しているようであった(図5.2.15)。この他のグランド・トゥルース実施地点については図5.2.16にまとめた通りである。

図5.2.10
登州府城ステレオペア画像(交差法での立体視用)

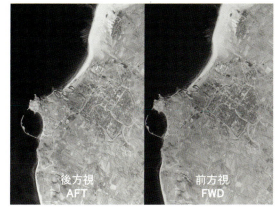

CORONA（未補正）　1962/05/30　©TRIC/USGS

図5.2.11　登州府城(赤枠)周辺の
SRTM三次元地形図(北側から俯瞰)

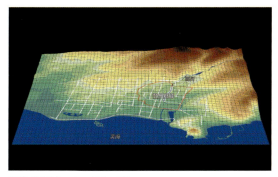

SRTM/DEMレベルスライス画像
　©TRIC/NASA、道路は©Mapbarを参考に作成

図5.2.12 登州府城周辺のCORONA三次元景観図
(北側から俯瞰)

CORONA 1962/05/30　©TRIC/USGS　SRTM/DEM
©TRIC/NASA

図5.2.13　黄海
(仁川－煙台間、上：黄海、下：煙台港付近の海域)

Chapter 5 港・河川流域の遺跡調査

　登州府城の現況については具体的な情報が少なく、現地で地元の人に尋ねても、城壁の一部が残存していることすら知らないようであった。そうした現地の人が知らないような場所の調査を可能にするのも宇宙考古学の魅力の一つである。

図5.2.14　**上水門の石碑**

図5.2.15　**城壁南西角の現状**(工事中)

図5.2.16　**グランド・トゥルース実施地点**(2007年8月)

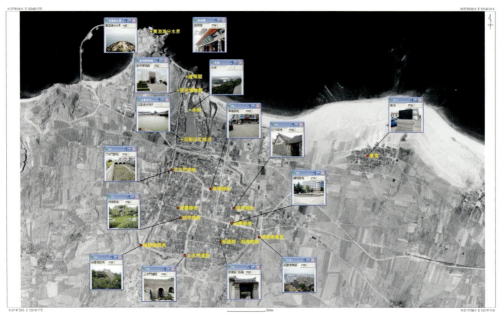

CORONA　1962/05/30　©TRIC/USGS

COLUMN 13

古地図

福島 恵

中国古代の遺跡の場所を探そうとする時、古地図は大変有用である。文字史料からだけでは読み取りにくい位置関係を示しているからである。そこで、可能な限りその遺跡ができた時代に近い時期のその地域の古地図を探すことになる。

中国で現存する最古の地図は、中山王陵出土で墓域を示した「兆域図」（銅板：戦国：前310年前後、図1）とされ、それに放馬灘1号秦墓の「放馬灘秦墓地図」（木板：戦国：前239年以前）、馬王堆3号墓の「地形図」「駐軍図」「城邑図」（帛：前漢：前168年前）、放馬灘5号前漢墓（紙：前漢：文帝期）が続く。また、漢代以降には少数ながら墓や石窟の壁画（内蒙古和林格爾護烏桓校尉墓「寧城図」〔後漢〕敦煌莫高窟第61窟「五台山図」〔五代〕など）や石刻（西安碑林蔵「華夷図」〔1070年代か〕など）に描かれた地図も残る[1]。このように様々な古地図が残っているとは言え、現存する古い時代の地図は限定的で、目的とする遺跡を示すものは、そう都合よくあるものではない。ここで多くの場合、用いられることになるのが明清時代の地方志に掲載される古地図である。

地方志は、各地方の地理や風俗、古跡などを総合的にまとめたもので、明清時代には全国的に極めて盛んに編纂された。この地方志に載る地図は、広域図（図2）や市内図だけでなく、境界や山脈を示す図など多種多様なので、目的とする遺跡の場所が含まれている可能性が高い。さらに、これらの地図と地方志中の記事をあわせ見ることで、かなりの情報を得ることができるので、当該地域の歴史を知るためには大変優れた史料だと言える。しかし、ここで一つ注意すべきは、この地方志の地図に限らず、中国の前近代の地図の多くには、方位は記されているが、縮尺はほぼ記されていない上に、建物や山の絵が大小や遠近を無視して平面的に描き込まれているので、とても正確なものとは言えないことである。ただし、この点は、リモートセンシング技術で得た地理的情報を用いれば、補正することができる。このように、文字史料と古地図、リモートセンシングデータを使うことで、遺跡の位置を探しあてることを可能にしているのである。

図1　「兆域図」のトレース

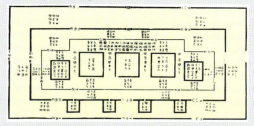

出典：婉如、鄭錫煌、黄盛璋、鈕仲勛、任金城、鞠徳源編、中国古代地図集、戦国―元、2 兆域図銅板銘文摹本、文物出版社、北京、1990

図2　順治17年（1660年）
『登州府志』「登州府総図」

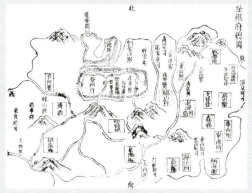

出典：王自強主編、『山東省輯』p.308、中国古地図輯録、星球地図出版社、北京、2006。

5.3 黄河古河道復元と県城遺跡

長谷川 順二

5.3.1 移動を繰り返す黄河

黄河は、西はチベット高原に端を発し、中国大陸を東西に貫いて渤海へと流れ込む、全長は5500kmにおよぶ中国第2の大河である。現地では黄河の特徴として「善決、善淤、善徙」の6文字で表現する。「善決＝頻繁に決壊する」「善淤＝よく濁っている」「善徙＝頻繁に移動する」という意味である。

黄河は中国大陸を東西に流れており、特に上中流域の黄土高原を流れる際に大量の土砂を抱え込むことで、河水の色が黄色く濁る(図5.3.1)。「黄河」の名前の由来である(善淤)。一方で下流ではこの大量の土砂が堆積し、常に河底を押し上げて天井川(河底への土砂堆積が進んで周辺の地面よりも高くなった河川を指し、河川決壊の危険性が通常河川よりも高いとされる)を形成。このため黄河は古代から定期的に決壊し、河道は移動を繰り返してきた。黄土高原から流れてきた大量の土砂が下流で堆積し続け、扇状地を形成した。これにより広大な黄河下流平原(北は現在の北京市・天津市から南は淮河に至る、黄河によって形成された広大な平原地域を指す)が形成されたが、逆を言えば平原全体のどこでも黄河が流れる可能性があるということでもある。

前述したように、黄河は常に大量の土砂が河底に堆積しつづけている。長年に及ぶ堆積によって両岸に自然堤防(一般的な自然堤防は河川の両岸に形成されるが、河川が激しく蛇行している箇所では蛇行幅に形成され、堤防幅は河幅の数十倍に及ぶこともある)が形成され、さらに河底が上昇する。時には「越流(河水が堤防を越えて堤外へと流下する)」や「破堤(堤防が崩壊)」が発生し、氾濫となる。軽微なものであれば破堤地点の修復で閉塞できるが、破堤地点が拡大したり流下した水量が膨大な場合は閉塞できず、破堤地点から別の河道が発生することになる。これが黄河の河道変遷のメカニズムである。

黄河の決壊について、一説によれば3000年間で1500回の決壊記録があるという。その中でも河道変化を伴う大規模決壊が26回、代表的な河道は10数本が挙げられている。そのうち南宋～清代(1128～1855)は「黄河南流」とも呼ばれ、山東半島の南側で黄海に向けて流下していた時期とされる(図5.3.2)。

図5.3.2 黄河変遷図

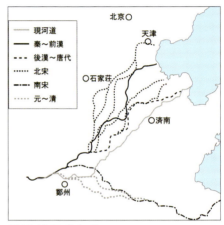

『中国歴史地図集』に基づく。

5.3.2 黄河古河道と県城遺跡

黄河に関する文献記述は、たとえば北魏の地理書『水経注』には、「河水(北魏黄河)はまた東へ向かい、右手に滑台城の北を流れる」「白馬瀆(黄河分流)はまた東南へ向かって濮陽県を流れる」「故瀆(前漢黄河)は東北へ向かい、戚城の西を流れる」[15]といったように、当時の県城(古代中国では城を国都や地方中心都市クラスの大規模な「都城」と、それより規模の小さい「県城」に呼び分けている)を基準として黄河の位置が記されていることが多い。

つまり黄河の位置を特定するには、当時の県城の位置を把握する必要がある。ただし古代の県城は長い時間経過によって移動することがあるため、移動する以前の位置確認ができる当時の県城遺跡があれば、検討資料として活用できる[16]。

今回は前漢黄河復元に活用した県城遺跡として、河南省濮陽市の戚城遺跡と、河北省滄州市の鄡堤城遺跡を例に挙げる。

図5.3.1 現在の黄河

黄河中流と下流の境界に位置し、現在の河南省滎陽市に掛かる桃花峪大橋。河幅は2.4km程だが、河水を防ぐ堤防は南北10km幅に及ぶ。

5.3.3 戚城

戚城は古くは春秋時代(BC770~403)に衛国(現在の河南省北部)の副都として建造され、諸侯の会盟(春秋時代に諸侯が一堂に集まり、国際的な取り決めを話し合った会合を指す。会合を招集した諸侯は「覇者」と呼ばれる)が幾度か開催された重要な土地である。衛の国都であった濮陽から北に15kmと近い場所にあったためか、戦国時代(BC453~221)以降は県が設置されず、文献には登場しない。

戚城は濮陽県の北に位置していたが、1983年以降に濮陽市が旧県城の北側に新市区の建設が開始され、濮陽新市街の内側に位置することとなった。現在は城壁内が公園として整備されている(図5.3.3)。

春秋時代の歴史書『春秋左氏伝(左伝)』には晋国の趙簡子と陽虎が黄河を渡った記述がある。魯哀公2年(BC493)、黄河の西側にある晋国から来た2人は夜半に黄河を舟で渡ったが、上陸予定地点から流されて道に迷った。たまたま陽虎がこの地域に詳しく、「黄河を右手側に進めば南に向くことになるので、必ず戚城に至る」[17]と助言し、無事に戚城にたどり着けたという(図5.3.4)。

現在残る戚城の城壁は土を盛り固めた版築様式で、現在でも3m前後の高さが確認できる。形状は方形ではなくやや楕円形に近い形で、一辺400m前後となっている(図5.3.5)。

5.3.4 鄒堤城

鄒堤城は現在の河南省黄驊市の北3kmに位置し、前漢当時の黄河河口付近に位置する。高さ2m前後の四方の城壁がほぼ残存しており(図5.3.6)、衛星画像でも確認できる(図5.3.7)。形状は一辺500m前後のほぼ方形となっている。

地元の伝承では、鄒堤城は前漢武帝建造とされる(武帝と同音の鄒堤に変化したと考えられる)が、発掘調査では戦国~秦漢時代の陶器等が出土していることから、伝承よりもやや以前の戦国時代から使われていたと考えられている。

図5.3.3
戚城

(2004年3月撮影)

図5.3.4 『春秋左氏伝』に見る陽虎の黄河渡河

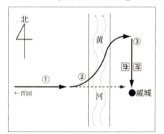

北へ流れる黄河を渡ったため、下流方向に流されて戚城の北側へ上陸した。

図5.3.6
鄒堤城
(2007年8月撮影)

図5.3.5 戚城

濮陽市街の内側に楕円状の城壁が見える。
(ALOS AVNIR-2 ©JAXA)

図5.3.7 鄒堤城

黄驊市の北側に位置し、方形の城壁跡が確認できる。
(ALOS AVNIR-2 ©JAXA)

5.3.5 地形データSRTM-DEMとの比較

黄河古河道復元には、地形データSRTM-DEMも活用する。前述したように、黄河は河底に大量の土砂を堆積させ、両岸に自然堤防を形成する。河道が変化した場合、破堤地点から下流側の河道は水が流れなくなり、形成された自然堤防が河道幅の微高地としてそのまま地表に残存する。この痕跡を、SRTM-DEMを活用して読み取ることができる。

STRM-DEMを使って黄河下流平原を分析したところ、現在の河南省濮陽市周辺に40km四方の巨大な微高地(滑澶微高地)を確認できた(図5.3.8)。ここには4本の河道筋が確認でき、文献記述と照合して戦国～前漢時代の黄河を特定した。

次に前漢黄河の河口である河北省滄州市付近の地形を確認したところ、孟村回族自治県を頂点とした葉脈状の地形が確認できた(図5.3.9)。これは前漢黄河が形成した三角州の痕跡と考えられる。

下流平原の中央付近である山東省聊城市～徳州市には、20km幅に及ぶ巨大な微高地(聊徳微高地)が確認できた。この20kmという数値は、戦国時代の黄河堤防に関する「堤防は黄河から二五里(漢代の25里は10kmであり、東の斉国と西の趙国がそれぞれ黄河から10km離れて建造したので、堤防幅は20kmとなる)離れて建造した」[18]という記述とも一致する(図5.3.10)。

ただし文献によると、前漢黄河は「霊(霊丘)」という地点を経由しているとあり、聊徳微高地とは合致しない。そこで微高地東側を分析したところ、「押堀(滝壺のように大量の水が落下することで丸くえぐられた地形を指す。通常は山間部に形成されるが、平原部にある場合は古代河川の決壊跡と考えられる)」と呼ばれる河川決壊の痕跡を発見し、現地調査でも微高地東側に位置することが確認できた。これらの地形と文献記録を照合し、前漢の早い時期に聊徳微高地の東側で決壊が発生して、部分的に河道が変化したことが判明した。ここから聊徳微高地の内側を流れる「戦国黄河」と、微高地東側に流れ出した「前漢黄河」を特定した(図5.3.11)。

5.3.6 従来研究との比較

研究対象が黄河という自然地形であるため、リモートセンシングデータを活用したことで現地の地形状況に沿った形での復元が可能となった。特に黄河の痕跡である微高地と県城遺跡の位置関係について文献記述と比較することで、従来の研究では不明とされていた記述に基づいた河道の部分変化が明らかになるなどの新たな事実が判明した。

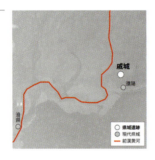

図5.3.8
滑澶微高地と戚城
戚城は微高地の内側に位置する。
(SRTM-DEM: ©NASA)

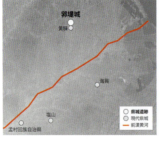

図5.3.9
前漢黄河河口と郲堤城
前漢黄河由来の三角州が確認できる。
(SRTM-DEM: ©NASA)

図5.3.10　**聊城～徳州**
南西から北東に微高地が見られるが、文献では微高地の東側に流れると記されることから、部分的な河道変化を想定した。
(SRTM-DEM: ©NASA)

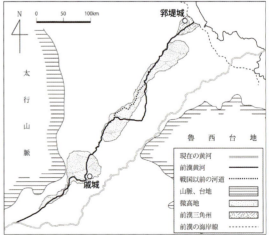

図5.3.11　**前漢黄河と戚城・郲堤城**

戚城は下流平原の中流側、郲堤城は河口付近に位置する。

Chapter 6
都城と皇帝陵の立地調査：秦～唐代・長安城

唐代皇帝陵の調査（昭陵・中国）

Chapter 6 都城と皇帝陵の立地調査：秦〜唐代・長安城

6.1 秦始皇帝陵の建造計画

惠多谷 雅弘

6.1.1 遺跡データベースの構築

　始皇帝陵の建造計画を考察する上で、建造当時の自然環境理解は不可欠である。それには、地表に残存する関連遺構の痕跡に加えて、地形、地質、植生、水供給などを、詳しく知っておくことが重要で、地球規模から地域規模まで観測が可能な衛星データはそうした調査に有効である。中国では、文化大革命以前は、古代遺跡やその痕跡が多数残存していたことが知られるが、米国の偵察衛星写真 CORONA の情報は、そうした遺跡の調査に有効であり、近年の高分解能衛星画像を比較して利用することで、時系列的な変化も知ることが出来る。ここでは、1960 年代に撮影された始皇帝陵周辺の CORONA、Landsat7/ETM+、ALOS/AVNIR2、ALOS/PRISM、QuickBird などの光学センサ画像、さらに ALOS/ 搭載合成開口レーダ PALSAR が観測した L バンドマイクロ波画像を加えた合計 35 シーンの多衛星データを収集した。また地形データの入手も不可欠であるが、中国では詳細な地形図の入手が困難であることから、その代用としてグリッドサイズ約 90 m（3秒）の SRTM/DEM と、同約 30 m（1秒）の全球三次元地形データ ASTER GDEM（Global Digital Elevation Model）も入手した。収集した衛星データを表6.1.1 にまとめた。

　画像解析では、以上の衛星データと学習院大学チームが文献調査などで作成した秦漢時代遺跡の分布データを同一縮尺、同一座標系で同時表示が可能な「衛星画像遺跡データベース（以下、データベースと呼ぶ）」を構築し、それをもとに始皇帝陵の立地場所の選定条件を考察することにした。データベース構築

表6.1.1　**収集した衛星データ**

衛星名	センサ	観測日	観測モード		シーン数
WorldView-2	−	2010/12/30	マルチスペクトル＋パンクロマティック		1
	−	2011/01/07	マルチスペクトル＋パンクロマティック		1
QuickBird	−	2006/04/16	マルチスペクトル＋パンクロマティック		1
Landsat7	ETM+	2000/05/21			1
		2002/06/03			1
ALOS	AVNIR-2	2007/11/18			1
		2007/04/19			1
		2009/01/22			1
	PRISM	2007/11/18			3
		2009/01/22			3
	PALSAR	2007/07/16	FBD	Ascending	2
		2007/08/2	FBD	Ascending	2
		2007/08/31	FBD	Ascending	1
		2007/10/16	FBD	Ascending	1
		2007/11/07	FBS	Ascending	1
		2007/12/01	FBS	Ascending	1
		2008/01/16	FBS	Ascending	1
		2008/10/19	FBS	Descending	2
		2008/11/05	FBS	Descending	2
CORONA	KH-4B パノラマ式カメラ	1965/08/17	AFT		1
		1969/12/12	FWD		5
スペースシャトル エンデバー STS-99	合成開口レーダ	−	SRTM/DEM	90 m （SRTM-3）	1
Terra	ASTER	2000/02/11 〜 2000/02/22	G-DEM	30 m	1

FBD：高分解能 2 偏波モード　FBS：高分解能単偏波モード　FWD：前方視撮影　AFT：後方視撮影

では、前処理として、まず収集した各衛星データを同一縮尺、同一座標系に幾何補正した。使用した座標系は複数シーンの画像のつなぎ合わせ(モザイク処理)が容易な緯度経度座標系であり、1画素のサイズはCORONAの地上分解能を基準とした0.09秒×0.075秒(約2.25m)とした。幾何補正でのリサンプリング手法は、最近隣内挿法(Nearest Neighbor Method)と3次畳み込み内挿法(Cubic Convolution Method)の両者を用いた。次に、幾何補正した各衛星データをもとに、文献資料を参考に対象地域一帯に分布が知られる秦漢時代遺構の位置、名称、時代等を入力し、さらにSRTM/DEMから2m、5m、10m、20m、50m、100m間隔のコンターライン画像や、衛星情報をもとに判読した古河道を加えた。データベースは随時更新可能である。

第一段階におけるデータベースのレイヤー構造及び表示例を、図6.1.1、図6.1.2にそれぞれ示した。データベースは基本的に15のレイヤーで構築した。衛星データ収集と遺跡情報入力範囲は始皇帝陵周辺から開始し、最終的に西側の漢武帝茂陵をカバーする範囲にまで拡大した。これらのデータは、その後の調査範囲拡大に合わせながら、今も新たな更新と蓄積を継続している。

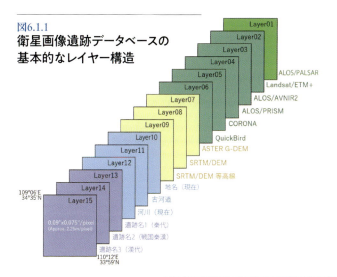

図6.1.1
衛星画像遺跡データベースの基本的なレイヤー構造

a) ALOS/AVNIR-2画像　2008/11/18
©JAXA/TRIC

b) SRTM/DEM　16ビット→8ビット変換
©TRIC/NASA

図6.1.2
衛星画像遺跡データベースの表示例

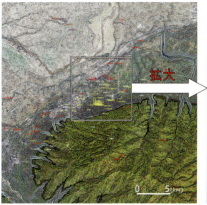

■秦代遺址
■戦国秦漢遺址
■漢代遺址

c) AVNIR-2＋等高線＋遺跡名

©TRIC/学習院大学/JAXA/NASA

Chapter 6 都城と皇帝陵の立地調査：秦〜唐代・長安城

6.1.2 秦始皇帝陵の立地環境検討

このデータベースを用いて、まず始皇帝陵の立地環境を考察してみる。図6.1.3は、データベース(SRTM/DEM)から作成した始皇帝陵を中心とする南北方向、東西方向の標高と勾配である。これらの図から、始皇帝陵の墳丘は、標高約500mの北西方向に下る驪山(りざん)の緩斜面に建造され、傾斜は渭水(いすい)を渡ると標高350m前後のほぼ平坦な地形に変わることが分かる。墳丘近くの南北方向の勾配は約2.0度、東西方向は1度以下である。エジプトのピラミッドはナイル川に面した砂漠丘陵地を選んで建造されたが、始皇帝陵は渭水に面した驪山北麓の小扇状地図6.1.4に建造されている。

墳丘の規模をWorldView-2画像の簡易オルソ補正画像で計測すると、基底長は約350m(現在の地表面を基準)であり、墳丘の規模において、エジプトのクフ王のピラミッドを遥かに凌ぐ図6.1.5。高さについては約76mとされるが、単一シーンのWorldView-2画像で計測することは出来ない。墳丘の形状を1969年撮影のCORONA画像で調べると、中腹の南北にコの字型の段差が判読できる図6.1.6。墳丘建造時に築かれたテラスのような構造か、エジプトのジェセル王のピラミッド・コンプレックス(複合体)に似た構造だったのかもしれないが、その点は不明である。

エジプトのギザのピラミッド群は、東西南北の方位を意識した配置がよく知られ、方位の決定には天文観測が使われたと推定されている。始皇帝陵の陵園の中心的存在と考えられる墳丘の方位を高分解能衛星WorldView-2画像で計測した図6.1.7。計測では、建造時の墳丘基底面の方位を計測するのが理想的であるが、建造当時の基底面が衛星画像からは確認できないことから、外城の東西両面の方位を計測して平均した。その結果、始皇帝陵の南北軸の方位は、現在の真北から1.37度東偏(時計回りに回転)していた。さらにWorldView-2画像とSRTM/DEM、ASTER G-DEMを用いて高精細な三次元映像を作成し、始皇帝陵と驪山の位置関係を地上調査では不可能な視点で鳥瞰すると、始皇帝陵墳丘頂部を通る南北方向の中軸線が、驪山山中の鄭家庄の峰(以下、英文名Zhengjiazhuangの頭文字を取ってZ地点と呼ぶ)とほぼ同一線上に並ぶ図6.1.8。Z地点は内城南門から視認可能なほぼ真南の位置にあることから図6.1.9、始皇帝陵の建造場所決定におけるランドマークとして使われた可能性が高く、また『史記』などの記述にある始皇帝陵建造当時の驪山もZ地点を中心とした山塊を指すものと考えられる。

図6.1.3　SRTM/DEMから作成した始皇帝陵を中心とする南北方向・東西方向の標高と勾配

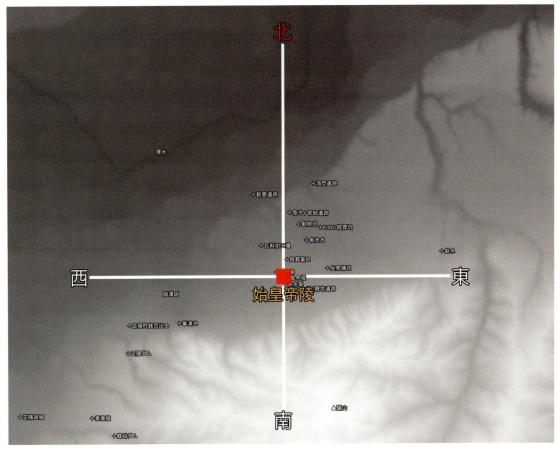

a) SRTM/DEMの計測範囲
©TRIC/学習院大/NASA

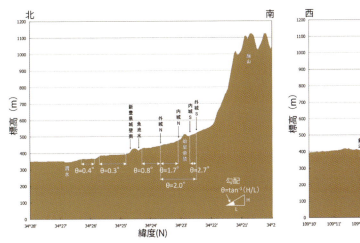

b) 南北方向の断面の標高/勾配

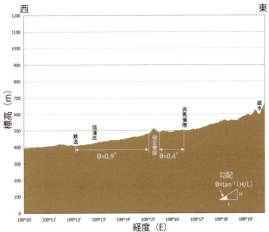

c) 東西方向の断面の標高/勾配

Chapter 6 都城と皇帝陵の立地調査：秦〜唐代・長安城

図6.1.4 驪山−始皇帝陵−渭水の4K三次元景観図

ALOS/AVNIR-2・Landsat7/ETM＋モザイク画像（高さデータはSRTM/DEM）
©TRIC/JAXA/NASAA

図6.1.5 エジプトのピラミッドと始皇帝陵の規模

a) ギザのピラミッド群　　b) 始皇帝陵

図6.1.6
墳丘中腹の南北にあるコの字型の段差

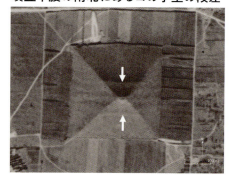

CORONA　1969/12/12 ©TRIC/USGS

138

図6.1.7　秦始皇帝陵墳丘の南北中軸線とZ地点の位置関係

WorldView-2　2011/01/07・2010/12/30モザイク
©Maxar Technologies/HitachiSolutions　画像処理:TRIC

図6.1.8　Z地点の三次元映像の1フレーム

WorldView-2/Landsat8 OLI/SRTM DEM
©Maxar Technologies/HitachSolutions/NASA/TRIC

図6.1.9
始皇帝陵内城南門から見たZ地点

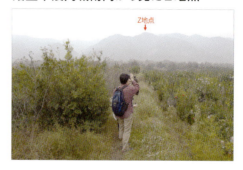

　次に、始皇帝陵の建造方法について考察する。世界の古代都市や遺跡を見ると、方位を重視したグリッド(方格状)プランを採用して土地利用の区画割や建造物の配置が行われている事例が目立つ。Z地点を基準とした始皇帝陵の南北中軸線を論じる上で、そうした陵園建造プランの全体像も検討しておく必要がある。

　図6.1.10は1965年1月25日に撮影された陵園南部のCORONA画像である。この画像上で、南北中軸線と直交する6本(①~⑥)の平行する直線が確認できる。直線の間隔は墳丘の南北の基底長と同じに見える。2013年3月にグランド・トゥルースを行うと、一部は消失しているものの、南北中軸線と直交する東西方向の農地区画や道路があり、それに沿っておおよそ1～4m程度の比高をもつ6段の階段構造が今も残っていることが確認できた(図6.1.11)。

　以上のことから、調査チームでは、始皇帝陵園の建造工程として以下のように想定している。まず驪山北麓の渭水に至る斜面が陵園建造場所として選定され、そこにZ地点を基準とした南北中軸線とそれに直交する東西軸線によって構成される大規模なグリッドプランが作成された。次にそのプランにもとづいて一帯の高低のある地形を階段状に削平あるいは盛土したほぼ平坦な土地を造成した上で、最後に墳丘、内外城、兵馬俑坑、陪葬墓、陪葬坑、陵邑などの構造物を建造・配置した(図6.1.12)[2]。

　始皇帝陵の陵園の立地については諸説あり、内外城や兵馬俑の存在は陵園全体の方位や広がりを理解する上で重要な要素と考えられるが、これまで始皇帝陵墳丘の建造場所選定と関わる南北方向のランドマークの存在を衛星データから具体的に特定した例はない。ここで特定したZ地点の存在は、陵園建造時における立地や方位の決定に同地点が深く関わっていたことを示唆するものと考えられ、今後における陵園の全体像解明の基準となる重要地点の一つと考えられる。一方、陵園建造におけるZ地点を基準とした陵園空間の範囲や構築物の配置、秦漢時代の都市や遺跡との共通性や位置関係などについては現在詳しく検討中であるが、Z地点を通る南北中軸線とそれに直交する階段状地形の空間的関係は、始皇帝の陵園建造において東西軸と南北軸からなるグリッドプランが存在した可能性を裏付ける例証の一つとも考えられる。

図6.1.10　CORONA画像から判読された南北中軸線と直行する直線（階段地形）

a) CORONA　1965/01/25
©TRIC/USGS

b) 判読された直線構造（赤色①～⑥）

図6.1.11　グランド・トゥルースで確認した東西方向の直線構造

a) 直線構造①地点の階段地形

b) 直線構造④地点の階段地形

図6.1.12
CORONA画像から想定される
陵園建造プラン

SRTM/DEM、ALOS/DSMから作成
©TRIC/NASA/JAXA/PASCO
（高さ方向は10倍強調）

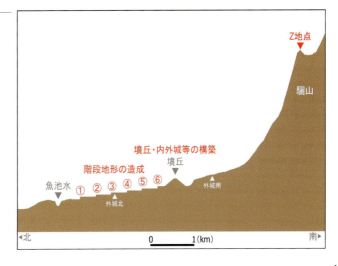

Chapter 6 都城と皇帝陵の立地調査：秦〜唐代・長安城

COLUMN 14

秦の始皇帝

鶴間 和幸

中国王朝の皇帝は総勢500人を超えるが、まさに最初の皇帝が始皇帝である。始皇帝以降の数多くの皇帝は始皇帝という一人の存在を強く意識し、始皇帝の治世の政策（皇帝制という中央官制と郡県制という地方行政、それを運用していく律令法）を学びながら広大な中国の領域を統治してきたといえる。

始皇帝の姓名は嬴政、趙政、趙正と呼ばれ、戦国時代の末に父の子楚が質子として滞在していた趙国の都邯鄲で生まれた。子楚が帰国して秦王（荘襄王）に即位し、3年余りで13歳の嬴政が秦王を継ぐことになった。50歳で亡くなるまで、前半の26年は秦王として、後半の12年は皇帝となった。戦国七国の一人の王から、唯一の皇帝になったことが重要である。始皇帝は東方六国から見れば征服者であり、秦から見れば統一者であった。

生前は皇帝とのみ称し、死後にはみずから考案した始皇帝という称号が用いられた。戦国時代の混乱を統一した君主として統一事業（郡県制の実施、度量衡・文字の統一）が評価される一方、東方六国を滅ぼし、強権を発動して焚書坑儒、長城建設を行うなど民衆を犠牲にした過酷な暴君とも位置づけられてきた。2000年にわたる中国王朝の基礎を築いたが、始皇帝の死後3年、統一からわずか15年で秦帝国は崩壊した。しかしながら、始皇帝の事業は継承され、一方で批判されながらも、中国の王朝の歴史は統一と分裂を繰り返して20世紀初頭まで続くことになる。

1974年の兵馬俑坑、1975年の睡虎地秦簡、2002年の里耶秦簡、2007年の岳麓秦簡など考古学上の発見によって、始皇帝が生きた同時代の豊富な史料から始皇帝の実像が次第にわかってきた。暴君という評価はとくに漢代以降に征服者始皇帝に与えられたものであり、同時代の始皇帝の人間像が次第に明らかになってきている。始皇帝の遺跡は多く、統一後に旧六国の地を巡行したことから全国に分布している。私たちは始皇帝の遺跡を衛星画像から探る試みを続けてきた。都咸陽城、始皇帝陵、万里の長城、秦帝国の東門など衛星画像の分析から『史記』などの文献史料を基礎にしながらも『史記』にもうかがえない事実を掘り起こしてきた。秦咸陽城の都市は前漢長安城に継承され、隋唐長安城も漢代長安城を首都の景観に取り込んでいる。始皇帝陵の巨大な方墳も前漢代皇帝陵に引き継がれ、隋唐皇帝陵、北宋皇帝陵にまで影響を与えている。秦の長城は位置を変えながらも漢代長城から明代長城にまで継承されている。私たちの興味はつきない。

兵馬俑坑（1号坑）

6.2 咸陽城と長安城の分布

鶴間 和幸

　長安は西周以来唐代まで実に2000年近くの長きにわたって多くの王朝の都城として重複していることに特徴がある。古い都城を壊してその上に新しい都城を築くのではなく、古い都城を保存しながら新しい都城を築いていった。都城内には宮城、皇城、社稷(土地神と穀物神)、宗廟(歴代皇室の位牌を安置した場所)、市場、居住区、城外には陵墓、禁苑が配置している。同じ場所に、微妙に移動しながら都城を築いていったのは、破壊よりも継承の側面が強い。各時代の歴史的景観を壊さずに取り込みながら保護していった側面を見ることができる。

　長安の歴代都城の変遷図(図6.2.1)を見ると、以下の点に気づく。戦国秦は渭水南の西周の古都鎬京の地を避けて、あえて渭水北岸に咸陽城を建設した。明らかに周の故地を受け継ぐ意志の表れである。統一後の秦(前221～前210)の咸陽城(南宮)の上には漢長安城が重なっている。項羽が咸陽を炎上させて廃墟になった上に、漢王劉邦が新都を築いたといわれているが、項羽が咸陽を3ヶ月も炎上させて始皇帝陵を盗掘したという故事は、沛公・漢王劉邦と大将軍・楚王項羽の行動を極端に対置させたところから生まれたものである。阿房宮前殿の発掘では一部であるが、屋根瓦が炎上することなくきれいに残されていた。漢王劉邦は始皇帝陵に墓守20家を置いて保護したように、秦の宮殿も破壊することなく残しながら、漢の宮殿を築いていったと考えられる。西北端の市場などの配置は不規則であり、城壁も高祖劉邦の死後に既存の宮殿を囲むように築いた不規則な正方形である。衛星画像では細い線で版築の城壁をたどることができる。秦阿房宮の地は城外の漢の上林苑内に残された。唐の張守節(史記正義)も現存する唐の長安故城の中にあったことを知っていた。渭水南には秦の極廟や王族の邸宅、墓地などが混在しており、漢長安城は秦の咸陽城の遺産を取り込んでいった。魏晋南北朝時代は北朝の西魏(535～556)、北周(550～556)の都として漢長安城が使われ、その時点で秦咸陽南宮以来(前221)、漢長安城は中断を挟む770年もの都城の歴史をもつ。漢長安城の東南に隋大興城、唐長安城が移動して建設された。漢から北周まで使用された長安城を壊すことなく、唐長安城の禁苑の景観のなかに取り込んだ(図6.2.2)。苑内に漢長安城とその東の秦漢・北周墓群の景観もそのまま残した。秦二世皇帝胡亥の陵ですら唐長安城の東南隅の曲江池の苑内に取り込んだ。隋唐代にも咸陽原の台地には前漢皇帝陵群を景観として残した。隋の大興城にも古都漢の景観を残す意図はあった。隋文帝の泰陵は漢代皇帝陵群をわざわざ避けてその西(陝西省咸陽市西端の楊陵区、前漢武帝茂陵の西)に置かれた。

図6.2.1　長安の歴代都城の変遷図

西周鎬京城

秦咸陽城

漢長安城

隋唐長安城

明清長安城

Chapter 6 都城と皇帝陵の立地調査：秦～唐代・長安城

図6.2.2
**長安城の
CORONA画像と
城内地図**
CORONA 1965/01/25
©USGS/TRIC

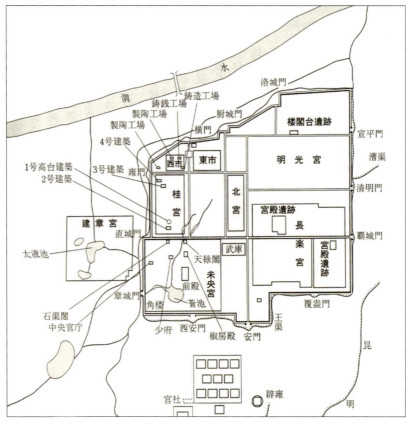

144

Chapter 7
史料と解く遺跡調査

秦東門調査(秦山島・中国)

Chapter 7　史料と解く遺跡調査

7.1 秦帝国の空間的考察

　衛星データを利用して地球を見ると、約50cmの高分解能の画像で事細かく考古遺跡を見ることができる。それに対して、東アジア全体を俯瞰する衛星画像からは、その遺跡の広域な環境のなかでの位置づけを見ることもできる。いわゆる、「虫の目」と「鳥の目」を同時に持つことができるのが、リモートセンシングの長所と言える。黄土高原西部の西方の小国から始まった秦は、関中平原、四川盆地(蜀)、そして東方大平原の六国を領域に組み入れ、前221年(始皇26年)、天下を統一した。首都・咸陽、始皇帝陵はどのような構造で、そのような環境のもとに建設されたのか、そして、それらは始皇帝のつくりあげた古代帝国のなかでどのような地理的位置にあったのか。さらに、秦帝国はどのような空間のグランドプランを持っていたのか。リモートセンシングデータは、それを考えるきっかけを与えてくれるのである。

7.1.1　秦の東門と秦帝国の空間整備

村松 弘一

　秦の天下統一から9年、始皇35年(前212)、秦の始皇帝は東海のほとりの朐県に石を立て、「秦の東門」とした(「於是立石東海上朐界中、以為秦東門」『史記』秦始皇本紀・始皇35年条)。朐県とは、山東半島の南の付け根、現在の連雲港市にあたる。東海はその東の海である。この始皇35年は秦帝国の転換点である。秦は統一後、6年間の平和な時代を経て、始皇32年(前215年)、北の匈奴、南の百越と対外戦争をはじめた。対匈奴戦に30万人、対百越戦に50万人もの戦力を費やし、南方に桂林郡、象郡、南海郡の3郡を置き、北方は黄河に沿って陰山山脈まで県を設置し、黄河のほとりに城を築いて要塞とした。秦帝国が北と南に「拡大」したのである。
　そして、始皇35年(前212)、首都・咸陽を中心に帝国の空間を一つにまとめてゆく。まず、帝国の北辺となった九原郡から首都・咸陽の北に位置する雲陽まで山を削り谷を埋めて軍事道路「直道」を建設した。また、咸陽の人口が増えて宮廷が狭くなったことから、渭水の南の上林苑に朝宮を建設し、阿房宮の造営に着手した。阿房宮前殿遺跡は、西安市の西に、東西1270m、南北426m、高さ7〜9mの基壇が残っ

ている。阿房宮から南へ向かい、南山まで道があり、南山の顛(頂)を門闕に見立てたという。南山は西安の南、秦嶺山脈にあたる。阿房宮と渭水の北の咸陽宮とは復道でつながっていて、それは閣道(カシオペア座)が天漢(天の川)をわたって営室(ペガスス座)に至る星座を地上にかたどったものと言われている。また、刑徒70余万人に阿房宮と始皇帝陵(麗山)で労働させた。この時、全体で関中に300、関中の外に400余りの宮殿を建設したという。そして、まさに、その年、東海のほとり朐県に秦の東門を建設したのである。つまり、秦の東門建設は、始皇35年から建設された、阿房宮(渭水の南)・咸陽宮(渭水の北)、始皇帝陵を中心とした帝国の空間整備の一環として行われたのである。それはまた東西南北という方位を意識したものであった。しかし、始皇帝の壮大な帝国整備計画も、その2年後、始皇37年(前210)の彼の死によってまぼろしとなってしまった。

7.1.2　秦帝国の方位概念

恵多谷 雅弘

　咸陽原の渭水に面した丘陵地に漢景帝陽陵がある。そこには、円形の石板に十字を刻んで方位を示した羅経石が残っている(図7.1.1)。このことから前漢の時代に方位の概念があったことが分かる。では始皇帝の時代はどうだったのであろうか。
　エジプトのピラミッドや中国の遺跡を訪れると、方位を意識した建造プランが見える。始皇帝陵や長安城なども方位を意識した建造プランがあったと推定される。方位を計測する方法として方位磁石があるが、

図7.1.1　漢景帝陽陵の羅経石

146

磁石の指す北は真北ではなく、場所や時代によっても変化する。正確な方位計測には天文観測がよく行われる。真北とは、ある地点を通過する経線または子午線が指向する北、すなわち北極点をいう。現在の北半球の真北はこぐま座α星(北極星=Polaris)の方向とほぼ同じであるが、地球には歳差運動があり、その影響で今から約2200年前の秦代にはこぐま座β星(帝星=Kochab)が北極星の役割を担っていた。

始皇帝陵墳丘の南北中軸線の方位は、現在の真北から約1.37度東偏しており、南方向は約3km離れた鄭家庄の尖峰(Z地点)を指向していることが分かっている。南北中軸線と直交する6本の階段地形の存在も確認されており、その後の画像解析では新たな階段地形も存在することが分かってきた(図7.1.2)。そうした理由から、陵園建造過程においてさらに大規模なグリッドプランが設定されていて、墳丘、内外城、兵馬俑坑をはじめとする遺構建造物が配置された可能性もでてきた[1]。

始皇帝陵の建造に天文観測が用いられたか否かについてはここでは議論しないが、秦帝国のグランドプランを考察するためにはまず当時の真北を定義しておく必要がある。ここでは、秦の代表的大型建造物として知られ、残存する秦代建造物の中でも最大規模である始皇帝陵墳丘の南北中軸線の方位を基準に議論を進める。

広域を対象とした方位や距離の計測には地球の形状や地形を考慮する必要があり、球体の地球を平面に描いた地図は適さない。方位図法は、地球上のある1点に接するように地図面をおいて地球上の経緯線を投影する図法で[2]、地図の中心となる接点で歪みがないことから、方位の計測に適した地図投影法の一つである。ここでは、15×15秒/画素(地上分解能約500m) Terra MODISモザイク画像を、まず始皇帝陵墳頂(北緯34度22分52.59秒、東経109度15分14.72秒)上空を中心に方位図法斜軸法で三次元投影し、次に視点と墳頂を結ぶ垂線を軸に画像を反時計回り方向に1.37度回転させることで、始皇帝陵墳丘の南北中軸線の北が真上となる秦代の画像空間モデル(球体)を復元した(図7.1.3)。復元モデルは始皇帝陵墳丘を中心とした半径6,370.32715kmの完全球体である。三次元処理用の標高データとしてはALOS/AW3D30とSRTM/DEMを使用した。

図7.1.2　始皇帝陵墳丘の南北中軸線を基準に想定した陵園一帯のグリッドプラン

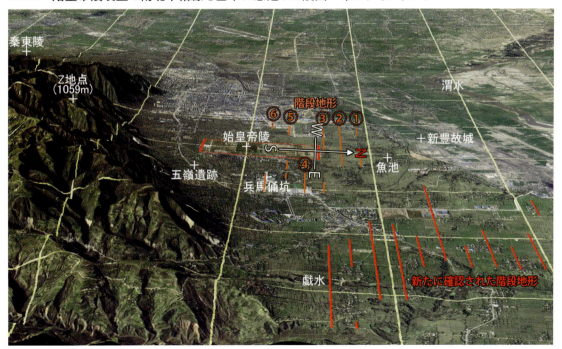

WorldView-2/Landsat8 OLI/SRTM DEM　©Maxar Technologies/HitachiSolutions/TRIC/NASA

Chapter 7 史料と解く遺跡調査

図7.1.3 方位図法で復元した秦代の地球空間モデル

©TRIC/NASA Terra MODIS Blue Marble Next Generation Image（2004年7月）

視点（画像の中心）:始皇帝陵墳頂上空36,000km
赤線:墳頂を中心とした秦代の等緯経度線

COLUMN 15

中国の方位

村松 弘一

漢の景帝の陵墓・陽陵の墳丘東南300mあまりのところに徳陽廟遺跡(宗廟遺跡)と呼ばれる建築遺構がある。二重の壁に囲まれた、回字形の建築で、外壁の一辺の長さは230mである。外壁には四方に門があり、内部には井戸もある。内壁には、北に玄武、東に青龍、南に朱雀、西に白虎、いわゆる四神のレリーフが配されている。四神に囲まれた内壁の中央には円形で十字の切れ目が入っている石が発見された。この石は方位盤・羅針盤を意味する「羅経石」と呼ばれている。

では、「羅経石」の十字の刻みはどの方向を示しているのか。試みに南北の刻みの方向を計測してみると、真北よりも約1.4度東より(時計回りに回転)に傾いている。現在、私たちが方位を計測する方法として方位磁石がよく用いられるが、磁石の指す北は真北ではなく、場所や時代によっても変化する。そのため、正確な方位計測には天文観測がよく行われる。真北とは、ある地点を通過する経線または子午線が指し示す北、すなわち北極点をいう。現在の北半球の真北はこぐま座α星(北極星＝Polaris)の方向とほぼ同じであるが、地球の歳差運動の影響で、今から約2200年前の秦代にはこぐま座β星(帝星＝Kochab)が北極星の役割を担っていたと考えられる。そのため、現在の真北よりもずれが生じることとなる。

この真北より約1.4度東よりという傾きは、始皇帝陵の墳丘の南北中軸線と同じであり、その南北軸は約3km離れた鄭家荘(Zhengjiazhuang)の尖峰(以下Z 地点と呼ぶ)を指し示している。また、墳丘の北には南北中軸線と直交する6本の直線構造の存在も確認されている。東西南北を意識して始皇帝陵も建設された。また、首都・咸陽では、渭水の南に「極廟」が建設され、ここでも天極、すなわち北極星を祀ることが重視された。

漢代の景帝陽陵でも、四神の中央に「羅経石」が置かれ、北極星と一直線でつながっていた。中国古代帝国の建設において、「方位」は政治的・宗教的に重要な要素であったのである。リモートセンシングデータを利用し、秦の始皇帝陵や咸陽、東門など建造物の正確な方位関係を測定するは、秦漢帝国の空間認識を知ることとなるのである。

図1　遺構の全体見取り図

羅経石が発見された遺構は徳陽廟と呼ばれる施設と考えられている。全体が230mの「回」の字の形をした建築で、周りに壁・門址・井戸、小部屋や通路があり、真ん中の建物の中心に羅経石、四方に四神が配されている。

図2　羅経石の周囲に配置された四神

上段左から西の白虎、東の青龍、南の朱雀、下段は北の玄武。(陝西省考古博物院所蔵)

149

Chapter 7 史料と解く遺跡調査

7.1.3 秦の東門

恵多谷 雅弘

まず、秦の東門から話をはじめよう。秦東門の場所の特定において、『史記』の「於是立石東海上胊界中以為秦東門(是に於いて石を東海上の胊界中に立て、以て秦の東門と為す。『史記』秦始皇本紀、前212年)」の「胊界」の記載が注目される。始皇帝が秦統一による領地拡大とともに新たに設置した東門の場所については、現在の連雲港市の孔望山とする説、秦山島とする説、馬耳峰(胊山)とする説などが知られる(図7.1.4)。

連雲港市は江蘇省北東部の港湾都市である。近年、江蘇省の連雲港市沖合に浮かぶ東連島北東部の羊窩頭北坡海岸において、この島が北の琅邪郡と南の東海郡胊県との境界に位置していたことを示す刻石「東連島東海琅邪郡界域刻石(漢代)」が発見された(図7.1.5)。秦代に胊県が設けられ、隋・唐以降は東海郡・海州の中心都市となった。河水、淮水および淮水の支流である泗水、沂水、沭水などが形成した沖積地にあり、錦屏山の東側は黄河が南流する元から明頃までは海だった。東門の有力候補地とみられる孔望山は錦屏山の東に隣接する東西約700m、南北約550m、海抜123m[3]の花崗片麻岩から成る丘陵地である。この孔望山付近と東門の関係については、『史記』の記載以降、様々な文献に記述が見られる。例えば、西晋の張華の『博物記』(『博物誌』)には「(胊)県の東北の海辺に植石があり、それは秦の立てた東門である」とある。植石が秦の東門であるとし、この植石とは宋の『太平寰宇記』に「植石廟は胊山県の北四里にあり、始皇が石を胊界中に立てて秦の東門としたもので、今も門の石はなお存在し、傾き倒れていくつかに割れているが、廟の北百歩ばかりのところにある。今なおその文を『漢の桓帝永寿元年、東海の相の任恭がこの廟を修理する』と読むことができる」とある。植石廟が胊山県の北4里にあり、それが秦の東門で、その石には後漢の永寿元(155)年に任恭が修理したと書かれていた。さらに、また、『天下碑録』には「漢の永寿元年、東海相の任恭が海廟を修繕した、始皇帝の碑の背面に文字を刻んだ、胊山にあり」とある。近年の発掘で孔望山の南麓台地からは建築遺址が発見され、漢代の雲文瓦当と縄文筒瓦さらには漢代の石研と五銖銭などが出土した。ここが後漢時代の植石廟(東海廟)でないかと考えられている。さらに、南麓から鳳凰山北麓にかけては孔望山遺跡地区として漢代の特徴をもつ象石、饅頭石、蟾蜍石などの石像のほか、後漢時代の仏教・道教の摩崖造像群などが分布している。孔望山から南に約400m離れた地点に鳳凰山がある。桑畑で覆われた海抜37mの山頂に登ると、南東方向に淮北平原の広大な耕地帯を見渡せる。

一方、始皇帝陵墳丘を通る南北中軸線に直行する東西線は、『三輔旧事』の「始皇表河以為秦東門、表汧水以為秦西門(始皇帝黄河以て秦東門と為し、汧水以て秦西門と為す)」で、秦西門との記述がある汧水(千河)を横切って隴山に達するとされる。『史記』や『三輔旧事』の記述は統一前後の秦に当時の方位を意識した空間的概念が存在したことを示唆しているが、衛星画像の解析結果は秦帝国形成において、胊県(東

図7.1.4 連雲港市のLandsat8・OLI画像

©TRIC/USGS

図7.1.5 界域刻石

海)、隴山(汧水)、驪山(渭水)、烏拉山(黄河)の山水を東西南北のランドマークとした壮大なグランドプランが存在した可能性を示唆している。

ALOS/DSMのカラーレベルスライス画像(図7.1.6a))によれば、秦朐城が建造されたとされる海州鼓楼より東の地区は海抜11m以上〜20m以下(濃い緑色で表示)の領域内に位置する。黄河が南流する元から明以前に海に面していた灌雲塩区の板浦場(灌雲県板浦鎮：図7.1.7)は海抜3m以上〜10m以下(灰色で表示)のそれよりやや低い領域ではあるが、周辺に漢代の墓域や沙堤遺跡などの分布がある。このことから、少なくとも元代以前の海岸線は、さらに低い海抜2m以下の領域にあったことが推察される。エジプト・ナイルデルタやベトナム・紅河デルタの都市遺跡を調査すると、それらは河川の氾濫や潮位変動の影響を受けにくく景観にも優れた小高い丘陵地に形成されることが多い。地中海に面したナイル西方デルタでは、古代ナイルの氾濫原と考えられる現在の耕地帯の標高は海抜数メートル程であり、都市・村落の多くはナイル川の氾濫が及ばないマウンド(アラビア語でテル)上に形成されている。それに倣うならば、錦屏山(朐山：図7.1.8)、孔望山(図7.1.9)、鳳凰山(図7.1.10)の標高は、海岸(デルタ)地域の遺跡の立地条件を充分満たしており、秦東門の設置場所としては有力な候補地と言える。

一方、WorldView-3、CORONAの高分解能衛星画像(図7.1.6 b))からは、錦屏山(朐山)東端に南北に対峙する孔望山と塔山の二つの花崗岩丘陵地の存在が注目される(①と②の丘陵地)。ALOS/DSMのカラーレベルスライス拡大画像(図7.1.6d))と比較すると、海抜2m以下(青色表示)の平坦領域内では秦〜南北朝以前の遺跡がほとんど確認されていないのに対して、錦屏山や孔望山などの丘陵地には同時代の遺跡が集中している。始皇帝が秦統一後に自然丘陵地を東門の新たな象徴として置いたと仮定すれば、この二つの丘陵地は注目すべき場所と言えよう。また別の可能性として、両丘陵のほぼ中間に鳳凰山の小丘陵(海抜37m)があり、そこにも丘陵を中心として東方向に突き出た小さな岬のような地形が判読できる(図7.1.6e))(矢印部分)。「朐山頭」という地名も残るこの地点に始皇帝が石を立てて門闕とした可能性も否定はできない。

この淮北平原の古代の海岸線に関しては、孔望山から約10km南東で古地図[4]などに地名が残る灌雲県板浦鎮とその周辺も調査した。板浦鎮は淮北平原にある古来塩業を基盤として発達した地区で、村落が存在する場所は海抜2m以下の平原より高い標高を有している(図7.1.11)。平原に広がる耕地帯からは漢代の沙堤遺跡なども発見されており、その一帯にかつて海岸線があったことが分かる。淮北平原が陸地化するのは黄河が南流した元から明代であることから、それ以前には海に面していた孔望山あるいは鳳凰山のいずれかの丘陵地に始皇帝が石を立てて東門とした可能性は十分に考えられよう。

図7.1.6　錦屏山(朐山)周辺の衛星データ-1

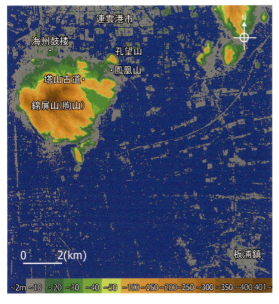

a) ALOS/DSM(地表高さ)のカラーレベルスライス(錦屏山〜板浦鎮)
©JAXA/RESTEC/TRIC

b) WorldView-3画像　2015/01/19(錦屏山〜孔望山)
©Maxar Technologies/NTTdata/TRIC

Chapter 7 史料と解く遺跡調査

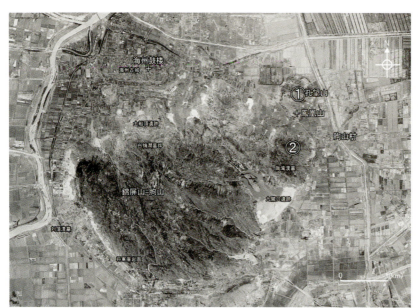

図7.1.6
錦屏山(朐山)周辺の衛星データ-2

c) CORONA画像
1970/05/25
(錦屏山〜孔望山)
©TRIC/USGS

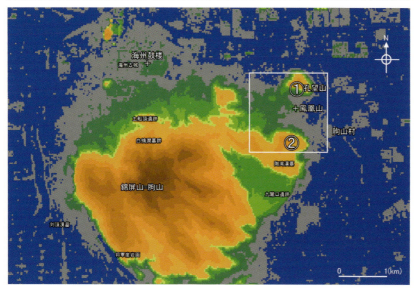

d) ALOS/DSM(地表高さ)のカラーレベルスライス拡大画像(錦屏山〜孔望山)　©JAXA/RESTEC/TRIC

e) d)の四角部分の拡大

図7.1.7　**板浦鎮**

図7.1.8　**錦屏山**

152

図7.1.9　孔望山

図7.1.10　鳳凰山

図7.1.11
沙堤遺跡が発見された耕地帯（連雲港市・板浦鎮）

7.1.4　秦の西門〜秦の祖先と始皇帝をつなぐ道

村松 弘一

　秦の東門があるならば、西門も存在した。『三輔旧事』には「始皇帝は黄河を秦の東門とし、汧水を秦の西門とした」（「始皇表河以為秦東門、表汧水以為秦西門」『史記』秦始皇本紀・始皇26年条「正義」）とある。汧水は隴山を河源とし、関中平原の西を北から南へと流れる河川である。上述の秦の東門は始皇35年の記事であるが、この西門の記事は秦が東方六国を統一する以前、黄河までを領域とした時期のことと考えられる。汧水は咸陽の以前の秦の拠点であった雍城付近にあたる。咸陽に都が遷った後も、雍城は秦の祖先を祀る廟があり、また、その周辺の周原は首都圏を支える食糧生産の中心であった。さらに、隴山を越えて西に行くと、秦の人々が最初に拠点とした西垂（甘粛省礼県）へとつながる。汧水は秦の故地（発祥の地）の西垂と関中平原西部の雍城の境界に位置していた。

　戦国秦の東門と戦国秦〜統一秦の西門の場所の関しては、『三輔旧事』の「河（黄河）」と「汧水（千河）」（図7.1.12）が注目される。この記述を検証するため、前述の秦代の地球空間復元モデルで孔望山を通る等緯度線（東西線）を描くと、臨晋（陝西省朝邑）付近で黄河を横切り、汧県（陝西省隴県）と汧陽（陝西省千陽）のほぼ中間点に位置する宝鶏市隴県磨児原村の東南約6km地点で汧水に至るという結果が得られた（図7.1.13）。東門と西門を当時の等緯度上に設けたと仮定すれば、この結果は戦国秦の東門は春秋戦国期から黄河の渡し場があった臨晋付近、西門については戦国秦も統一秦も汧水に設けられていた可能性を示唆しており、『三輔旧事』の記載とも合致する。ただし、東西線は始皇帝陵墳丘の北方約40kmの富平県の東方で南北中軸線と交差することになり、始皇帝陵と東西の門闕の間に空間的な関連性はないように見える。

　一方、始皇帝陵墳頂を通る東西線を球体画像モデル上に新たにプロットすると、西側は秦咸陽宮一号建築遺跡の南側の地点で現在の渭水の河道を横切り、宝鶏県の王家崖水庫近くで汧水に達する。秦咸陽城（図7.1.14）は前漢の長安城の北側にあったことが近年の考古学調査で分かっており、当時の渭水は咸陽城の南側を流れていた[5]。現在の河道は城郭中央を南北に分断して流れていると考えられていることから、画像解析結果は始皇帝の墳丘が咸陽城の中心と東西の位置関係になるよう配置された可能性を示唆している。

Chapter 7　史料と解く遺跡調査

一方、東側に関しては、洛陽、彭城県(徐州)付近を通って連雲港の南方約40kmの地点で東海(黄海)に達することから、始皇帝陵と秦東門に空間的な関連性はみられない。

なお、同様の方法で秦山島(図7.1.15)を起点とした東西線をプロットすると、洽川付近で黄河を横切り、隴県北西約50kmの張家川回族自治県の汧水河谷古道に達するという結果が得られている。

秦東門の有力候補地である孔望山(連雲港市)を通る秦代の東西線(等緯度線)を西に1100km延長すると、『三輔旧事』で秦西門との記載がある汧水と交差し隴山に達する(図7.1.16、図7.1.17)。この交差地点と最も近い秦の重要拠点として、秦都「汧邑」が挙げられる。統一前の秦は天水付近の西垂から関中平原西部に進出する過程でいくつかの拠点を形成したが[6]、汧邑はその一つとされ、隴山の東を北西から南東に流れる汧水のほとりの現在の陝西省宝鶏市隴県の磨児原村(北緯34度50分30.4秒、東経106度53分59.9秒)付近にあったと考えられている(図7.1.18)。現地を訪れると、村の中心部には近年の住宅が建ち並び、当時の遺構などは確認できないが、汧水を見下ろす周辺の丘陵地には辺家荘遺跡(北緯34度51分27.7秒、東経106度53分05.0秒)などの秦代墓域も存在する。北西の河谷沿いには関中平原から隴山を越えて西方の天水方面に抜ける秦の東西交通路「関隴古道」などもあることから、汧邑あるいはその河谷沿いに秦東門と対をなす秦西門がおかれていた可能性はある。

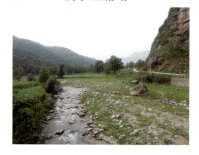

図7.1.12　汧水上流域

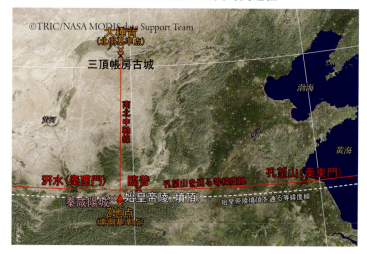

図7.1.13
始皇帝陵の南北中軸線と東西線の空間的関連性について

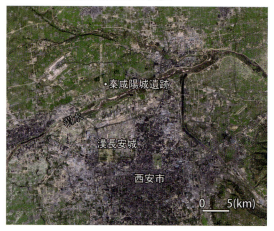

図7.1.14　秦咸陽城遺跡の位置

Landsat8 2014/12/21　©TRIC/NASA

図7.1.15　秦山島の位置

Landsat8 2017/02/11　©TRIC/NASA

秦の始皇帝にとって「西門」を通って、隴山の西と東をつなぐことは、祖先と自らをつなぐことであった。始皇帝は統一後の始皇27(前220)年、第1回目の巡幸として、隴西・北地をめぐり、鶏頭山に出て、回中宮を通り咸陽へと帰るルートをとった。隴西は隴山以西、現在の天水付近に至るまでの地を意味する。まさに、隴西とは秦国発祥の地であり、この第1回の巡幸は祖先に天下統一を伝える旅であったといえる。祖先の秦の襄公・文公が拠点とした西垂は甘粛省礼県と考えられ、秦はそこから北回りで隴山を越えて、汧水沿いに汧邑を最前線拠点として関中平原へ領域を拡大した。その後、平陽を経て、雍城に進出し、関中平原西部の領域を確保した。汧水上流を迂回して隴西から関中平原に入るルートが主たる交通路であった。上流には河川の両岸に比較的広い平地が広がっており、それは馬で移動するにはちょうどよい道であった。西垂が所在したと考えられる大堡子山秦公墓も西漢水の両岸に平原が続く環境にあった。まさに、汧水沿いの西門は始皇帝にとって古い秦と新しい秦をつなぐ位置にあったといえる。

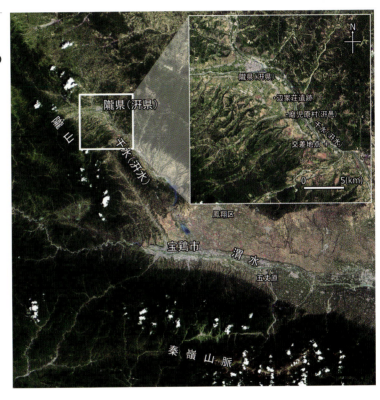

図7.1.16
東西線交差地点と
磨児原村(汧邑)・辺家荘遺跡との
位置関係

Landsat8 オルソ補正パンシャープン画像、
2015/07/24
©TRIC/NASA

図7.1.17　汧水

図7.1.18　磨児原村(汧邑)

7.1.5 秦の北門〜直道の北端

村松 弘一・惠多谷 雅弘

秦の東門、西門があるならば、北門はなかったのか。文献資料に「北門」の語はないが、始皇35年(前212)、北辺の九原郡まで「直道」が建設された。試みに始皇帝陵の南北中軸線(南はZ地点を通る)を北へ伸ばしてみると、三頂帳房古城(内モンゴル自治区烏拉特前旗)を通る。この古城こそが、秦の九原県であった可能性がある。始皇26年(前221)年、秦は天下統一を果たしたが、その後も、北方の匈奴の活動は盛んであった。始皇32年(前215)年、始皇帝は第4回目の巡幸をおこない、碣石山から北辺を巡って上郡から咸陽へと帰った(『史記』始皇本紀)。この時、将軍の蒙恬に30万の民を率いさせて、北方で胡人(匈奴)を駆逐し、河南の地を手に入れた。そして、長城を築き、地形に従って、険しい土地をならした。長城の規模は臨洮から遼東に至るまで万里あまりに至るほどであった(『史記』蒙恬伝)。河南の地とは黄河屈曲部の南の地域(後のオルドス地区)であり、この時点で黄河の北岸は秦の安定した領域とはなっていなかった。翌33(前214)年、西北の匈奴を駆逐し、楡中(現在の蘭州)から黄河に沿って東、陰山までの一帯に34(または44)の県を置き、黄河のほとりに城を築いて要塞とした。また、蒙恬に命じて黄河を北へ渡らせ、高闕・陽山と北仮中を取り、亭障(関所)を築き、戎人を逐い、罪人を移住させ、初めて県を置いた地方に人口をみたした(『史記』始皇本紀)。高闕・陽山は陰山山脈のなかの山の名称、北仮は黄河と陰山に挟まれた平原部である。現在、この平原は河套平原と呼ばれる。すなわち、このとき、初めて秦は河套平原を支配領域とし、「九原郡」を設置し、地域開発を開始したと考えられる。さらに、始皇35(前212)年には九原から雲陽まで、山をきり、谷を埋めて直道を建設した。関中平原と河套平原を結ぶ道が造られた。九原と咸陽地区を南北に結ぶラインの重要性が理解できる。

さて、始皇33年(前210)に建設された九原郡はどこにあったのか。その有力地点が三頂帳房古城である。三頂帳房古城は内モンゴル自治区の包頭市中心部から約35km西方のバヤンノール市(北緯40度36分19.6秒、東経109度23分45.7秒=南西角の地点)の烏拉山南麓の緩斜面(海抜約1,020m)に位置する。その規模は約620m×580mとされ[7]、南北軸の北方向の方位角は約4度東偏である。2016年8月のグランド・トゥルース時には南壁と西壁とみられる高さ3〜5m程の土塁が畑地を囲むように残存していた。1970年12月撮影の幾何補正済みCORONA画像によれば、今から46年前までは北壁と東壁とみられる土塁も残存していたようであるが、その形状は方形の南東角が内側に凹んでいるようにも見える(図7.1.19)。三頂帳房古城の南方約15kmの沖積平野に現在の黄河の河道が蛇行しながら東流している。CORONA画像からは城の南壁に沿って河岸段丘が判読され、そこから南側の平坦地に黄河の氾濫原が南北約20kmの幅で東西方向に広がっており、河道変動の跡も多数残っている。2008年11月撮影のALOS/PRISM画像で古城のすぐ南側にある水域は、黄河あるいはその支流の河道変動でできた三日月湖を改変した人工池とみられ、CORONA画

図7.1.19
三頂帳房古城

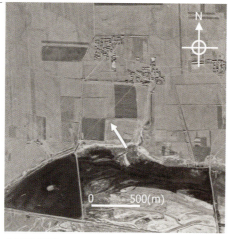

a) CORONA
1970/12/03 ©TRIC/USGS

b) ALOS/PRISM
2008/11/25 ©JAXA/TRIC

像と比較すると黄河の流路が南壁に接触する地点まで北上していた時期があったことが推察される（図7.1.19）。秦咸陽城が渭水北岸の河岸段丘上に築かれたことは知られるが、三頂帳房古城も黄河北岸の河岸段丘上に築かれており、河川近くの立地が当時の都市形成における重要ファクターであったことも推察される。

烏拉山は、三頂帳房古城の北方約10kmの地点をほぼ中心に東西長約90km、南北長約20kmにわたって聳え立つ陰山山脈の支脈である。その最高峰の大樺背(だいかはい)は、北緯40度42分02.5秒、東経109度24分16.4秒の地点にある。一帯は烏拉山国家森林公園として管理されており、白樺などの原生林の分布や変成岩などの岩石露出が観察される。始皇帝陵が驪山北麓の渭水南岸に建造されたように、三頂帳房古城も烏拉山南麓の黄河北岸に建造されている（図7.1.20）。衛星画像で見る両者の配置は始皇帝陵の南北中軸線上で対称の位置関係にあるようにも見え、また実際に始皇帝陵から見た驪山の景観と三頂帳房古城から見た烏拉山の景観も非常によく似ている（図7.1.21）。三頂帳房古城の建造年代、性格、規模など、いまだ明らかではないことも多いが、こうした両建造物の立地環境の共通性から考察するならば、三頂帳房古城が始皇帝陵の建造プランを模倣して建造され、大樺背はその基準地点となっていた可能性も考えられる。

以上、秦の東門・西門・北門の検討から、リモートセンシングデータを活用して、秦帝国の空間認識を考える方法の一事例を示した。

秦代の方位計測法については明らかではないが、当時の周極星を用いたとする説が有力と考えられる。始皇帝陵建設の立地選定においてはZ地点を南の基準地点とした南北中軸線の存在が指摘されているが、北の基準地点の存在についてはこれまで検討されていない。そこで復元した球体画像モデルを用い、始皇帝陵墳頂を通る南北中軸線を北方向に延長すると、黄土高原を北上し、内モンゴル自治区を東流する黄河を通過して、約700km北方の三頂帳房古城（図7.1.22）および陰山山脈烏拉山の第1高峰「大樺背(2,322m)」（図7.1.23）の東方約4km離れた地点に達する。始皇帝陵墳頂から見て、700km以上離れた地点における4kmのズレは方位に換算して約0.3度となる。秦の北の拠点に関しては、『史記』秦始皇本紀始皇26年条に、「北據河爲塞、并陰山至遼東」、すなわち領土を拡大した統一秦が現在の内モンゴル自治区を流れる黄河に沿って塞を築き、陰山から遼東までを

図7.1.20　三頂帳房古城の西壁

図7.1.21　烏拉山「大樺背」（中央の最高峰）

連ねて北の国境を確定したとする記述があるが、0.3度を当時の計測誤差とみるならば、統一秦の北の国境に近い南北軸線上の陰山山脈支脈の最高峰の烏拉山（大樺背）が北の基準地点となっていた可能性が考えられる。私達の最新の研究では、南北中軸線をさらに北に伸長すると、固陽県西方の増隆昌古城近くで長城と交差することも明らかとなっており、そのどこかに秦の北門が存在していた可能性を調査中である。衛星データの画像解析から、統一秦の時代に、驪山（Z地点）－始皇帝陵－渭水－黄河－三頂帳房古城－烏拉山（大樺背）－秦漢長城を直線で結ぶ南北軸線が存在し、それを基準とした秦帝国のグランドプランがあった可能性を論じた例は本研究が初めてとなる。

Chapter 7 史料と解く遺跡調査

図7.1.22　三頂帳房古城の立地環境

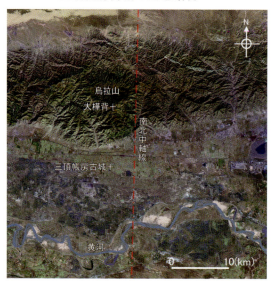

図7.1.23　三頂帳房古城から見た烏拉山

Landsat8 2013/11/07　©TRIC/USGS

7.1.6　秦帝国のグランドプラン実現の可能性について

惠多谷 雅弘

　多衛星データの画像解析から、驪山（渭水）と烏拉山（黄河）を南北、朐県（東海）と隴山（汧水）を東西の基準地点とした壮大なグランドプランの存在が想定されるが、ここでは、そうしたプランを実現する方法について考察してみる。

　まず700km離れた等経度線上の2地点を計測する方法であるが、地球は1時間に15度の速度で回転していることから、遠隔する2地点で同時に見える日食や月食などの天文現象をとらえて時間を合わせた上で、同一恒星の南中時刻を測ってその時差を知ることができれば両地点の経度差を求めることができる。しかしながら、等経度線上にある2地点を正確に計測できるようになったのはクロノメーターが登場する18世紀以降と考えられ、それ以前の方法として知られる木星衛星の食や、月の動きと恒星の位置関係から時刻を予測する方法などは精度が期待できない[8]。現時点では当時の周極星あるいは太陽を利用して等経度線を決めたと考えるのが最も蓋然性が高く、例えばZ地点を起点に周極星を使って北方向を決め、その延長線上の視認可能な地点に目印をおき、それを次の起点として700kmにわたって同じことを何度か繰り返すことで、Z地点と大樺背山頂が同じ南北軸線上に位置することを確認した可能性もある。

　実際にこの方法が可能かどうかについてであるが、1世紀頃（帝政ローマ期）の政治家ヨセフスは、「アレクサンドリアにあるファロス島に巨大な塔が立っており、300スタディア（約54km）離れた地点から入港してくる船にも見える灯りを発していた[9]」と述べている。またこの大灯台は13世紀頃までは使われており、当時のアラブの旅行者であるイブン・ジュバイルは「海上70ミール（約140km）以上も離れた所から見える[10]」と述べている。Z地点から大樺背山頂までの秦当時の平均的な見通し距離は明らかでないが、時代が近いヨセフスの記述に倣うと700kmの距離に対する必要計測回数は13回程となり、ジュバイルの記述に倣えば5回で済むことから、この方法が実現不可能とはいえない。

　一方、緯度の計測は容易であり、天体が観測地点の子午線上を通過する時の高度角を計測することで赤緯と高度からその地点の緯度を求めることができる。この方法を子午線高度緯度法というが、具体的には南中する太陽や北極星（秦代は帝星）の高度角を計測することで緯度を求める。約1100km離れた連雲港市と隴県の東西門闕を当時の等緯度線上に意識的においたと仮定するならば、秦の時代にこうした計測法がすでにあったことになる。

　最後になるが、ここでは秦の南門については言及していない。私達の研究チームでは、越南に至る統一秦の南方支配地域を含めた調査や、それと関連した南北の門闕の存在に関する調査なども重要と考えており、それらについては今後の検討課題としたい。

7.2 歴史資料を用いた秦東門考察

中国古代文明を研究する時、エジプト研究と大きく異なるのは、中国では現在に至るまで約4000年間の歴史をその当時の人々が「漢字」という文字で書き残し、その後の人々が出版し、継承している点にある。つまり、宇宙考古学の研究にとって、中国を扱う場合には、この文献史料をどのようにリモートセンシングのデータと結びつけるかがカギとなるのである。それは古いから正しいわけではない。新しい文献でも方位や距離が正確に書かれているものもある。そこに文献史学とリモートセンシングの学者が共同で課題に取り組む意義がある。ここでは、私たちが試行錯誤しながら導いた、「秦の東門」の所在を探るというプロジェクトを事例に、歴史資料を用いた宇宙考古学の方法について紹介したい。

7.2.1 秦東門の歴史資料検討

恵多谷 雅弘・村松 弘一・福島 恵

秦東門と関わる記述として、『史記』巻6秦始皇本紀、始皇35年(前212)条の「於是立石東海上朐界中、以爲秦東門」がよく知られる。始皇帝が統一後に都咸陽から900km以上離れた朐県の海上に石の門を立て東門としたというものである。この始皇帝が立てたとされる門闕の場所に関しては、『漢書』、『水経注』、『博物記』などの記述から、両漢の東海郡朐県、唐宋の海州朐山県の領域内であることが推測されるが、その所在については明らかではない。

一方、『史記』以降の秦東門に関する具体的な記述として宋の地理書『太平寰宇記』(巻22、海州・朐山県の条)がある。「植石廟は朐山県の北四里にある。(秦の始皇帝が石を朐界中に立てて秦の東門としたというその)門の石は今もなお存在し、傾き倒れて数段となっているが、廟の北百歩ばかりにある。今なおその文を『漢の桓帝永寿元年(155年)、東海の相の任恭がこの廟を修理する』と読むことができる」というものであり、周囲の故城、山河など、計25か所に至るランドマークとの具体的な位置関係が記されていることから、秦東門の立石地点解明の重要な手掛かりとして注目される。11)、12)

表7.2.1 および表7.2.2に秦東門と関わる資料をまとめた。これらの史料を整理すると以下の①～⑤のように推定され、朐山、朐県、朐山県、游水、門石、廟、碑、海域の相対的な位置関係は図7.2.1のようになる。

①漢代の朐県－海上(東海上・海辺)－秦東門(東門闕・植石)がセットになっている。
②西から游水－漢代の朐県－朐山、その東に海が広がる(資料Ⅳ)。
③植石廟は朐山県(宋代)の北4里にある(史料Ⅶ)。
④秦の東門としたという石は、宋代には傾き倒れて数段となっていた(史料Ⅶ)。
⑤秦始皇碑が植石廟の北100歩ばかりの場所にあり、そこは「朐山」である(史料Ⅶ・Ⅸ・Ⅹ『天下碑録』)。

図7.2.1 各史料から推定される地名、遺跡等の相対的位置関係

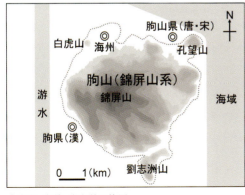

a) 朐山、朐県、朐山県の位置

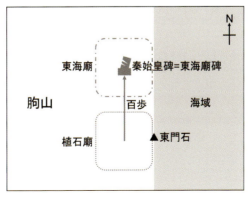

b) 東門、東海廟、植石廟、碑の位置
(植石廟と東海廟が近くにあり、秦始皇碑＝東海廟碑と想定した場合)

Chapter 7 史料と解く遺跡調査

表7.2.1 秦東門・朐県・朐山に関する主な史料

史料 No.	秦東門・朐県・朐山に関する記述	文献名
I	於是立石東海上朐界中、以為秦東門。	（前漢：前1世紀）司馬遷『史記』秦始皇本紀
II	東海郡朐、秦始皇立石海上、以為東門闕	（後漢：1世紀）班固『漢書』地理志東海郡朐県
III	〔朐〕県東北海辺植石、秦所立之東門	（西晋：3世紀）張華『博物記』（『続漢書』郡国志徐州東海郡朐県条注引）
IV	淮水于県枝分、北為游水、歴朐県与沐合、又逕朐山西、山側有朐県故城、秦始皇三十五年、于朐県立石海上、以為秦之東門……東北海中有大洲、謂之郁洲。	（北魏：6世紀）酈道元『水経注』淮水注
V	〔朐〕県名、属東海郡、今海州朐山県西有故朐城、秦始皇立石以為東闕門、即此地也。	（唐：7世紀）『後漢書』劉永伝、李賢注
VI	漢朐県故城在今県西南。秦立石以為東門、即此地	（唐：9世紀）杜佑『通典』州郡典古徐州東海郡海州朐山県
VII	朐山県、本漢朐県也、属東海郡。秦始皇立石海上、以為秦門東闕。……植石廟、在県北四里。『史記』曰「始皇三十五年、立石東海上朐界中、以為秦東門。」今門石猶存、傾倒為数段、在廟北百許歩、今尚可識、其文曰「漢桓帝永寿元年、東海相任恭修理此廟。」	（北宋：楽史（930-1007年）『太平寰宇記』河南道、海州
VIII	右「漢東海相桓君海廟碑」云「惟寿元年春正月、有漢東海相桓君」、又云「熹平元年夏四月、東海相山陽満君」。其餘文字完者尚多、大畧記修飾祠宇事。而其銘詩有云、「浩浩倉海百川之宗」。知其為海廟碑也。桓君与満君皆不著其名、莫知為何人。碑在今海州。	（北宋：宣和年間（1119-25年））趙明誠『金石録』巻15、漢東海相桓君海廟碑
IX	始皇朐山碑。海州。	（南宋：1161年）鄭樵『通志』金石略1、歴代金石
X	東海廟碑 惟永寿元年春正月、有漢東海相南陽桓君……熹平元年夏四月東海相山陽満君……闕猗傾於鑷桓君是繕是脩……。 碑陰 闕者、秦始皇所立、名之秦東門闕。事在『史記』。 右東海廟碑、靈帝熹平元年立在海州。永寿元年、東海相南陽君、崇飾殿字起三楼、作両ün。其掾属何俊・左栄、欲為鑴石而南陽君止之厥後。山陽満君踵其武嘉歎勛績、為作碑頌而二君名皆淪滅矣。別有数句、載秦東門事。乃頌所謂猗傾之闕者『碑録』「朐山有秦始皇碑、云『漢東海相任恭修祠刻』」於碑陰似是此也。任君当又在満君之後、南陽之役更十八年後。……。	（南宋：1165年）洪適『隷釈』巻2、東海廟碑

表7.2.2 史料に見る廟、碑、刻文（年号、人名）の関係

廟　名	碑　名	刻文に見る年号と人名	史料 No.
東海廟	東海廟碑（漢東海相桓君海廟碑）	永寿元年（155）、東海相南陽桓君が東海廟を修繕。熹平元年（172）、東海相山陽満君が立碑。	VIII・X
植石廟	秦始皇碑（〔秦東門の〕門石・始皇朐山碑）	永寿元年（155）、東海相任恭が廟（祠）を修理。	VII・IX・X『天下碑録』

7.2.2 『太平寰宇記』の里程

恵多谷 雅弘・村松 弘一・福島 恵

　秦東門の位置についての記録は、史料VII『太平寰宇記』が最も詳細で古い記録であることが分かった。秦東門の所在をより正確に知るためには、史料VII『太平寰宇記』に掲載された、「朐山県の条」を分析し、県城や周辺の遺跡との位置関係を把握することが重要となる。そこで、記事を整理して記せば、表7.2.3のようになる。

　『太平寰宇記』は、北宋の楽史の撰した全200巻に及ぶ地理書で、今日では散逸した南北朝から唐代の地理書を多く引用していたことが知られる[13]、[14]。今回、秦東門のある『太平寰宇記』（巻22河南道海州朐山

県の条）の典拠を調べたところ、『元和郡県図志』（巻11河南道7海州朐山県の条）とわずかながら同じ記事がみられることが分かったが（表7.2.4、No.1～3）、その他植石廟など多くの典拠は見つけることはできなかった（『括地志』・『通典』にも記事無し）。このことから、『太平寰宇記』朐山県の条のもととなった史料のほとんどは、残念ながら現在では散佚したと考えられるが、少なくとも『元和郡県図志』朐山県の条あるいはそのもととなった資料を参照していたということだけは言えよう。

なお、『太平寰宇記』に掲載された距離は、編纂された宋代の尺で書かれていると考えられるが、『元和郡県図志』と『太平寰宇記』の朐山県の条では、その距離のほとんどが一致している。この状況から、少なくとも『太平寰宇記』朐山県の条は、宋代の尺で書かれておらず、その前の唐以前の尺で記された元資料の距離をそのまま写していたと考えられよう。

表7.2.3　『太平寰宇記』にみる朐山県と各ランドマークの位置関係

No.	ランドマーク名	朐山県を基準としたときの方位・距離など
1	碩濩湖	県南 142 里（始皇帝の頃の伝承あり。）
2	龍沮故城	県南 60 里
3	鍾離眛故城	県南 100 里（項羽の将軍 鍾離眛が築く。）
4	植石廟	県北 4 里
5	盧石山	県東南 60 里（韓信が楚王となった際に鎮した。）
6	伊盧山（大尹莱山）	県南 75 里（（東晋）徐広は（漢の）東海（郡）朐県と見ている。）
7	句盧山（馬鞍山）	県西南 102 里（県は山の東にあり。）
8	孔望山	県西南 160 里
9	蠣山	県東南 200 里（海中にあって満ちれば半没、引けば見える。）
10	朐山	県南 2 里
11	南墜星山	県南 60 里（商の時、星がここに落ちた。）
12	北墜星山	県東 50 里（南とともに高さは 1 里。）
13	羽山	県西北 90 里（漢の東海郡祝其県。）
14	羽潭（羽池）	県西 90 里（羽山から 100 歩。）
15	沭水	県西 140 里（水経注に記事あり。）
16	永安堤	県東 20 里（唐開元 14 年に潮が逆流したので堤防を作る。北は山に接し南は環郭となり 67 里続く。）
17	韓信堰	県西 10 里（韓信が楚王の時作るが、今は大路である。）
18	廃沂州城	県西北 140 歩（南朝宋が僑置した場所。朐山の東北。）
19	曲陽故城	今郡西南 110 里（前漢の県。）
20	平曲故城	今の県境（前漢の県。王莽の時の端平。）
21	故朐城	県西南（漢の県。）※
22	古盧王城	県西 9 里（（梁）顧野王『輿地志』は漢の朐県とする。）
23	古摩坡城	県南（（梁）天監 10 年に馬仙琕が朐山を討ち、12 月に 10 万を斬首し城を作った。）
24	牛欄村	郁州（鬱洲）島上
25	東安故城	郡西 83 里（前漢の県。）

※「朐山県の条」の冒頭に「今県西90里」とあるが、游水の遥か西となってしまい史料Ⅳ『水経注』の記事とあわない。これは「9里」の誤りか。

表7.2.4
『元和郡県図志』と『太平寰宇記』との朐山県の条の記事の比較

No.	ランドマーク名	『元和郡県図志』	『太平寰宇記』
1	碩濩湖	県南 142 里	県南 142 里
2	龍沮故城	県南 60 里	県南 60 里
3	鍾離眛故城	県南 100 里	県南 100 里
13	羽山	県西北 100 里	県西北 90 里

Chapter 7 史料と解く遺跡調査

7.2.3 朐県と植石廟

恵多谷 雅弘

始皇帝が東門を立てた場所と考えられている朐県あるいは朐山県の位置に関しては諸説あるが、その具体的な所在地は明らかとなっていない。『太平寰宇記』海州朐山県の条には、植石廟をはじめ、表7.2.3に示した25か所に至る古城や山河などに対して朐山県のある地点からの方位と距離が記載されており、これらのランドマークの位置関係から朐山県 (Qushan Xian) の所在地となる計測原点 (以下Q地点と呼ぶ) を衛星データから確定することで、秦東門立石場所特定のための具体的な手掛かりが得られる可能性がある。そこで上記25か所のランドマークの中から、①方位や距離の記述がある、②時代や季節による変動がなく衛星画像から位置特定が可能、③朐山県に近く距離の計測精度が期待できる、などの条件を満たす龍泪故城 (県南60里)、植石廟 (県北4里)、盧石山 (県東南60里)、伊盧山 (県南75里)、朐山 (県南2里)、南墜星山 (県南60里)、曲陽故城 (今郡西南110里) の合計7地点を選定し、それらの方位と距離からQ地点の位置の確定を試みた。

衛星画像から方位や距離を計測する場合、地球の形状や地形を考慮した方位図法の球体の領域空間モデルを使うことで計測精度の向上を図ることができる。方位図法とは、地球上のある1点に接するように地図面をおいて地球上の経緯線を投影する図法で[15]、地図の中心となる接点で歪みがないことから方位計測に適した地図投影法の一つといえる (図7.2.2)。そこで、まず上記7地点をカバーする地上分解能0.6秒×0.5秒のLandsat8号モザイク処理画像とALOS/DSM (AW3D30) 及びSRTM/DEMの数値標高データを用いて各ランドマークを接点 (中心) とする方位図法斜軸法の三次元球体領域空間モデル (以下、領域空間モデルと呼ぶ) を作成し、『太平寰宇記』の方位をそれぞれの接点を起点として一点鎖線で描いた。同時に、当時の計測誤差を考慮し、Q地点からの距離を半径とする半円型の補助線も加えた (図7.2.3a)～g))。作成した各領域空間モデルは半径6,370.32715kmの完全球体であり、距離の基準は『太平寰宇記』が編纂された宋代の1尺=31.2cm (1里=561.6m) を採用している。なお、このときの植石廟の位置は現在の東海廟遺跡、朐山は錦屏山最高峰の馬耳峰とした。

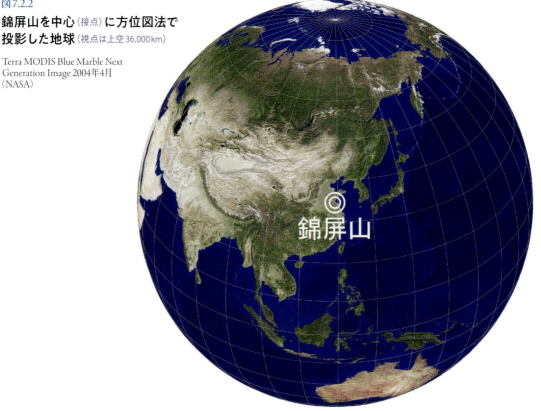

図7.2.2
錦屏山を中心 (接点) に方位図法で投影した地球 (視点は上空36,000km)

Terra MODIS Blue Marble Next Generation Image 2004年4月 (NASA)

図7.2.3
領域空間モデル上の各ランドマークから推定されるQ地点の位置

Landsat8/OLI 2017/02/11　©USGS/TRIC（視点は上空350km）

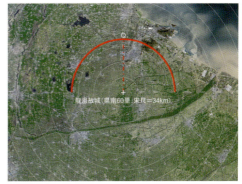

a）龍沮故城

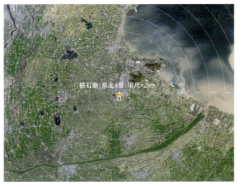

b）植石廟

c）盧石山

d）伊盧山

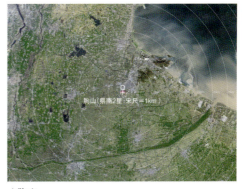

e）朐山

f）南墜星山

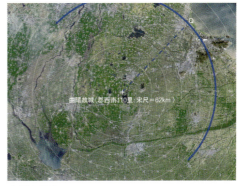

g）曲陽故城

163

Chapter 7 史料と解く遺跡調査

　古代研究資料の記述の中で尺度は特に重視すべきもので、古代の遺跡や建築物の時代鑑定などでも具体的な証拠となる。『太平寰宇記』海州朐山県の条で採用されている距離の基準に関しては、それが編纂された宋代の尺度が採用されていると考えるのが一般的であろう。一方、Q地点を一か所と仮定した場合、その位置は図7.2.3の七つの半円(補助線)が交わる場所である可能性が高い。そこで七つの半円を同一空間上で描いた領域空間モデルを新たに作成し、それらの交点を調べた。その結果、各半円は錦屏山北側の領域で交差するものの交点は一か所に集中しないことが明らかとなった(図7.2.4)。

　そこで、漢(1尺=23.1cm、1里=415.8m)及び魏晋尺(1尺=24.2cm、1里=435.6m)の領域空間モデルを新たに加えて再検討すると、漢尺モデルにおいて龍沮故城、植石廟、盧石山、朐山、南墜星山、曲陽故城の6か所を中心とする半円の交点が錦屏山北東約6kmの地点におおむね集中することが分かった(図7.2.5)。ただし、同図では伊盧山の交点の位置に関してはまだ位置が一致しない。その原因として、『太平寰宇記』が指す山と現在の伊盧山が異なる可能性を考え、「県南75里」という記述と一致する別の山の存在を再検討した結果、灌雲県の大伊山が距離と方位において一致することが判明した。そして最終的に大伊山を中心に75里の半円を描くと、全ての半円の交点がおおむね錦屏山の北東部で集中した(図7.2.6)。

　以上のことから、Q地点は錦屏山東北部にあり、距離の基準は漢尺、さらに伊盧山の条で「県南75里」としている山は現在の大伊山の可能性が高いという結論に至った。

図7.2.4　**宋尺モデルの交点**(錦屏山中心)

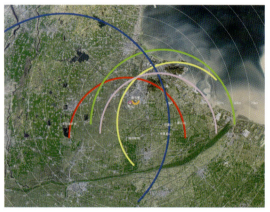

Landsat8号 OLI 2017/02/11　©USGS/TRIC

図7.2.5　**漢尺モデルの交点**(錦屏山中心)

Landsat8号 OLI 2017/02/11　©USGS/TRIC

図7.2.6
伊盧山と記された山を大伊山に変更したときの漢尺モデルとQ地点の候補地

Landsat8号 OLI 2017/02/11
©USGS/TRIC(中心:錦屏山)

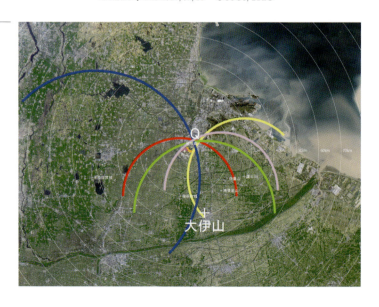

そこでWorldView-3の高分解能衛星データとSRTM/DEMの数値標高データをもとに、朐山県東北の海辺まで4里（約1.7km）の距離にある距離計測に適した場所を実際に現地に赴いて調査すると、図7.2.7に示した錦屏山北東端の塔山の山頂（文峰塔）が見晴らしも良く、条件も合致した。

以上をまとめると、『太平寰宇記』の朐山県は錦屏山の北東部にあり、その計測原点であるQ地点は塔山山頂の可能性が高い。そして、そこから北東約1.7km（漢尺4里）の地点に位置し、黄河が南流する明代中期頃まで東方が海に面していた孔望山の山麓は植石廟の最有力候補地である。

図7.2.7　Q地点（塔山）

a) WorldView-3画像
WorldView-3　2015/01/19　©Maxar Technologies/NTTdata/TRIC

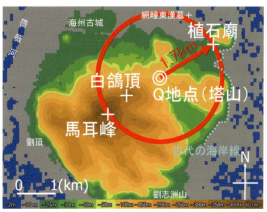

b) 数値地形データSRTM/DEMのカラーレベルスライス画像
SRTM/DEM　©TRIC/NASA（破線：推定される古代の海岸線）

c) 塔山の山頂（文峰塔）

d) 文峰塔斜面の人工的な穴跡と階段状の岩

e) 塔山から見た孔望山

f) 塔山から見た白鴿頂

Chapter 7 史料と解く遺跡調査

7.2.4 秦東門の有望地点 Site A

恵多谷 雅弘

　植石廟の位置に関する具体的な記述として史料Ⅲ、史料Ⅶが注目されるが、『史記』の中で始皇帝が海上に立てたとされる東門の石に関してはそれ以上の史料がほとんどなく、実際に石が存在したのか、存在していたとすればどのような形態だったのか、いつまで残存していたのかなど、多くの点が未解明のままである。ただし、「永興2年(154)6月に朐山で発生した山崩れで門石が倒壊または埋没」した可能性が『後漢書』桓帝紀から読み取れる。

　一方、衛星画像解析からはQ地点は錦屏山北東にあり、その北東に位置する孔望山南麓が植石廟の最有望地点であることが推定された。孔望山の南麓には、頂部に長方形の碑槽をもち、幾つかに割れた高さ約4m、直径約3mにも及ぶ巨石が今も存在している(図7.2.8)。この巨石は「石碑座(俗称：饅頭石)」と呼ばれており、その頂部に刻された「光」という隷書文字の書体特徴から漢碑の座と推定されており、「東海廟碑」の石座の可能性もあるとされる。そこで、石碑座を「秦始皇碑」の石座と仮定し、その場合の植石廟及び秦東門の石の具体的な位置関係について、衛星データ、地形データ、史料に記載された距離や方位にもとづいた客観的な議論を進めてみる。

　図7.2.9は、連雲港市周辺のLandsat8号画像と同一範囲をカバーするSRTM/DEMカラーレベルスライス画像である。前述の通り、錦屏山の東方は、明代中期以前は海で、錦屏山北東に位置する雲台山(郁洲山)は島だったことが分かっている。それ以前の海岸線を同図から推定するならば、SRTM/DEM画像の青色と灰色で示した海抜10m以下の領域のどこかにあったと考えるのが妥当であろう。次に、孔望山南麓の地形データからDEMを作成し、WorldView-3の高分解能衛星画像と同一座標系で重ね合わせて古代の海面水位をシミュレーションで復元すると図7.2.10のようになる。同図は、海面水位を10mとしたときに想定される海域を青色で表している。

　『太平寰宇記』の記述では、「秦始皇碑」は「植石廟の北百歩」に位置していた。現在の石碑座の位置を当時の「秦始皇碑」と仮定すると、植石廟は石碑座から南100歩(漢尺で約138.6m)の地点にあったことになる。このときの方位についてであるが、東海廟遺跡の石碑座周辺では1983年と2000年に2度の発掘調査が行われており、そのうち1983年出土の建築物遺構群の基壇の南北軸線方位は約21度東偏していた。一部の基壇からは後漢の剪輪銅銭1枚が発見されていることから[16]、それらと同じ方位による位置関係の検証も行っておく必要がある。

　以上の理由から、植石廟は石碑座の位置を原点として南方0度から南西21度の方向に漢尺で100歩離れた海抜約10m以下の低位領域、すなわち図7.2.11の赤色破線で囲んだ南北を孔望山と鳳凰山に挟まれた当時の入江付近(以下Site Aと呼ぶ)に築かれていたものと想定され、始皇帝が立てたとされる秦東門の石が存在していたとすれば、Site Aの領域内またはその近くに立石された可能性が考えられよう。Site Aは、塀と柵で囲まれた孔望山村の低地に形成された畑地

図7.2.8　石碑座

a) 幾つかに割れた側面部

b) 頂部の碑槽

及び樹林で、グランド・トゥルースを実施した8月には背丈ほどの雑草が周囲に密生している状況にあった(図7.2.12、図7.2.13、図7.2.14)。孔望山南麓の海抜10m以下のこの領域には小さな池が多く見られる。そこはかつて海であった可能性が高い場所であり、秦東門の立石場所として有望な地点と言える。なお、石碑座(海抜約25m)とSite Aとの比高差は約15mであるが、ここでの距離は水平計測値を用いている。

一方、宋尺で石碑座から南100歩(約187.2m)の地点(以下Site Bと呼ぶ)はピンク色の破線で囲んだ領域付近となる。Site Bは、グランド・トゥルース実施時には畑地で、斜面に大型の岩が多数分布していた。時代は確認できていないが、土器分布などもあることから、かつて建築遺構が存在していた可能性は否定できない(図7.2.14)。

図7.2.9　連雲港市周辺のLandsat8号画像と同一範囲のSRTM/DEMカラーレベルスライス画像

a) Landsat8　2017/02/11
©USGS/TRIC

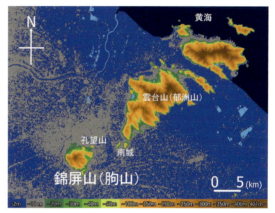

b) SRTM/DEMカラーレベルスライス画像
©TRIC/NASA

図7.2.10
孔望山南麓の海面水位シミュレーション画像

標高データ:『連雲港孔望山』(文物出版社)より
青色で示した領域は水位を現在の
海抜10mとしたときに想定される海域
WorldVie-3　2015/01/19
©Maxar Technologies/NTTdata/TRIC

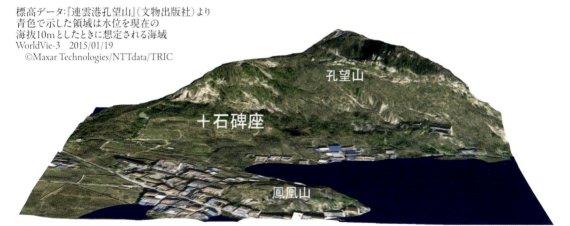

海面水位＝10m

Chapter 7　史料と解く遺跡調査

図7.2.11
太平寰宇記の記述から などから想定される 植石廟の有望地点

青色で示した領域は水位を
現在の海抜10mに上昇させたときに
想定される海域
WorldVie-3　2015/01/19
©Maxar Technologies/NTTdata/TRIC
標高データ・発掘地点:『連雲港孔望山』
（文物出版社）より

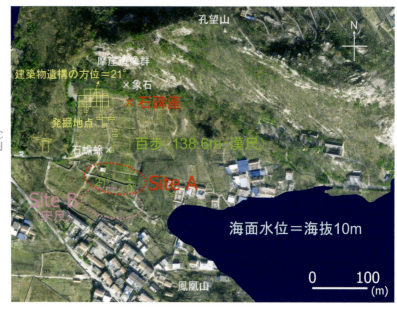

図7.2.12　グランド・トゥルース

a) 現地専門家との合同調査

b) Site Aの検証調査

図7.2.13　Site A (漢尺) の現地風景

a) Site A南側の樹林と畑地

b) 柵で囲まれたSite A中央の畑地入口

図7.2.14 Site B（宋尺）の現地風景

a) 多数の大型岩石の分布

b) 土器の分布

7.2.5 リモートセンシングと古代史研究

恵多谷 雅弘

　衛星データを用いた考古学調査というと、高分解能光学センサやマイクロ波レーダなどの観測画像から対象物を直接的に探す調査と思われがちである。本研究はそうした方法とは違い、『太平寰宇記』という歴史地理書に記された方位と距離などをもとに、東海大学のリモートセンシングの専門家と学習院大学の中国古代史の専門家の合同調査チームが、衛星データの画像解析によって遺跡の場所を客観的に推定するフィージビリティー・スタディー（feasibility study：実現可能性調査）である。考古学の専門家はいない。

　結果として、従来研究では分からなかった植石廟の有望地点を具体的に提示できた点は、秦東門研究における大きな成果と言える。グランド・トゥルースに同行した秦東門研究の第一人者劉鳳桂氏は、過去の地質調査データからみてQ地点に植石廟があってもおかしくないとの見解であり、この調査結果を受けて実施された連雲港市重点文物保護研究所の予備調査では、漢代の建物の存在を示唆する木炭片なども出土した（図7.2.15）。

　今後実施されるであろう本格的な発掘調査の結果が待たれる。

図7.2.15 予備調査

a) 現地機関による試掘調査

b) 出土した木炭片

Chapter 7　史料と解く遺跡調査

COLUMN 16

秦東門の古環境考察

村松 弘一

　黄海に面した中国大陸の東海岸には良港が少ない。長江河口の上海から北、山東半島の付け根までは長江・淮河の土砂が堆積してできた直線的な海岸線で、水深は浅く、港を建設できるような入り江がない。今、山東半島・蓬莱市の蓬莱閣という高台から海を見渡すと、東の黄海は青く、西の渤海は黄色い。現在の黄河は山東丘陵の北方を経て、渤海湾に流れ込んでいるから渤海は黄色を呈している。ところが、12世紀から19世紀にかけて黄河は南へと流れ、淮河に入り、海へと流れ出ていた。つまり、淮河には黄河から大量の黄色い土砂が流入し、その河口付近は黄色い海となった。この時、黄海と呼ばれるようになった。この黄土の泥砂は淮河の支流にも入り、その河口に堆積し、現在の直線的な東海岸が形作られた。

　この中国大陸の東海岸の北端、山東省の南の付け根に海港都市・連雲港がある。ここには秦の東門が建設され、漢代に朐県が置かれた。衛星データを見ると、現在の連雲港の市街地（海州区）から東北方向に錦屏山（標高約400m）・孔望山（標高123m）・花果山（南雲台山、標高624m）・雲台山（北雲台山）の山々が連なり、その東北の海中に東連山・西連山があることがわかる。

　しかし、6世紀に書かれた『水経注』淮水注には漢代の朐県城に関連して「東北の海中に大洲がある、これを郁洲という」とある。漢代の朐県があった場所の東北は海でそこには郁洲（いくしゅう）と呼ばれる大洲（大きな砂州・島）があるというのである。また、『山海経』海内東経にも「都州は海中にあり、また郁州という」とあり、ここでも郁

図1　現在の連雲港

画像処理：東海大学技術センター
データ：Landsat8 2017/02/11 撮影

州が海の中にあったという。胸山を錦屏山山系に比定するならば、この郁洲は現在の花果山・雲台山にあたる。郁洲はその後も島として存在したが、明代中期には南流した黄河の土砂が河川を通じて海岸に堆積し、陸地と雲台山（郁洲）との距離が狭まり、康熙40年（1701）には陸地と山がつながったという（嘉慶『海州志』）。すなわち、現在、胸山と雲台山の間に見られる平地はかつて海であったのである。今、私たちが、錦屏山山系に登り、東を見ると北には孔望山、その東には高層ビル群が見え、さらに遠方に花果山（雲台山）を見渡すことができるが、海は見えない。2000年前の胸山からの見える景観は異なっていたのである。

リモートセンシングデータを使い、遺跡の位置などを加味して、海面を1m上昇させるシミュレーションをしてみると、胸山（錦屏山）の東に海岸線があり、その東には花果山・雲台山が島であったことがわかる。その島には入江があり、海中を航行する船はこの入江で風待ちをしていた。唐を訪れた円仁の『入唐求法巡礼行記』にも風待ちのことが記されている。海を航行する船にとって、連雲港の島々は重要な航行標識となった。海に最も近い東連島には王莽の新王朝時代の刻石が二つ発見されており、刻された文面はいずれも東海郡胸県と琅邪郡柜県の境界を示す内容であるが、その文字は海に向けて書かれていた。おそらく、この刻文は東海岸を航行する船に対する航路標識であっただろう。また、この東連島の西北には秦山島と呼ばれる島が存在する。その名の通り、秦の始皇帝とかかわるとされる島である。ここも海を南北に移動する多くの船が立ち寄ったであろう島である。この島には漢代の遺跡が発見され、潮が引くと砂州が現れるところであった。リモートセンシングによって、見える「道」は陸を行く道路のみならず、海を行く航路をも私たちに教えてくれるのである。

図2　錦屏山（右手）から孔望山（左の山）・花果山（奥）方向を臨む（2016年筆者撮影）

図3　2000年前の海岸線と胸県

データ：Landsat8 2017/02/11 撮影

図4　刻石の示す地理情報

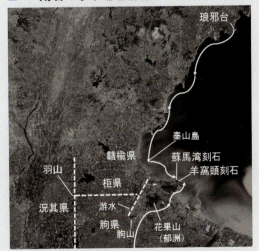

画像処理：東海大学技術センター
データ：Landsat8 2017/02/11 撮影

Chapter 7　史料と解く遺跡調査

図5
東連島の二つの刻石の位置
画像処理：東海大学技術センター
データ：Landsat8 2017/02/11 撮影

※………▶は刻石の向き

蘇馬湾刻石①（2016年筆者撮影）

蘇馬湾刻石②（2016年筆者撮影）

羊窩頭刻石①（2016年筆者撮影）

羊窩頭刻石②（2016年筆者撮影）

172

Chapter 8
調査の最前線

碑文・岩絵の調査（Bir Dungash・エジプト）

Chapter 8 調査の最前線

8.1 サウジアラビア紅海沿岸調査 長谷川 奏

アラビア半島の多くは、広大な砂漠である。それがゆえに、その文明は、エジプト文明やメソポタミア文明が繁栄したいわゆる「肥沃な三日月地帯」の裏側的な存在として位置づけられてきた。しかしながら、アラビア半島は、古来より、香料や香辛料といった物資が頻繁に往来する場であり、政治上や宗教上の拠点となる都市間を活発に行きかう人々の場であった。筆者らが現在取り組んでいる紅海沿岸の港町であるハウラー遺跡も、そもそもは、ローマ時代に著された『エリュトラー海案内記』に見られるアラビア半島側の港町レウケコーメーの有力候補の一つであり、こうしたアラビア半島の流通をめぐる性格が如実に反映されている。同資料によれば、インド洋から紅海に入った船は、最終的にはエジプト側にあるベレニケから北上してミオスホルモス（現在のクサイル）に渡り、その後東に向かって、レウケコーメーに到達したという。強力な広域経済ネットワークが稼働していた時代の経済ネットワークを復元することは、古代研究者の夢の世界でもある。

現実の発掘調査は、地表面からもその痕跡が確認される初期イスラーム時代層から始まっている。ヒジャーズ地域にあるこの遺跡は、初期イスラーム時代には、多くの穀物をエジプトからヒジャーズに運ぶネットワークの中に置かれ、さらにエジプトの安定したファーティマ朝政権の時代には（10～12世紀）、エジプトからのメッカ巡礼者の受け入れ窓口の一つとして、豊かな生活文化が営まれた場であったようだ。さて、私たちがいま特に注目しているのは、考古学資料と歴史文献の記述との接点である。議論は、集落址の一角から、1.5mの幅を測る分厚い壁を持った方形（30～40m四方）の建造物がみつかったことから始まっている。私たちは樹木伐採を行うまで、対象を単なる邸宅址と考えていたが、重厚な遺構の作られ方と見晴らしの良い立地から、どうやら要塞になりそうなのである。ムカッダシーという10世紀後半の記述家によれば、ハウラーというまちには、人が多く住まう集落、海辺の市場に加えて砦があったことが記されており、私たちはその砦を発見した可能性がある。ハウラー遺跡は、おそらく十字軍戦争の後の海洋ネットワーク変貌のあおりを受けて、あるいはそれまで潤沢であった井戸水が枯渇したなどの理由によって、13世紀くらいまでには廃墟になったと思われる。

この遺跡では、初期イスラーム時代に建っていた建造物の上物部分は珊瑚や火山岩ブロックという建材が持ち去られてほぼ完全に失われており、僅かに残されている建物基礎部分が唯一の痕跡をたよりに、建築学的な分析から、人々が住んだ空間も復元されている。また出土遺物の分析も進みつつあり、イラクやシリア方面から運ばれたと推測される白釉陶器やラスター彩陶器、エジプトから渡ったと考えられる多彩釉陶器などは、遠隔地交易の重要な手がかりである。その一方で独特の幾何学彩文を下地に持つ陶器や火山岩に由来する石材を加工した石製のランプや容器は遺跡の近郊で生産されたと考えられており、遠隔ネットワークと近隣の流通が交錯する網目文様が見え始めている。

さて、この遺跡の後背地である砂漠・山岳部を舞台に、新たなリモートセンシング調査の挑戦が始まっている。この後背地を通過していったヒトの痕跡を碑文学との共同で探る試みである。東海大学のチームは、碑文学の研究者とタイアップして碑文内容の分析を行うとともに、リモートセンシングの専門領域では、これまで碑文がみつかっている地域の岩質に注目して、碑文のありそうな地点を推測していく試みを続けている。砂漠・山岳部の調査は耕地帯や海洋沿岸部の調査とは異なり、たいへん困難で消耗を伴う作業である。四輪駆動車は必須であり、最低限の水や食料の保持や安全性の確保も必須なため、調査の遂行には精神的なタフさも要求される。しかしこの大変な成果が実りつつあり、現在までのところ、初期イスラーム時代のアラビア文字碑文や古代北アラビア文字碑文が多数みつかっている。特に踏査した涸れ谷（ワーディー）内で古代北アラビア文字の一派であるサムード文字C・Dで刻まれた碑文（紀元前後から4世紀頃）と数多くの部族標識、ダウ船やラクダなどが刻まれた岩、初期イスラーム時代のアラビア文字碑文等がみつかっている。こうした試みは、一見リモートセンシングの「遺跡探索」の延長のように見えるが、実は「ヒト・モノ・情報の移動経路や経済ネットワーク」を科学的に復元していく新たな試みでもある。

図8.1.1　サウジアラビア紅海沿岸調査

a) タブーク州山岳部の景観

b) 紅海沿岸の町のモスク

c) 研究対象地区の地図

d) 山岳部の石造りの住居

e) ハウラー遺跡の調査のはじまり

f) ラクダの放牧風景

175

8.2 古代ベトナムの都市空間と方位景観

黄 暁芬

8.2.1 中国古代都市建設の方位の特徴

中国古代都城/都市建設において、真北方位を重視したグリッドプランを採用し自然山河と人工建造物との中軸線配置が特徴的である[1]。それは漢唐帝国の中央都城から地方と周辺の郡県都市建築の基本様式として見受けられる。前漢の南越国宮殿官署と南越王墓(広州市)の発掘調査からは、漢の南越王都・番禺城は、珠江デルタ北側の越秀山麓の丘陵地帯に建造されたことが判明した。南越国都・番禺城の規模と範囲について、未だに確認されていないが、その立地選定は、宮廷官署遺跡や南越王墓の所在位置によって、越秀山と珠江を意識した空間配置が明白である。2013年筆者らの実地調査では、南越国宮廷官署を中心に北京路遺跡沿いの延長線を番禺城の南北中軸線と推測し、その北端は越秀山の一峰(「四方炮台」いう)に当たる(図8.2.1)。衛星画像から番禺城の方位を計測すると、真北から約1.4°の西振れで、越秀山の「四方炮台」地点は、南越国都建設のランドマークとして看取できる[2]。

紀元前111年、漢の武帝が南越国を制圧して、ベトナムの北部を含む、嶺南9郡を改めて編成した。そのうち、交趾3郡(交趾・九真・日南)が紅河デルタ平野に設置された。文献記載が断片的で、中国嶺南・ベトナム北部における郡県都市の調査研究も大幅に遅れ、交趾3郡の所在やその実態などについて、長い間不明であった。しかし、漢式城跡と思われる交趾郡とその属県城址など漢式と思われる城郭遺跡が紅河デルタ平野に数ヶ所残る。以下、代表的な城郭遺跡を考察する。

8.2.2 北部ベトナムに残る古代都市遺跡

「ルイロウ(Luy Lâu)城」、「コーロア(Cổ Loa)内城」などの「交趾郡/交州」に関連する郡県都市遺跡が紅河デルタ平野に残り、1980年代以来の調査と研究によって、遺跡の実態が徐々に明らかになってきている。また、中部ベトナムには後漢末、日南郡の象林県城、後に林邑国初の王都として築造されたチャーキュウ城が現在に残され、国際共同調査によって、林邑国の都市プランと構造も確認しつつある。本稿は、新旧の調査資料をもとに、古代ベトナムの都市空間と方位景観の特色を探ってみる。

図8.2.1 南越国都番禺城の立地・方位景観(作図：恵多谷雅弘)

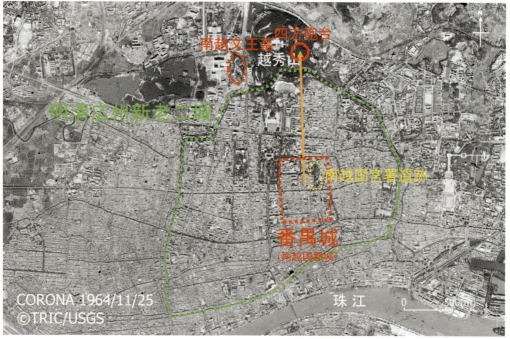

CORONA 1964/11/25 ©TRIC/USGS

コーロア (Cổ Loa) 城

ベトナム首都ハノイ市ドンアイン県コーロア社に残るコーロア城は、紅河本流北側の河岸段丘上に建造された古代城砦遺跡である。この城郭の創設者は、ベトナム史上の伝説の王・安陽王と見なされ(『大越史略』、『大越史記全書』)、造営時期について、紀元前3世紀頃に推測される。この三重構造をもつコーロア城の平面形は、巻貝を真似し水陸両戦にも利用できる安陽王時代の都城だろうと観るほか、外城の南東にホアンサン川が流れ、方形の内城はコーロア城全体の南部中央に偏在し、宇宙論的に自然山水、天円と地方の統一を象徴する見方がある。

現存するコーロア城は内城・中城・外城という三重の城郭構造をもち、それぞれ土塁と城濠(幅10～30m)で巡らしている(図8.2.2a))。外城と中城の平面形は不整形で、土塁の底部幅約20m、残存高は3～8m、外城土塁の周囲長約7.8km、中城の周囲長約6.5km。方形の内城はGPS計測で東西500m・南北357m、それを漢晋期の造営尺=1尺0.2379mの整数換算で、東西2100尺・南北1500尺になり、内城の方位角は真北から1.45°の西振れで、漢式城址である[3]。これまでコーロア城址の調査では、城内外から出土した遺物は、新石器時代後期から青銅器時代、北属期(漢～六朝・隋唐期)、大越時代まで多種多様である。そのうち、瓦磚建材や陶磁器破片、青銅器・鉄器などには、在地と外来の文化要素の混在が目立つ。とくに、半両銭や青銅の弩・青銅の鏃の埋納土坑を発見し、戦国・秦漢初期の三稜銅鏃約1万点を検出した。また、内城区から三稜の鏃の石製鋳型を複数に検出し、在地の青銅器生産、鋳造施設の存在が示唆される。よって、コーロア城は紀元前2～3世紀頃の建設だと見られ、安陽王時代の造営説も提唱されている。

21世紀初、コーロア城の実態を探るため、ベトナムアカデミ考古研究所と欧米の考古学者らと国際共同調査で、まずコーロア外城・中城の土塁と城濠の断面調査を行い、内城壁のトレンチ調査は2014年、米越の共同調査で実施した。よって、三重の城郭や土塁の構造がわかったが、各発掘区から遺物の出土数が少なく、層位学・型式学的な検証データが乏しいし、安陽王時代の造営説にまで遡る確証が未だにない。現時点では、コーロア築城の実年代を知ることは難しいが、三重の城郭をもつコーロア城は、建設時期の異なる城郭都市である、と考える(図8.2.2b))。ほぼ正方位で建てられたコーロア内城では城壁の四隅突出作りが特徴的で、これは魏晋南北朝期の郡県城址にも見られ、内城建築の規格は漢晋期の造営尺度と合致する点を含む、コーロア内城の築造年代は3～4世紀頃に建造された可能性が高い。今後の発掘調査による実証的研究を期待したい。

図8.2.2 コーロア城の立地方位図 (作図：恵多谷雅弘)

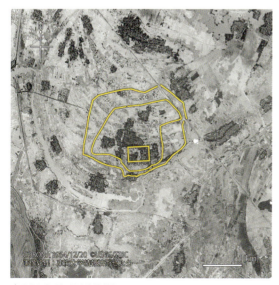

a) CORONA 1964/12/20
©USGS/TRIC

b) Sentinel-2 2020.11/09
©ESA/TRIC

Chapter 8 調査の最前線

交趾郡治・ルイロウ城址

　「交趾郡/交州」とは、紅河デルタ平野における漢～唐帝国南縁の郡県都市である。これまで「交趾」に関する論考は、断片的な文献記載をもとに議論・考察したのが主流で、交趾郡治の所在、政庁都市の実態について、長い間不明であった。2012年、筆者が首都ハノイ市以東19kmのバクニン省順成県清姜社ルンケ村で、古称「ルイロウ」の城砦遺跡とその城東に点在する墳墓群の実地調査を行った(図8.2.3)。前者は、土塁と環濠で囲んだ方形の城郭遺跡で、後者は、大小の墳丘をもつ磚室墓が群在し、漢末～呉初の交趾郡太守・士燮の墓と墓廟が現在も残る。

　2013年、この古城と墳墓の空間配置を重視し、ルイロウ城GPS調査と遺跡踏査を行った。まず、現存する古城址の範囲をWorldView-2画像と、それから抽出したDSMデータの計測で、ルイロウ城の海抜約8m、周囲の氾濫原との比高は+2～3mで、ルイロウ城と城東古墳群の立地条件として河川氾濫の影響を受けにくい紅河デルタの小高い丘が選定されたことが分かった[4]。

　一方、CORONA画像からルイロウ城の南北軸線を北方向に延長すると、仏跡社の梁可山(山頂の海抜約84m)に到達し、それはルイロウ城の立地選定におけるランドマークとして利用された可能性が高い。これは南越国の王都建設の立地選定と共通しており、漢式城址として認められる。さらに、城内外の農地で採集した瓦磚建材、陶磁器片など、遺物の考察分析から、ルイロウ築城の相対編年を3～7世紀、漢～六朝・隋唐期と比定し、「交趾郡治・ルイロウ遺跡」と名付けた[5]。

　交趾郡治・ルイロウ遺跡は、紅河支流の古河道ザウ(Dau)河の氾濫原上の微高地に建造され、現在残る城郭の規模は東西約600m、南北約300mである(図8.2.4)。漢～唐帝国南縁の郡県都市「交趾」の真相究明を目的として、筆者が所属する東亜大学(下関市)

図8.2.3　交趾・ルイロウ城址と城東の墳墓群(作図：恵多谷雅弘)

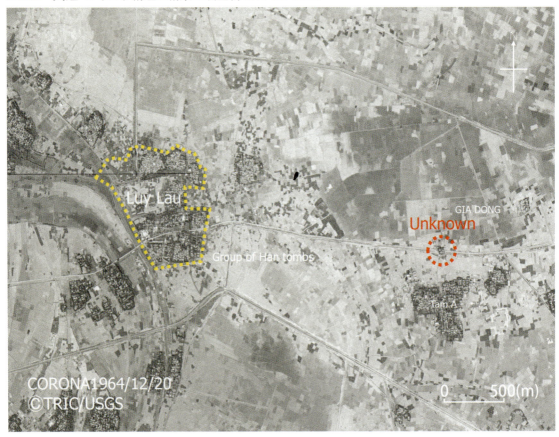

CORONA 1964/11/25　©TRIC/USGS

178

とベトナム国家歴史博物館との間で10年間(2013~2023)の日越共同考古学調査の協定書を交わし、ルイロウ城の発掘調査を計7回実施した。そこで、ルイロウ築城のⅣ期区分(B.C.1~A.D.7世紀以降)を検証し、ルイロウ城郭プランとその空間構造を初めて実証的に解き明かした。その建設方位について、時期ごとにUTM座標値が異なる。築城Ⅰ期(B.C.1~A.D.3c初、漢)の方位角は5.3°の西振れ、Ⅱ期(3c~4c、呉晋期)新築土塁の方位角はUTM座標20.5°の西振れ、Ⅲ期(5c~6c後半、南朝)新築外城の方位角は約12°の西振れである。Ⅳ期(6c末~14c、隋唐以降)7世紀中頃、唐代「安南都護府」の政庁中枢を現在のハノイ市へ移転したあと、ルイロウ城は内城を削平し外城南壁を縮めて改築し、河川交通を利した生産・経済都市となり、中近世まで発展・繁栄しつづけた[6]。したがって、交趾ルイロウ都市建設は創建期(Ⅰ期、漢)、発展建設期(Ⅱ・Ⅲ期、呉晋・南朝)、改革期(Ⅳ期、隋唐以降)という三段階変遷を辿っていたことが判明した[7]。とくに、ルイロウ築城における方位角の変化は、筆者が提唱した「交趾」都市建設の三段階変遷説を裏付ける根拠となっている。

図8.2.4　交趾・ルイロウ城址の二重城郭図 (作図：惠多谷雅弘・黄暁芬)

WorldView-2 2013/11/03　©Maxar Technologies/NTTdata/TRIC

Chapter 8 　調査の最前線

交趾郡下の属県城址

紅河デルタ平野、首都ハノイ市の周辺に複数の漢式城址が残されている(図8.2.5)。

1) MeLinhメーリン城 (Mê Linh城)

ハノイ市北西のヴィンフック省イェンラン県メーリン社に位置し、紅河の北岸に残る城砦遺跡で、漢のメーリン県城と推測されている。後漢初期、徴氏姉妹(チェン)が義挙した際、メーリン城を攻め落としたのち、しばらく活動拠点とされたとの記述がある。現地表には残存する城壁の底部幅約4.6 m、高さ0.3～1.8 m、大凡一辺約190 m四方の城郭で[8]、衛星画像の計測でメーリン城の方位角は約47.5度の東振れである(図8.2.6)。遺跡から漢・六朝の瓦片が少量に見つかり、交趾郡下の属県、後漢のメーリン県城と観る意見が主流で、それを黎朝(れいちょう)の古都としての見方もある。いずれにしても、発掘調査によって検証された実物資料の不足で、メーリン築城の実年代について、未だに確認できない。

図8.2.5
交趾・ルイロウ城と
交趾郡下の属県城址の
位置図
(作図：周孟権・恵多谷雅弘)

Sentinel-2　2020/11/09　©ESA/TRIC

図8.2.6　MeLinhメーリン城の立地・方位図 (作図：周孟権・恵多谷雅弘)

a) CORONA　1964/12/20
　©USGS/TRIC

b) Sentinel-2　2020/11/09
　©ESA/TRIC

180

2) Quenクエン城 (Thành Quèn 権城)

首都ハノイ市の南西、旧ハタイ省クオックオアイ県リエップトゥエット社ダイフ村に位置する城砦遺跡である(図8.2.7)。

紅河の南岸に残されたクエン城は、地表に残された土塁の高さは1.5〜2m、それを復元した方形城郭の一辺約170m[9]、また、衛星画像の計測でクエン城の方位角は5.7度の東振れである(図8.2.8)。この漢式城址は、紅河支流のティック(Tich)川沿いに建てられ、北半を囲んだ形で流れている。クエン城の外濠施設は、自然河流ティック川の一部を利用した部分‐城郭の北濠と東・西濠北段と、人工で建造した南濠と東・西濠南段から構成され、河川交通を重視した港湾都市の建設プランが読み取れる。

一方、漢式の磚室墓は、クエン城の南側に分布した。2023年、ベトナム国家大学ハノイ社会科学・人文大学の考古学実習調査で、クエン城内の遺構を発掘し、文化層から検出した包含物は、雲文瓦当・「萬歳(ばんさい)」文字瓦、印文硬陶を含む土器片や陶磁器破片など、漢代の遺物が集中する傾向が強い。漢の交趾郡下の属県城址として考えられる。

図8.2.7 クエン城址の俯瞰図

図8.2.8 Quenクエン城の立地・方位図 (作図：恵多谷雅弘・黄暁芬)

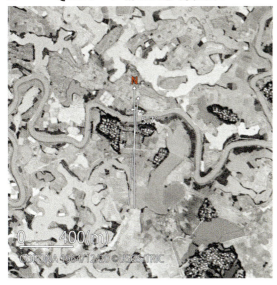

a) CORONA 1964/12/20
©USGS/TRIC

b) Sentinel-2 2020/11/09
©ESA/TRIC

3）クッボ城 (Cúc Bồ 菊蒲城)

　ベトナム北部の海陽省寧江県 Kien Quoc 郷クッボ村に1基の漢式城址が残されている。このクッボ城の南には Luộc 河が流れており、城郭の北部には木槨墓や磚室墓が発見し、この一帯に漢式墳墓群の存在も推定されている(図8.2.9)。

　Cuc Bo クッボ城の周りに Luộc 河の支流などの自然河流や人工運河の流路が見られ、河川交通の利便さも図られていた。衛星画像の計測でクッボ城の方位角は約1.6°の東振れである(図8.2.10)。2019〜20年、ベトナム国家大学ハノイ社会科学・人文大学の考古学実習調査でクッボ城内を発掘し、大型建築址や井戸などの遺構を検出したほか、漢の雲文瓦や「萬歳」・「吉宜子孫」文字瓦当や丸瓦・平瓦の漢式瓦磚建材、陶磁器片も多量に出土した[10]。それによって、クッボ城建設の相対年代がわかり、漢の交趾郡下の某属県城址に該当すると推測できる。

図8.2.9　海陽省クッボ城の鳥瞰図

図8.2.10　海陽省クッボ城の立地と方位景観(作図：恵多谷雅弘・黄暁芬)

a) CORONA 1967/01/15
©USGS/TRIC

b) Sentinel-2 2020/11/09
©ESA/TRIC

8.2.3　中部ベトナムに残る古代都市遺跡

チャーキュウ城 (3c後半～6c)

　ベトナム中部のクアンナム省ズイスエン県に位置し、トゥーボン (Thu Bon) 川の中流域の支流南岸に造営された古城址である (図8.2.11)。『晋書』・『水経注』には、後漢末の日南郡象林県にて漢人官僚の権力闘争で反乱を起した功曹 (官吏) であった區氏の子・逵は、在地勢力のチャンパ (中部ベトナムの河川流域ごとに成長した複数の川筋権力からなる連合体) とも連携し、独立した林邑国を誕生させたと記載されている。横長い方形を呈する城郭で、東西長約1500m・南北幅約550m[11]である。衛星画像の計測により、南壁の直交方向の方位角=東偏3度、西壁の方位角=東偏11度、東壁の方位角=西偏8度になる。また東・西両城壁の方位角の平均値は東偏3度 (図8.2.12)、これは南壁との直交方位角と合致する。これまでチャーキュウ城の発掘調査では、城内遺跡の下層から漢式瓦葺きの建築址、漢の印文陶や瓦建材、呉の人面文瓦などの遺物を多量に検出した[12]ことで、チャーキュウ城はベトナム早期国家である林邑の王都として観るのが一般的である。また、こういう林邑国の国都として王都 (チャーキュウ)・港市 (ホイアン)・聖地 (ミーソン) という三つの重要な地点を擁す好立地で建てられた[13]。

　これまでチャーキュウ城の考古学調査では、土塁南壁の幅33m、高さ約3m、その中、部下層には、幅約3mの盛土の両側に磚積みの壁が造られ、その中込めに瓦礫を混ぜた盛土の高さ約2m、これは城壁造りの「芯」とみられる[14]。また、土塁東壁の断面調査では、東壁の中央には幅2.10mの盛土両側から磚積みの壁 (幅5.50m、残存高1.95m) が造られ、これも土塁を強固する「芯」としてみなされた[15]。2022年、筆者らのルイロウ外城西壁の発掘調査では、これと同工法の磚積みの壁を検出し、5世紀、南朝の築城技術で建造されたものと判明した[16]。したがって、チャーキュウ城の磚積みの壁は、土塁の「芯」ではなく、林邑国の王都建設における城壁作りの実体である。また、チャーキュウ城の築造時期は、5世紀前後に比定し、後に林邑国都の増築工事により、早期の磚積みの城壁を中心に幅33mの土塁が築かれたものだろうと考えられる。

図8.2.11
チャーキュウ遺跡の位置

Sentinel-2　2017/11/14　©ESA/TRIC

図8.2.12
チャーキュウ遺跡の立地方位図 (作図：恵多谷雅弘)

Sentinel-2　2017/11/14　©ESA/TRIC

Chapter 8　調査の最前線

8.2.4　ベトナム古代都市建設の立地景観と方位設定の共通要素

　日越考古学10年協定調査を通して、紅河デルタ平野に残る交趾郡治・ルイロウ遺跡の国際共同調査と7回連続実施した交趾発掘では、ルイロウ築城のⅣ期区分（前1世紀〜紀元7世紀中頃；漢〜六朝・隋唐以降）を検討、把握したうえ、交趾都市建設の実態やその盛衰変遷の三段階変化過程を初めて実証的に解明した。

　一方、現ベトナム首都ハノイ市の周辺、紅河デルタ平野には交趾郡下の属県城址として観られる古代城址が複数残る。これまで発掘で検証された事例が少なく、各城址の建造時期について諸説があり、推測の域を出ない。本文はGPS調査や衛星画像の方位計測で、各城址の立地方位を考察し古城址の相対年代と性格と推定した。まずコーロア内城の方位角は真北から西偏1.45度、クッボ城の方位角は東偏約1.6度でほぼ正方位で建造された。それは秦末漢初の南越国都・番禺城の方位角（約西偏1.4度）、特に秦の始皇帝陵園建築の方位角（東偏1.4度）と合致する点が興味深い。すなわち、前記2城址の創建年代は、

秦末漢初に遡る可能性が高いと考える。つぎの発掘で確認された交趾郡治・ルイロウ築城I期の実年代は、前漢中後期（前1世紀）で、その方位角は西偏5.3度である。クエン城の方位角は東偏約5.7度で、ルイロウI期とほぼ同時に建造されたことがわかる。また、地表に残存するメーリン城の方位角は、真北から東偏約47.5度で、中世の大越国都建設の方位角に一致し、現存する土塁遺跡は漢のメーリン県城に当たらない。さらに、中部ベトナムに位置する林邑国の王都、チャーキュウ城の方位角について、東壁-南壁の方位角は西偏8度で、西壁-南壁の方位角は東偏11度である。ルイロウⅢ期（5c、南朝期）で新築された外郭城の方位角は約12度西偏、ルイロウ外城の方位角と一致し、現存するチャーキュウ城郭の造営年代は5世紀前後に比定することができる。

　以上、方形の城郭を造営すること、いずれも北方位を重視すること、また河川交通の利用を含む都市建設と自然山河との融合をはかることは、ベトナム古代都市建設の立地選定としての共通要素である。

8.3 秦始皇帝の最新研究

鶴間 和幸

8.3.1 始皇帝陵の墳丘をはさんだ東西の遺跡

始皇帝陵の墳丘は長方形の二重の城壁に囲まれている。その墳丘から東1.5kmに兵馬俑坑が位置する。その位置と対称の墳丘西側が今注目されている。私たちは、兵士が東向きの兵馬俑坑と同じものが、西方にもあるのではないかと当初推測した。理由は兵馬俑坑の地上の地勢と同じものが西側にも確認できたからである。

地下5mの深さに兵馬俑坑は作られ、兵馬俑坑の天井部分は当時の地表から1m程度の深さにすぎない。兵馬俑坑は地下の空間を版築の土壁と木材の立て柱、梁、棚木を組み合わせている。1号坑で幅3.5m、長さ220mの長い回廊を10本並べ、その空間に兵馬俑を並べている(p.142参照)。梁や棚木が腐ってしまったために、なかの空間は土で埋まってしまった。とはいえ周囲の土壌の地層とは異なるので、地表をコムギなどの耕地にするには適さない。灌漑水は地中に容易に浸透し、穀物の生育には適さない。その結果、兵馬俑坑の地表では柿の果樹園や、墓地として利用されてきた。同じような果樹園が西側にも確認できた。その共通する地表の地勢から、地下にも兵馬俑坑があるかもしれないと推測したのである。

2011年のWorldView-2画像(図8.3.1)で確認すると、始皇帝陵の西側には果樹園の場所を避ける形で陪葬墓群があることがわかり、中字形墓(墓道2本)が4基、甲字形墓(墓道1本)が3基、墓道のない墓葬1基が確認され、現在そのなかの中字形墓の東から4基目、中央の1号墓(M1)が発掘され、2024年9月その成果が兵馬俑発掘50周年を記念して兵馬俑博物館で展示された。南北に伸びた墓道間は約100mもあり、周囲は濠に囲まれている大型の墓葬である。始皇帝の高官や将軍クラスの墓葬であると考えられる。そこから金銀のラクダ俑、青銅の人物俑、騎馬俑、動物俑、秦半両銭、黄金の帯鉤、弩機などが出土している。墓道には遺体を運んだと考えられる四輪の霊柩車も残されていた。私たちは驪山北麓の緩やかな斜面から水平面を造成して階段地形に墳丘や陪葬墓、陪葬坑を作っていることを確認している。始皇帝陵西側陪葬墓群も断層間の造成地の平面に位置する。金のラクダ俑の後肢には焼き印を押した模様が見え、現在でもラクダを放牧するモンゴル牧畜民にはラクダの保有を示す焼き印の習慣がある。明らかに西域の民が秦に献上したラクダを象徴している。

陪葬墓が避けている空間には果樹園があり、陪葬墓群の左端3基の東西の空間の地下に何らかの陪葬坑が埋まっている可能性がある。西側は学校の校庭、東側は果樹園、ここはまだ調査はされていない。

さらに陪葬墓群から西、兵馬俑坑と同じ始皇帝陵から1.5kmの位置の対称の位置は現在すでにビルと道路になっている。1965年のCorona画像(図8.3.2)は開発前の地勢を見ることができる。耕地のようであり、

図8.3.1 2011年の始皇帝陵周辺

WorldView-2 2011/01/07 2010/12/30
©Maxar Technologies/HitachiSolutions/TRIC

■中字型墓 ■甲字型墓（ー階段地形①〜⑥）

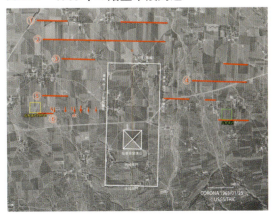

図8.3.2 1965年の始皇帝陵周辺

CORONA 1965/01/25 ©USGS/TRIC

■中字型墓 ■甲字型墓（ー階段地形①〜⑥）

果樹園の地下にある兵馬俑坑とは異なるので、西の兵馬俑坑の発見は期待できないかもしれない。

　私たちは今後も衛星画像からのこのような始皇帝陵の造成地の分析から、陪葬墓、陪葬坑の存在をさぐっていきたい。

8.3.2　秦山島と8番目の始皇帝刻石

　秦始皇の碑が『水経注』では贛楡県の東の巨海（大海）の山上（島）にあるといっているが、その場所は贛楡県の沖合8kmにある秦山島であったと思われる。2018年12月18日、連雲港市重点文物保護研究所高偉所長の協力で20分かけて秦山島に渡った（図8.3.3）。潮が引くと波止場を使えないので満潮時内の1時間半ほどの限られた時間で調査を行った。秦山島は東北方向に伸びた長さ約1km、最高峰の山は55.9m、石灰岩に覆われた島である。西南に神路と呼ばれた中州（地質学では陸連橋と呼んでいる）がS字形に尾のように延びている。2枚のCORONA衛星画像（図8.3.3a）、図8.3.3b))を見ても干潮によって中州の長さは異なる。もう1枚のLandsat8号の画像（図8.3.4）には、島の周囲の浅い海には海苔の養殖棚が数多く見える。この島は秦山島景区という観光地としての開放が準備され、宿泊設備も整っていた。観光案内書では島内の奶奶廟・神路・将軍石・受珠台・琴島桟橋などが紹介されている。

　「海中に岸を去ること百五十歩」（約202.5m）」（『地道記』）、「海に去ること百五十歩」（『水経注』）というのは引き潮のときに現れる神路の中州の長さを指すのであろう。神路は引き潮時には2〜6kmも伸びるという。この海面に浸る場所にわざわざ秦始皇碑が立てられたものと思われる。「潮水が至ればその上に三丈を加う、去れば三尺見わる」（『地道記』『水経注』）というのは、両書で記述が一致する。

　潮の満ち潮で神路が水没するので、現在の復元した李斯碑は山上にあるが、文献の秦始皇碑とは別である。満ち潮には3丈（30尺、約6.9m）の水位となり、引き潮には3尺（69cm）の水位となるという。碑の大きさは長さ（高さ）1丈8尺（18尺、4.14m）、広さ（幅）5尺（1.15m）（『地道記』『水経注』）、厚さは8尺3寸よりも3と8を入れ替えた3尺8寸（0.874m）という数値が妥当である（『水経注』）。満ち潮には完全に水没し、引き潮には下端に水が浸水する。記述から推測する干満差は30尺-3尺＝27尺（6.21m）、ありえる数値である。島の東岸には高さ20メートルほどの自然石の将軍石（COLUMN16

p.170参照）があるが、これと同じように秦始皇碑も水上に立てたのであろう。碑はあたかも潮位を測る水位計のようである。碑の位置は神路以外には当てはまらない。

　碑の文字数が1行12字（『地道記』『水経注』）というのは、ほかの文献にはない数字であり、『地道記』の記述の信頼性を高めるものとなっている。この部分、王隠の『王隠晋地道記』では1行13字となっている。『後漢書』では明末毛晋の汲古閣本、清乾隆年間の武英殿本では13字、商務印書館影印の南宋紹興本では12字となっている[17]。やはり12字の記述を取るべきである。唯一1行12字に配列していることがわかるのは、明の安国所蔵の泰山刻石165字北宋拓本である。それをもとに泰山刻石の1行12字12行を復元することができる（図8.3.5）。泰山刻石の北宋拓本は現在では1行3字の剪装本として書道博物館に所蔵されている。刻石文を引用した『史記』秦始皇本紀の記述では1行の文字数についてはまったくわからない。始皇帝の刻石を復元した北宋の嶧山刻石は1行15字で復刻されている。現在西安の碑林博物館に所蔵されているものである。唯一1行12字となっている拓本は『地道記』の記述と一致し、記録ではもっとも早く、唯一のものである。現物を見ていなければ、大きさも、文字数も記すことはできないと考えられる。王隠の記述も信頼したい。

　之罘・東観・碣石・嶧山・泰山刻石は12行字12行144字の5刻石を基本形とし、会稽刻石は12字24行の基本形の倍の288字、琅邪台刻石はすべての刻石の始まりで顕彰文8字36行288字、臣下の議論31行206字と不規則であることを論証したことがある（鶴間和幸『秦帝国の形成と地域』第4章「秦始皇帝の東方巡狩刻石に見る虚構性」）。秦山島刻石は文面は伝わっていないが、刻石の基本形と合致する。

　秦山島に刻石を残した時期は、7刻石がすべて巡行時に当たっていることから考えると、始皇28（前219）年の第2回巡行（嶧山刻石、泰山刻石、琅邪台刻石）、始皇29（前219）年の第3回巡行（之罘・東観刻石）、始皇37（前210）年の最後の第5回巡行（会稽刻石）の可能性がある（図8.3.6）。秦山島付近を通過した3回のどこかの巡行時に秦山島に石を立てて文字を刻んだのであろう。秦山島付近を訪れなかった始皇32（前215）年の第4回巡行の後、始皇35（前212）年に東門が置かれているので、第2回、第3回巡行であれば東門設置前、第5回巡行であれば東門設置後に秦山島を訪れたことになる。前者であれば、秦山島刻石は東門とは関

図8.3.3　秦山島

a) 全景

b) 東海岸の将軍石

c) 西端の砂州

図8.3.4　秦山島の衛星画像

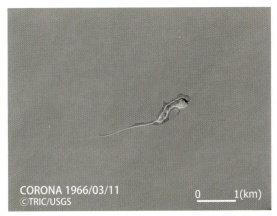

a) CORONA 1966年
　©TRIC/USGS

Landsat8 2017年
　©TRIC/NASA

b) CORONA 1970年
　©TRIC/USGS

図8.3.5　泰山刻石の記述

187

Chapter 8　調査の最前線

係のないものとなり、後者であれば東門設置と一体のものであったことが考えられる。

　東門を始皇帝自身初めて訪れた第5回巡行のときに、干満によって神路が出現する秦山島との遭遇がはじめてあったのであろう(図8.3.7)。近海に蓬萊・方丈・瀛洲の三神山の一つがあると考えてもおかしくはない。第5回巡行は、はじめて咸陽から長江に出て北上するという左回りの経路をとった。東門から琅邪台の離宮に北上する途上、秦山島に立ち寄ったものと思われる。東門と秦山島の距離は近い。『史記』秦始皇本紀によれば、第5回の巡行では、会稽山を訪れた後、呉を過ぎて江乗で長江を渡り、「海上に並いて北のかた琅邪に至る」という。海岸に沿って陸上を琅邪台に向かったから、当然東門を通過し、海岸から秦山島を眺望したものと思われる。引き潮で中州が視界に入っていれば、当然秦山島に渡ったはずである。琅邪台からは海に出て山東半島の突端の成山を船で回って之罘に行き、黄河河口から平原津に至って病気となった。その後、沙丘の平台で死去した。琅邪台では方士の徐市(徐福)と再会した。海に出て神薬を求めたが、実現しなかったことをかれは詫びた。その代わり、三神山の一つ蓬萊で連発の弩を名手に射させることを提案した。始皇帝は海神と戦う夢を見た。東門以降、始皇帝の頭の中は海神のことで夢中であった。秦山島を置いてこの地の海岸には三神山に匹敵する島は見えない。

　秦山島は後世に始皇帝の伝説の地として名付けた名称であり、始皇帝のときに何と呼んでいたかはわからない。しかし4世紀に東晋の著作郎の王隠が始皇帝碑に、具体的な数値を挙げて現場の状況に言及し、さらに5、6世紀にも酈道元がそのまま言及したことは、秦山島の地勢から見ても信頼に足るものであったと考えられる。

図8.3.6　**7刻石の分布図**

図8.3.7　**始皇帝の巡行図**

8.4 研究者達が語る：
座談会「宇宙からの眼で遺跡を解く」

出席者
恵多谷 雅弘 （リモートセンシング：東海大学情報技術センター・研究員）
長谷川 奏 （エジプト考古学：早稲田大学総合研究機構・客員教授）
村松 弘一 （中国古代史：淑徳大学・教授）
福島 恵 （東西交渉史：日本大学・准教授）

以下は、2024年6月29日（土）に東海大学情報技術センター（品川キャンパス）で開催した宇宙考古学座談会**「宇宙からの眼で遺跡を解く」**の内容を収録したものである。

恵多谷 それでは「宇宙考古学−宇宙からの眼で遺跡を解く」、というテーマで座談会を始めたいと思います。今日は、現在、宇宙考古学の第一線で活躍されている3人の研究者の先生にお集まりいただきました。初めに3人の先生方と情報技術センターの関係について私から簡単にご紹介します。

まず、早稲田大学の長谷川先生はエジプト考古学がご専門で、考古学の側の立場で吉村作治先生とメンフィス地域のリモートセンシング調査に関わられてきたことはパネルディスカッション（Chapter1：対談「古代エジプト×古代中国〜共通性を探る」）でも紹介させて頂きました。1995年に始まったエジプトのダハシュール北遺跡の探査と発掘をはじめ、ナイルデルタやサウジアラビアなど、約30年間にわたって遺跡調査でご一緒しており、中国の皇帝陵の調査にも参加されています。

次に淑徳大学村松先生ですが、鶴間先生のお弟子さんで、中国古代史を専門とされています。学習院大学にいらしたときの東アジア海文明の歴史と環境調査や始皇帝陵の調査、その後の秦東門の調査などでご一緒しています。鶴間先生や長谷川先生らと行ったエジプトの遺跡環境調査にも参加されています。

最後に日本大学の福島先生ですが、村松先生と同じ鶴間先生のお弟子さんで中国古代史を専門とされています。2007年の東アジア海文明の調査以来のお付き合いで、秦東門の調査でもご一緒しています。大学院生の時には、情報技術センターで中国の現地調査の準備をお手伝い頂きました。

では本題に入ります。まず、3人の先生方に宇宙考古学との出会い、例えばどのような調査を行ったか、従来の調査との違い、困ったこと、苦労したこと、そういうことについてお話しいただきたいと思います。

まず長谷川先生お願い致します。

長谷川 私と宇宙考古学との出会いは、1990年代

Chapter 8　調査の最前線

の半ばに東海大学の坂田先生と早稲田大学の吉村と、それからあと元興寺文化財研究所の坪井清足先生の3人がチームを組んで、エジプトのメンフィスという古代エジプトの行政都市とその埋葬地を事例に、宇宙考古学という手法を応用して分析してみようじゃないかというプロジェクトが始まり、そこに誘っていただいて初めて、恵多谷先生とも知り合うきっかけを得たわけです。私も宇宙考古学という分野に接するのは初めてだったので、恵多谷先生とグランド・トゥルースにご一緒していろいろな経験をさせていただいたわけです。まず一番驚いたのは、恵多谷先生からちょっとおもしろい反応があると言われたものの多くが、考古学の方のセンスからいうと大分外れたところにあって、いくら何でもそんなところに人間活動の痕跡はないのではというところが結構たくさんあった点です。ところが実際に行ってみると、どうしてこんなところに人間活動の所産である土器片や石灰岩の掘り屑が落ちているのだろうという、何とも不思議な結果になったことが多くて、新鮮な驚きの連続だったということを覚えています。

あともう一つは、これは私たちのような文系の考古学をやっている者からすると新鮮な発見であったのですが、恵多谷先生などはたくさんの仮説を立てて、それをすぐに撤回したと思えば、また次の仮説を立てて検討するという研究の手法です。なぜなら、私たち考古学ではデータを積み上げるのに時間がかかり、さらにそれを今度地域の広がりの中で説明したり、長い時間軸の中でその特殊性を強調しようとすると、すごく仮説を立てたりするという作業は時間がかかるものですから、なかなかそれができないのです。いろんなことを考えては、その可能性を繰り返し検討する実験的な研究スタイルは初めての経験で強い印象をもったことを覚えています。

恵多谷　ありがとうございます。では次に村松先生お願い致します。

村松　私は中国の古代史が専門です。大学院生の頃、1990年代のことですが、漢の長安や秦の咸陽の都市水利の問題、また、秦の鄭国渠や漢の成国渠という灌漑用水路について興味を持ち、いわゆる環境史の研究をはじめました。衛星データを歴史研究に活かすという方法については、大学時代に鶴間先生からLandsatを利用した漢代の皇帝陵や黄河の変遷に関する研究についての講義をうかがい、興味を持っていました。2000年代に入っ

恵多谷 雅弘

長谷川 奏

て、私が中国・西安に留学しているころ、恵多谷先生が考古学・歴史学・美術史の先生方とコラボレーションして西南シルクロードの調査に参加していると知り、その後、お会いすることができました。いろいろお話させていただいているなかで、衛星写真の人文学への活用、さらには「宇宙考古学」というものに興味を持つようになりました。そして、2000年代の後半から、恵多谷先生と始皇帝陵や漢代の皇帝陵の調査に行きはじめました。

特に秦の始皇帝陵の調査の中では、考古学者は兵馬俑の発掘調査に重点を置くと思いますが、衛星写真を使うことによって、始皇帝陵を広い視野から見ていくことで、始皇帝陵の設計の構想と空間に関することへ切り込むことができたように思います。どのようにして驪山の傾斜部を平地にして陵墓を造ったのか、また、建設の基点となる基準点はどこにあるのかといった調査に焦点をあわせるという発想まで及びました。宇宙考古学の研究者との共同研究によって、私たち歴史研究者がそれまで注目していなかったような新しい視点、そして、新しい史料としての衛星データに興味を持つようになりました。現在では、始皇帝陵の陵園というある地域の空間から、秦帝国全体という広大な空間にも注目するようになりました。そのなかで、秦の西門、東門、さらに始皇帝陵の真北、内モンゴルにも共同調査に行きました。宇宙考古学の視点を加えることで、ミクロからマクロへと空間を変えながら歴史研究をすすめることができました。

宇宙考古学というのは、今後も歴史研究に多くの影響を与えていくのだろうと思います。そして宇宙

190

村松 弘一

福島 恵

包頭南の黄河と浮橋

考古学は、東アジアと中央アジア、そしてエジプトまで同じ方法論で研究ができるので、コラボレーションすることによって、よりグローバルな視点から歴史研究ができるようになると期待しています。

恵多谷 これまでの調査で困ったことってありますか。何でこんなことまでするのかとか。

村松 そうですね、グランドトゥルース（現地調査）では、衛星写真でとらえた地点が立ち入り禁止の場所であってもたどり着こうとしますので、一緒に行く者としては、なかなか大変です。しかし、それでも実際に見ると、その地点の地理環境や土壌などがわかります。秦の東門の調査では特にそう思いましたね。現地の考古学者が調査してみたら、漢代の遺跡が存在する可能性があるかもしれないわけですから、もしそこに行ってなければ、そういった痕跡を発見することもなかったでしょう。

恵多谷 あの調査は楽しかったですね。

村松 そうですね。危険がいっぱいでしたけれどもね（笑）。内モンゴルでは列車に乗り遅れそうになったこともありましたね。調査でバスに乗っている時に、地図上で、近くに黄河があるから寄っていこうとしたんですね。そうしたら、意外に遠くて、包頭駅に着いたときには、もう列車が駅に来ていて、必死に走りました。

恵多谷 私は、中国では、外国人が鉄道を利用する際に手続きが必要だということを全く知りませんでした。

村松 中国で列車に乗るとき、外国人ですとパスポートとかいろいろ手続きが面倒ですからね。

恵多谷 荷物検査も何とかパスして、スーツケースをかかえて必死に階段を上りましたね。

村松 でもあの時、屈曲部の北側の黄河を見ておいてよかったなと思います。黄河というと対岸が見えないぐらい大きい河川というイメージですけど、包頭の南の黄河は、船をつなげた浮橋で対岸に行けるぐらい、川幅が狭かった。ここを遊牧の民は馬に乗って越えたんだなと、よく分かりました。

恵多谷 私は、黄河をあの時初めて見ました。これまで黄河と関わる調査していて、衛星画像では源流から下流まで詳しく見てきたのですが。

村松 そうですね。共同調査では、それまでは渭水とか涇水には行ったことがありましたけれども。

恵多谷 では同じ質問を福島先生お願いします。

福島 はい。私は先ほどご紹介にあったように、院生時代から鶴間先生のところで学ばせていただきまして、自分では弟子筋では一番末っ子だと思っています。東海大学に連れてきていただいたのは、先生たちがやっている研究を見学に来るという感じで付いてきたのが最初でした。

鶴間先生のゼミでは伝統的な文献資料中心の歴史研究だけでなく、歴史地理学的に古環境を復元したり、考古遺物を統計的に使ったりとか、ありとあらゆる手法を使って昔を復元しようとしている中で、その一つの方法として今注目されるものだということで連れてきていただきました。ちょうどその私が来た時には、東アジア海の歴史と環境というプロジェクトで日中韓の大学が協力して東アジア海の海をめぐる環境を、歴史を考えてみようという研究が行われていて、山東省の蓬莱が基点になる町だということで調査するということになり、古い地図とかを使いな

Chapter 8 調査の最前線

がら街を復元してみようというのが多分最初だったかと思います。

恵多谷 韓国まで船に乗って行きましたね。ソウルから船に乗って黄海を渡って。

福島 海の色の違いを見たりとかしながら、蓬莱に日中韓の研究者が30人ぐらい集まった、それぞれ担当するプロジェクトチームでいろいろな方法で集まったという形だったと思います。

村松 煙台から大連までも船で行きましたね。

福島 先ほど私の専門は古代史としていただきましたけれども、鶴間先生の弟子筋では一番新しい時代を専門にしていて、隋唐時代、それもユーラシアの東西シルクロードの交流について研究しています。その唐代に朝鮮半島とか渤海の地域から来た使者が必ず通る施設が、この蓬莱という町、当時の登州という町にあるということで、その施設の場所がどこなのかというのを知りたくて、そんなこと分かるんだろうかと思いながらも、この町を衛星画像で見てみたのが宇宙考古学を使った最初の仕事で、とても印象的に残っています。すごく驚いたことは、従来の調査との違いです。普通の歴史学の調査でも事前にたくさん準備していくのは同じではあるんですけれども、私も碑文の調査によく行くのですが、碑文の調査の時は碑の内容を事前に文字に起こして意味をとって、どの字がわからないかとか、ここを見たいというのを確認していくのですが、東海大学と一緒の調査だと、調査に行く前に何度も地図を見てから行くので、不思議なことに、初めて訪れた町なのに、この先曲がっているとか、この先下がっている、上がっている、丘になっているというのがすぐにわかるという、それぐらいの感じで頭に入っているというか、体に叩き込まれているということが大きな違いだと思っています。先ほど村松先生がミクロからマクロへというお話をされていましたけれども、私も似たことですが、文献史料は何か平面的な感じなのですが、リモートセンシングを使うと3Dになって立体的に理解し、考えることができる、そこが一番違うのかなと私は思っています。東海大に来るようになった当初、恵多谷先生が地図を見ると立体に見えるという話をされていたのを聞いて、私はそんなことあるわけないと思っていたのですが、おかげさまで、ここに来るようになってから地図を見て、だんだん見方がわかってきて、私は東海大の先生方と同じようには見えてはいないと思いますけれども、衛星写真や地図を見ると、こ

こが下がっているとかが少し見えたりすることがあるようになってきたように思っています。この地図を見て地形が見えるようになったというのが、私の中ですごく意味があることで、文献史料を読むときにも、地形を見ながらだと文献だけ見ているのとは捉え方がやっぱり違うと思っています。歴史的なものが起こるところには地理地形の理由というのがあると思うので、その辺が因果関係を考えながら考察することが、まだまだですが、できるようになってきたかなと思っています。

あと、宇宙考古学で苦労したことですが、私は鶴間ゼミの末っ子的なところがあるので、史料整理などの基礎作業を担当することがあるのですが、どういった史料を整理すれば恵多谷先生たちのチームが使いやすいデータになり得るのかというところは、難しいです。ちょっと探りながら、連絡を取りながら、どのデータをどうすれば使えるものになるのかが大変です。それ以前に、そのように使える史料があるのかを探すこと、そしてどう提供できるのかという問題もあります。これは、文献史学と宇宙考古学の間にある問題のような気がしていて、この点が大変かなと思います。私の想像力が足りないのかもしれないんですけれども…。でも現地調査は楽しいです(笑)。

恵多谷 秦の東門の調査では福島先生に文献を沢山調べて頂いて、始皇帝に関連した文献とか、始皇帝が巡行した場所の記述がある文献とか、秦代や漢代だけではなくて、さらに新しい時代の文献もそろえて頂きました。その中で、私が始皇帝の東門を立てた場所が分かりそうな史料を探していることを先生にお伝えすると、太平寰宇記という宋代の史料を探して送って下さいました。太平寰宇記には東門の建造地点と考えられている朐山県（くざん）の位置の特

石碑座（頂部に碑槽をもつ高さ約5mの石）

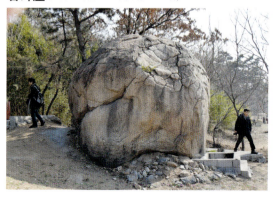

定に必要な周辺の城などからの里程の記述があって、それをもとに衛星画像を解析したところ、秦東門を祀った植石廟が東海廟遺跡の石碑座近くにあったのではないか、ということが分かってきました。それについては現在中国側が発掘調査中で、私たちは今その結果を期待しながら待っているところです。その結果が分かるのが来年になるか再来年になるか分かりませんが、私はそうした宇宙考古学の醍醐味というか面白さを、もっと沢山の人に知ってもらいたいと思っています。この本の出版もそのためのものです。

ところで先生方からすると、リモートセンシングで何が一番ほしい情報でしょうか。もちろんここに遺跡があるよという情報が欲しいというのは分かるんですけれども、それをすぐに見つけるのはなかなか難しいので、先ほど福島先生がおっしゃられた地形の情報だとか。

村松　中国史を研究する時、特に歴史地理に関わる研究をする時には地図が不可欠なのですが、前近代の中国各地の地方誌などに掲載されている地図は、縮尺や方向など正確に書かれてはいません。本来ならば、正確な現在の地図も欲しいところですが、残念ながら外国人の私たちは中国の詳細な地図を手に入れることはできません。そういう状況のなかで、きちっと補正がなされた衛星データは極めて重要な資料となります。このデータがそろって初めて自然環境と人間の関係史の研究がスタートすると言えるでしょう。

そして、現在、外国人の私たちは、残念ながら以前ほど自由に中国国内を調査できる状況とは言えません。その意味でも、歴史研究にとって、より一層、リモートセンシングを利用した研究の重要性は高まっていくと思われるのです。

恵多谷　リモートセンシングの中で、衛星データを幾何学的に補正して、実際の地上と同じ座標系にすることができるんですね。そのときに投影法がいろいろあって、地球が丸いので、地図のように平面にするとどこかに歪みが出てしまいます。そのときに、例えばあるところを中心にして、そこからの距離を正確に示す投影法があります。ある1点を中心にして、そこから放射状に距離を正確に投影した距離の画像を作成することもできます。特殊な地図ですけれど、そういう提案もできるので、例えばある地点からの距離を知りたいときは、先ほど言った太平寰宇記で

は里程画像というのを作成したんですが、リモートセンシングではそういう投影法というのも一つの重要な画像処理の要素です。

オルソ画像というのがあります。例えば、ピラミッドを斜めから撮影するとピラミッドは地面よりも高いためにどうしても歪んで写ってしまうんですね。それを標高データを使って補正すると、あたかも真上から撮影した画像に補正できるんです。そういった皆さんにあまり知られていないリモートセンシングのテクニックを知ることで、考古学の利用分野も広がるかも知れません。

では次の質問です。3人の先生にうかがいますけれども、宇宙考古学でこれからやってみたい調査はどんな調査でしょうか。

長谷川　恵多谷先生を通して、宇宙考古学という分野を知るようになって、かれこれもう30年経つわけですけれども、私なりにこの30年間を見てみると、リモートセンシングの応用がファーストステップ、セカンドステップ、サードステップみたいな形で位置づけられます。そのファーストステップは、エジプトのメンフィスのネクロポリスでの研究なのですが、エジプト文明の一番の源であるナイル川とその沃土が対象になっていて、沃土地域に生活をしていた人たちとその人たちが埋葬を営んだ石灰岩盤との関係をテーマにしてきました。

次のセカンドステップは、エジプト文明が衰退して、特に地中海文明が関わってくる時代になるのですが、今度は自然環境でいうと、海洋と大陸のへりの部分である海岸、そしてさらに内陸に入って低地帯における人々の暮らしぶりがテーマになりました。海辺であるとか、それから低地の湖などをやっていくうちに、そこにかつて形成されていた海岸砂丘と内陸砂丘が重要なキーワードになったのは、そこが重要な遺跡のテリトリーとなるということがわかってきたからです。しかしそれらの内陸砂丘や海岸砂丘が、近代の開発で大きく削平されて、果樹園などに変わっていき、湖の湖面範囲もどんどん縮減していくという環境変化がセカンドステップの研究のとても面白かったところでした。ファーストステップだけで終わっていると学術発掘の世界だけで終わっていたかもしれませんが、セカンドステップの問題というのは、近代以降の開発の歴史が非常に深く関わっていて、開発によって自然環境が大きく変わっていくというテーマに結構正面から取り組めるテーマであることから

193

Chapter 8 　調査の最前線

遺跡探索とはまた違う、遺跡環境へのアプローチみたいなものを恵多谷先生と一緒に考えることができているというのは、これは非常に楽しいことです。

そして今、実はもう一つ同時にサードステップが進行中です。今度は紅海という海の港を舞台にし、港から入っていった人や物が、広範囲の砂漠や山間部の道を抜けて移動する道筋をサーチするという、私の方は主に港湾部の発掘をし、恵多谷先生は後背地の方の山間部で人や物が移動してた経路を碑文研究のフィールドとタイアップして進められているというのは、非常に私にとっては刺激になっています。このサードステップのチャレンジですが、経済ネットワークとか宗教ネットワークを復元していくという大きなチャレンジを恵多谷先生はされているのかなと思っており、その辺が一つの大きな楽しみになっているとも思っております。

恵多谷 長谷川先生も後背地の調査にももう少し関わって下さい（笑）。

長谷川 いやいや、そうしたいのはやまやまですが、なにせ山岳部で活躍するだけの体力がありません（笑）。今、このモニターの横にかかっている写真を見ていて思い出したことがあります。エジプトではワーディーという涸れ谷のところに砂がたまるか、発掘の廃土が溜まっているのですが、ああいうところに何か反応地点があっても、「ちょっと辛いから現地踏査はやめておきましょうか」などと私が言おうとすると、恵多谷先生は必ずああいうところも平気で行くのですね（笑）。すごく歩きにくい深いところも気にされないようです。一方、ダハシュール北遺跡の場合は、ああいう深い堆積土のあるところではなくて、ほんの10センチ、20センチ掘ると、今から3300年前の世界に到達できるという非常に幸運な環境にあったので、ほっとした記憶があります。また、この下の写真に写っているのは、私が鶴間先生、村松先生に中国の西安に連れて行っていただいた折のものですね。

恵多谷 白いカバンを持っている人が長谷川先生です。

長谷川 これが私ですか。非常に辛そうな、もう帰りたいっていう雰囲気が感じられますね。よもや一つ一つの反応地点の候補の山の全部に登られるとは思ってもいなかったので、「私は下でお茶でも飲んでいるので、恵多谷先生行っていらっしゃったらどうですか」と本当は言いたかったんですが、それが言えなかった（笑）。

恵多谷 先生は今、地中海の遺跡を発掘されていますが、先日そのことで情報技術センターにいらした時に、私がCORONAの画像が遺跡調査にも使えそうだというお話をしました。今度是非その辺りも調べて頂きたいです。

長谷川 恵多谷先生がナイルデルタの調査で利用されたものに、1960年代のアメリカの偵察衛星CORONA画像がありましたね。CORONA画像というのは、アスワーン・ハイダムができる以前の自然環境を復元する大きな手がかりになるので、エジプトの場合は非常に使いでがある資料になります。そういうものを仔細に見ていくと、湖周りの施設や道のあり方に加え、道がどんなふうに走っていて、港の施設がこんなところにあったのかといったことも考えることができるかなということで、期待しています。決して高解像度の衛星画像だけではなくて、そういうCORONA画像のような資料も大いに活用しながら研究を深めていきたいなと思っています。

恵多谷 そうですね。ナイルデルタは広いですが、CORONAの衛星画像は、そういう変動が激しい地域の調査に有用で、いろいろな新しい情報が得

ピラミッド・デルタの調査（エジプト）

秦・漢・唐の皇帝陵の調査（中国）

ナイルデルタ（エジプト）のCORONA画像
CORONA　1965/01/25　©TRIC/USGS

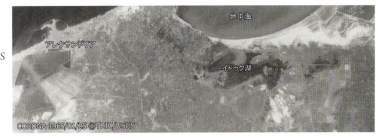

られる可能性がありますし、データ自体の価格も安いので、もっと活用したらよいと思います。

長谷川　あとは特に紅海沿岸の港町の調査でぜひやってみたいと思っていることもあります。エジプト調査では砂に被覆された下にある遺跡の像をつかむことがテーマだったのですが、是非海の下を覗いて港町の構造を捉える、というのをやってほしいですね。これは分かりやすく言えば、水中考古学とのコラボになると思います。この点に関しては、今、サウジアラビア政府が関心を持っていまして、紅海沿岸では水中考古学がやられた例が少ないので、政府の方からも非常に期待してくれている現状があります。水中考古学で探査する遺跡を対象にリモートセンシングでも水中を読み解くことができないでしょうかね。

恵多谷　衛星リモートセンシングの立場から言いますと、水中を見るのはなかなか難しいですね。ただ、紅海の沿岸にはサンゴがいっぱいあるんですね。そのサンゴを見ていると、水深がある程度は分かりそうですね。

長谷川　その点はおそらくすごく重要だと思っています。ビジュアル的な景観として見るとサンゴ礁は非常に美しくて素晴らしい景観になるのですが、船でやってくる人たちにとっては大変邪魔なものでもあります。港部分にすぐには近づけずに桟橋などを利用も考えてヒトを渡らせたり、サンゴ礁を切り込んで船を導入して修理することもあったでしょうから、そのあたりを少し踏み込んで見てみたいという気がします。

恵多谷　例えば、今、先生が発掘されているハウラーの遺跡ですが、先ほど話が出ていました秦の東門の調査のなかで、それと関連して建てたと考えられている植石廟の所在地を探すとき、最初に昔の海岸線を衛星画像でシミュレーションするんです。ハウラーでは昔の海岸線がどうであったかはまだ分かっ

ていませんが、秦の東門遺跡の調査では、まず標高データを使って海面水位が何メートル上がると海岸線はこう変化するということを調べて、さらに文献史料に合致する条件を考慮しながら当時の海岸線を推定するなどして、植石廟や東門の所在地を推定しました。

紅海沿岸の古代の海岸線の資料はないでしょうか。例えばローマ時代の遺跡を考えた時、当時の地表面はおそらく今よりも下にあります。そういう考え方で衛星データと地形モデルを組み合わせた画像解析をすれば、当時の海岸線が分かってくるかもしれません。

長谷川　今、私たちが発掘をしている遺跡そのもののデータ取得はすぐには困難でも、紅海沿岸の同じ地溝帯の両側、すなわちエジプト側とサウジアラビア側は巨視的な形で見ると、自然環境の面では共通点も多く、よい比較事例になります。そういうのは、例えば19世紀から20世紀にかけての旅行記に書かれているスケッチなどを利用したりということも可能で、イメージを膨らませて考えていきたいと思います。

恵多谷　あの辺りはせっかく何年も調査しているので、港の可能性のある地形を探してみたいですね。

長谷川　そうですね、これは恵多谷先生も取り組まれていることですが、おそらく港の形成論理は海の側からの論理だけではなくて、港の後ろ側の山から流れてくる降雨による洪水をどう避けて、どのように安全な環境で港を作ろうとしていたのか、といった問題とも関わってくると思うので、その点を総合してやれたらなと考えています。

恵多谷　それからあと一つ、先ほど碑文の話が出たんですが。私はサウジアラビアの調査で碑文探査を行っています。福島先生も碑文がご専門ですが、私達のこれまでの調査で西アジアとの関係を示唆

Chapter 8 調査の最前線

紅海沿岸ハウラー遺跡周辺の衛星画像
(Landsat8/OLI)

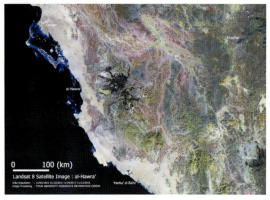

©TRIC/USGS

するフタコブラクダの岩絵が出てくるんです。もしかして福島先生がやられているソグドの地域では逆のものが、つまり中東地域のヒトコブラクダの岩絵がでているかもしれないと思っているのですがどうでしょうか。そういう古代中国、古代エジプト、古代サウジアラビアとか、その辺の経済ネットワークとか、いろいろな物の動きとか、そういうもののつながりを、それぞれの専門家が互いに現地を訪れて、比較しながら調べることで、例えば私たちがやっている分野横断型のクロス調査のようなことですが、それによってまた何か新しいことが分かるのではないでしょうか。古代におけるサウジアラビアと西アジアの共通性とか繋がりとか。

長谷川　アラビア半島は広大な世界ですが、ほとんどは荒れた砂漠で、アラビア半島を東側に越したところには肥沃な大河のほとりに形成されたメソポタミア文明の地があり、一方の側にはナイル川のほとりのエジプト文明の地があります。つまりアラビア半島は、その両文明の間に挟まれた地域であり、一般的には「肥沃の三日月地帯の裏側」といった位置づけをされたりします。アラビア半島には、確かに生産性という面では非常にメソポタミア文明とかエジプト文明のような生産性はないのですけれども、逆に今度そういった地域性を活かして、点と線を結ぶようなネットワーク、つまりはオアシスとオアシスを結ぶ、あるいはオアシスと都市を結んで、香料や香辛料を運んだりするヒトやモノの動きがあるという点

では、まさに福島先生がやっていらっしゃるソグド商人の世界というものと共通性を持つ世界というのはあるかもしれませんね。

恵多谷　福島先生、サウジアラビアとか行ってみては…。私の研究手法の中では、古代中国をより深く理解するために、他の文明を知っておいて、その上でまた中国を見直すことが重要ではないか考えていて、特に共通性などを理解することで、自分の研究の世界がさらに広がると思うのですが。福島先生は私たちと一緒にそういう研究もやってみたいと思いませんか。

福島　そうですね（笑）。今のお話を聞いていて、ちょっと話が戻るのですが、先ほど経済や宗教のネットワークの復元という話をされていて、私も実はこれからやってみたいことで同じようなことを言おうと思っていたんですよね。私が普段取り組んでいるソグド人について、彼らのネットワークがあるというのは分かっているのですが、その都市の場所の点は幾つか落ちるのですが、それがどのように広がるのかというのはそれこそ3Dに知りたいなっていう気持ちがあります。ネットワークの復元には、ルートが大事だと思うのですけれども、例えば遊牧民が中国に侵入してくるルートだったりとか、インドに仏教を求めに行く僧侶たちが通っていくルートだとかというのは、大体のルートは分かっているのですが、その標高差とか、気温とか、湿度とか、そういうものを考慮するとどれぐらい辛いのかということが分かったり、軍隊をたくさん連れていった場合に、果たしてそのルートが可能なのかということがもっとリモートセンシング技術を使って、古環境の復元の先に、そういうことができたらいいなと個人的に考えています。そうすると、その防衛施設をどうやって置いたのかとかが逆に分かったり、それこそ東アジアが西アジアやインドとどうつながっていったのかとかが分かったりして、面白いかなって思っています。

それで私が西アジアの方に行くかどうかということなのですが。見るチャンスがあればとは思います。ただちょっと難しいなと思っているのは、岩画はいつの時代かをなかなか掴めないので、歴史学の研究と合わせたときに、どのように使えるかなというのがまだちょっとよく分かっていません。研究には活きてくることだとは思うのですが、どう成果を出すかが難しいなと思っているというのが正直なところです。

恵多谷　今、長谷川先生達との研究で碑文や岩絵

の調査を手がけていて、衛星データでそれらが描かれている岩や、描きやすい岩が分かるようになってきました。私はそれと同じ手法を中国でも応用したいと思っていて、鶴間先生にご相談したところ、福島さんにお願いしたらどうかと言われまして。それでもし中国での応用がうまくいけば、サウジアラビアで育った調査手法が中国でも使えるということになります。私が今サウジアラビアで用いている方法論は、元々はエジプトで開発したものです。私の研究で目指しているところは遺跡探査手法のグローバルスタンダード化ですので、エジプトで開発した方法論がサウジアラビアでも中国でも有効ということが実証できれば、目標にさらに近づけるのではないかと思っています。

福島 今モンゴルで結構遺跡の発見が相次いでいたり、中央アジアの方でも日本隊が入って発掘したりしています。2017年にもモンゴルでは後漢が匈奴に勝利したことを記した後漢時代の燕然勒石という岩に彫られた石刻が見つかっていて、その見つかったとされる場所をとりあえずGoogleEarthで見たのですが、そうすると文字が刻まれるのはこういう岩場なのかというのが分かりまして、他にも文字が刻まれた岩を発見できるのかもしれないと思ったりもしました。

惠多谷 中国やエジプトやサウジアラビアという広大な領域の調査では、遺跡間のつながりとか、水との関係とか、ある一つの遺跡だけを見ていたら分からないことが沢山あります。私は宇宙考古学の研究テーマとして、そういうことにも着目した調査をこれからも続けていきたいと思っています。

では最後に皆さんにお聞きします。この本の出版の趣旨は、これから宇宙考古学に取り組みたい人、あるいは今考古学の研究をしているけれども、衛星データをどうやって使っていいか分からない、という方達に必要な情報を提供したいということですが、そこで、これから宇宙考古学を導入する研究者や、将来やってみたいという大学生、高校生、中学生の方に、これまで宇宙考古学に携わってきた皆さんからアドバイスをいただければと思います。

まず、村松先生、お願い致します。

村松 私は中国大陸の中心にある農耕地帯の周辺、西北の遊牧・牧畜との間の黄土高原や東の海に生きる人々との間の世界、例えば連雲港ですね、そういったところの歴史を考えてみると、気候変動というものが、境界の世界の歴史に大きく影響を与え

ていると思うのです。環境の変化によって、境界領域で、時には人と人とが争ったり、また、時には、人と人とが交流して新しい文明ができていくと思います。そういった意味で、黄土高原や海岸地域は重要な意味を持っていて、様々な視点からそういった地域の歴史を考える意味があると思います。方法論もこれからさらに構築してゆく必要がありますが、さきほど話にありました岩画の分布から砂漠地帯やオアシス地帯で人々の歩いた道を復元することができると思いますし、近年盛んに発掘成果が報告されている北方遊牧民の匈奴の都城・集落遺跡から黄土高原までどのようなルートでつながっていたのかなどは面白いテーマであると思います。そして、そのルートや交流の道は、気候や環境の変化によって、匈奴の時と、鮮卑の時と、突厥の時で変わってきます。東方の海岸線も黄河や長江の土砂が堆積することによって変化します。連雲港の周辺も河川の泥が溜まって、もともと島が連なっていたような所が陸続きになっていきます。そういった北方の草原地帯であれ、東方の海岸地帯であれ、人と環境の時代による変化をより広い視野から見ていくという点において、宇宙考古学の中国史や中国考古学の研究に与えるインパクトは大きいと思っています。

惠多谷 先生はご自分の学生に宇宙考古学を学ばせたいと思いますか。

村松 そうですね、学生が興味を持っているテーマの方法論として有効であれば是非、宇宙考古学を学んで欲しいと思います。文献史料を読み込むことも重要ですし、考古学の成果の情報収集もしっかりおこなう必要はありますが、そこに加えて第3、第4の史料を得るためのツールとして宇宙考古学は極めて大事であると思います。宇宙考古学によって文献史料と考古資料だけでは見えなかった事実が見えてきたりしますから。

惠多谷 ありがとうございます。

福島先生はいかがでしょうか。

福島 私は授業で、先生方と今まで一緒にやってきた写真とかをお借りしたものとかを見せたりとか、あとは学生に身近なものということでGoogle Earthとかの写真とかを見せて、こんなにうまく見えるんだよみたいな話をしながら、遺跡を紹介したりします。今も昔も、高校の世界史の授業では、必ず地理や環境の話から入って、その地域の歴史を学ぶという形になるのは変わらないのですが、今の高校

Chapter 8　調査の最前線

の世界史では、先ほど村松先生が言ってたような気候や環境の変動が、歴史が展開する要因、次の時代を動かしてくる原因になっているということが特に言われるようになっています。そういうことがどのように歴史展開に関連してくるのかというのは、やっぱり地理とか環境とかをわからないと理解できないと思うのですが、それを復元するのをすごく助けてくれるのがこのリモートセンシングだと思っています。そこで、とりあえず一番近いところでは、今インターネットで普及してきている衛星写真を、まず自分の家の周りとか、自分の興味を持っている遺跡とかを探して見てみることが一番手っ取り早いのでオススメしていて、そこで地理や環境を考えてみて、何か気づきがあったら、史料にはどう記されているのだろうか、というように進めていけるといいかな、というふうに思っています。

恵多谷　GoogleEarthなどで確認できることも沢山ありますね。おそらくそれらはある程度の知識があればできますので、遺跡調査の下調べや参考としては良いと思います。一方、GoogleEarthだけでは見えないような古代の都市や道や環境などもたくさんあります。そういうものに対しては、今はいろいろな衛星データを個人レベルで入手可能になってきましたので、画像処理の知識を少し習得するか、あるいは私たちのようなリモートセンシングの専門家と分野横断型のチームを組むことで、さらに正確な情報収集ができるようになると思います。

　最後になりますけれども、長谷川先生はいかがでしょうか。

長谷川　この間のシンポジウムで、鶴間先生と一緒に対談した吉村は、東日本国際大学といういわき

の大学の総長をやっておりまして、私もちょっと授業を手伝えと駆り出されて、週に一回いわきまで行って、学生たちの卒論を書くのを指導したりしているのですが、その中の学生に災害の歴史の勉強をしたい、というのがでてきたのですね。中東の文明史を対象にして、災害史を振り返りつつ、災害のリスクをどうやって減らすかというようなことをテーマにしたい、というのです。おそらく彼の勉学の根本には、彼が小学校や中学校の頃に襲った東日本大震災の経験があり、それからつい2〜3年前まで非常にアクティブだったコロナによるパンデミックの問題があり、そうした経験から災害史に取り組みたいということなのでしょうね。私がその学生にそれは非常にいいじゃないか、どんどんやれと言ったのは、実は中東でも災害史はたくさんの事例があるのです。例えばピラミッド時代が崩壊した後の背景には、大きな気候変動があり、ナイルの水位が十分に得られなくなったことからの食糧危機があったことはまず間違いないところです。また紀元前1200年頃、新王国時代が終わった後に地中海系民族が大きく移動して、オリエントの諸国がどんどん潰されていく背景にも、おそらく似たような気候変動があることが想定されています。それからクレオパトラの宮殿が海の中に沈んでいるのも、おそらく紀元後5〜8世紀ぐらいに大きな地震があり、地中海沿岸部一帯が沈没してしまったことに由来していると考えられています。また紀元後1世紀にポンペイの街が大噴火で埋もれてしまう例は著名です。中世のイスラーム時代になると、例えばコレラであるとか黒死病などが襲ってくる歴史もあるので、学生たちがそういった歴史に触れて、人間と災害との関係をずっと洗い直してみる中で、今度は自分で

その災害のリスクをどういうふうに管理していくか、リスク管理の中で何か自分でデータで管理していかに災害を避ける努力をしていけるかというのは重要なテーマですね。そのような点から考えると、考古学の世界というのは、何も土器とか陶器とか石器の時代のことだけを学ぶんじゃないよと言いたいですね。自分たち自身の手で人間の周りの自然と人間活動のデータを管理し、分析することを教えるところまで持っていけるといいかなと思っています。

惠多谷　考古学は一つのツールなればよいと。

長谷川　はい、そうです。

村松　そうですね。確かにリモートセンシングというのは、今の問題を解くために開発された技術だと思いますが、それを我々は「宇宙考古学」と称して考古学にも利用しようとしています。過去を知るためにリモートセンシングの技術を利用し、そこで得た方法論で、また現代の問題を解決する。そういったことができれば、リモートセンシングと宇宙考古学は、過去にも現代にも役立つ方法として一層意味のあるものとなるし、両者は融合していくということになると思います。

惠多谷　なるほど、面白いですね。ありがとうございました。

惠多谷　福島先生は、来年はサウジアラビアの調査が待っていますね。

福島　体力だけはつけておきます（笑）。

長谷川　福島先生がもしサウジアラビアの方に来れるような機会があれば、西域の研究手法とアラビアの研究手法の討議も進むでしょうから、アラビア語碑文の研究者である徳永里砂先生ともいろいろ話が弾むような気がしますね。

惠多谷　ではこれで座談会を終わりにしたいと思います。今日は宇宙考古学研究の第一線で活躍されている3人の先生方にお集まり頂き、いろいろなお話しをお聞きすることができました。大変楽しかったです。長い時間、どうもありがとうございました。

出席者略歴

惠多谷 雅弘　えたや まさひろ

東海大学情報技術センター研究員。博士（工学）。専門は画像情報工学。近年は、遺跡調査（宇宙考古学）や古文化財の調査・復元を中心に、リモートセンシングの応用研究に携わっている。文部科学省科学技術学術審議会資源調査分科会文化資源委員会専門委員（2003～2004）、学習院大学文学部講師（非常勤：2016～2018）、学習院大学大学院人文科学研究科特別非常勤講師（課程博士論文外部審査委員：2010年度）。主な著書に、『Space Archaeology -Satellites explore the hidden wonders of Egypt-（共著）』（2000）、Scientific American Discovering Archaeology、『宇宙と地下からのメッセージ（共同監修）』（2013）D-CODE、『リモートセンシング事典（共著）』（2022）丸善出版、他がある。The IEEE Geoscience and Remote Sensing Society Interactive Session Prize Paper Award（IGARS2005、Seoul）受賞。

長谷川 奏　はせがわ そう

早稲田大学総合研究機構客員教授。文学博士。日本学術振興会カイロ研究連絡センター長を経て現職。専門は中東古代末期～初期イスラーム時代の物質文化研究。現在、エジプトとサウジアラビアで発掘調査を継続中である。東海大学情報技術センターのリモートセンシング調査との共同研究では、考古学の立場から、エジプト・メンフィス地域のネクロポリス調査、アレクサンドリア後背地の遺跡分布調査、サウジアラビアの港町調査などに中心的に関わる。著書に、長谷川奏『初期イスラーム文化形成論—エジプトにおける技術伝統の終焉と創造—』（2017）中央公論美術出版、長谷川奏「地中海、砂漠とナイルの水辺のはざまで—前身伝統と対峙した外来権力の試み—」水島司編『環境に挑む歴史学』（2016）勉誠出版、長谷川奏『地中海文明史の考古学—エジプト・物質文化研究の試み—』（2014）彩流社、等がある。

村松 弘一　むらまつ こういち

淑徳大学人文学部歴史学科教授。博士（史学）。慶應義塾大学文学部卒業。学習院大学大学院博士後期課程修了。学習院大学教授を経て現職。専門は中国古代史（秦漢時代）、東アジア環境史、近代アジア文物史。黄土高原の古代の環境史を主な研究課題としている。単著書に『中国古代環境史の研究』（汲古書院、2016年）、共編著書に『世界の蒐集：アジアをめぐる博物館・博覧会・海外旅行』（山川出版、2014年）、『馬が語る古代東アジア世界史』（汲古書院、2018年）、『古写真・絵葉書で旅する東アジア150年』（勉誠出版、2018年）、共著書に『宇宙と地下からのメッセージ—秦始皇帝陵とその自然環境』（D-CODE、2013年）、『家畜の考古学：古代アジアの東西交流』（2022年、雄山閣）、単著論文に「衛星データの活用と中国古代史研究—秦漢時代の「牧」を事例として」（『歴史学研究』1050号、2024年）などがある。

福島 恵　ふくしま めぐみ

長野県辰野町生まれ。清泉女子大学文学部文化史学科卒業。学習院大学大学院博士後期課程史学専攻修了。博士（史学）。清泉女子大学・学習院大学などの非常勤講師、学習院大学PD共同研究員、早稲田大学日本学術振興会特別研究員（RPD）を経て、現在は、日本大学文理学部史学科准教授。専門は、北朝隋唐史・東西交渉史。著書に『東部ユーラシアのソグド人—ソグド人漢文墓誌の研究—』（汲古書院、2017年）。論文に「賜姓ソグド人李準の生涯—「李準墓誌」（貞元十年（七九四）考察—」（『学習院史学』60、2022年）、「唐後半期における賜姓ソグド人—涼州武威安氏と賜姓—」（『東洋史研究』第76巻4号、2018年）、「バクトリア人羅姓墓誌の基礎的考察」（『内陸アジア史研究』第33号、2018年）がある。

年表 （古代エジプトと古代中国）

年代	エジプト	中国
前 3000 年	前 3000 年頃 上エジプトのメネス王がエジプト全土を統一、 第 1 王朝樹立、都メンフィス 前 3000 ～前 2680 年頃 初期王朝（第 1 ～ 2 王朝） 前 2680 ～前 2190 頃 古王国時代（第 3 ～第 6 王朝） 　ピラミッド時代 第 3 王朝 ジェセル王階段ピラミッド 第 4 王朝 クフ王ピラミッド 第 4 王朝 カフラー王ピラミッド 第 4 王朝 メンカウラー王ピラミッド 前 2190 ～前 2020 年頃 第 1 中間期（第 7 ～ 11 王朝） 前 2020 ～前 2090 頃 中王国時代（第 11・12 王朝）	
前 2000 年	前 1790 ～前 1550 頃 第 2 中間期（第 13 ～第 17 王朝） 前 1550 ～前 1070 年頃 新王国時代（第 18 ～ 20 王朝） 前 1360 年頃 アメンヘテプ 4 世（イクナトン） 太陽神アトンの一神教の宗教改革、アケトアトン遷都 前 1335 年頃 ツタンカーメン王アメン神信仰復活、都メンフィス	前 1600 年頃 殷王朝成立
前 1000 年	前 1070 ～前 664 頃 第 3 中間期（第 21 ～ 24 王朝）	前 11 世紀ごろ 周王朝により殷滅亡 前 770 年
前 700 年	前 664 ～前 305 年 末期王朝時代（第 25 ～ 31 王朝）	春秋時代（～前 403）
前 400 年		前 403 年 戦国時代（～前 221）
前 300 年	プトレマイオス朝（前 305 ～前 30）	
前 200 年		前 221 年 秦始皇帝中国統一、都咸陽 前 202 年 前漢成立、都長安
前 100 年	前 30 年 プトレマイオス朝エジプト滅亡、 ローマ帝国支配時代（前 30 ～後 395 年）	
100 年		25 年 後漢王朝成立、都洛陽
200 年		
300 年		220 年 後漢滅亡、三国時代はじまる
400 年		439 年 北魏、華北統一、都洛陽
500 年	東ローマ帝国支配時代（後 395 ～ 641）	589 年 隋、中国統一、都大興城
600 年		618 年 唐王朝成立、都長安
700 年		
800 年		
900 年		907 年 唐滅亡

参考文献

■ CHAPTER2

1) 基礎からわかるリモートセンシング、日本リモートセンシング学会編著、日本リモートセンシング学会編著、理工図書、pp.165-177、2011 年.

2) CIA、Stories-CORONA:Declassified、https://www.cia.gov/stories/story/corona -declassified/（アクセス日：2024.07. 13）

3) 小方登、高田将志、相馬秀廣、自然地理学・人文地理学における米国偵察衛星写真の応用、高解像度の衛星画像・衛星写真を用いた環境変化の解析、pp.143-144、2002.

4) 飯坂譲二（日本写真測量学会編）、合成開口レーダ画像ハンドブック、p.39、朝倉書店、1998.

5) J. F. MaCauley、et al.、"Subsurface Valleys and Geoarchaeology of the Eastern Sahara Revealed bt Shuttle Radar"、Science、Vol.218、No.4576、1982.

■ CHAPTER3

1) レオ・デューエル（石黒昭博訳）、空から見た考古学、pp.59-77、学生社、1983.

2) シルクロード学研究センター編、シルクロード学研究1－宇宙考古学研究、p.1、シルクロード学研究センター、1995.

3) 坂田俊文、宇宙考古学－人工衛星で探る遺跡と古環境、p23-26、丸善、2002.

4) 加藤晋平、ゴルバンゴル調査における衛星画像の役割、シルクロード学研究－宇宙考古学、Vol.1、pp.19-25、1995.

■ CHAPTER4

1) 工藤元男、蜀布と邛竹杖、早稲田大学大学院文学研究科紀要．第4分冊、早稲田大学大学院文学研究科編47、pp.81-94、2001.

2) 中国・青海省におけるシルクロードの研究、シルクロード学研究 Vol.14、シルクロード学研究センター研究紀要、pp.1-20、2002.

3) 惠多谷雅弘、四川省における南方シルクロード（南伝仏教の道）の研究、シルクロード学研究24、pp.131－143、（財）ならシルクロード博記念国際交流財団・シルクロード学研究センター、2005.

4) 徐朝龍、三星堆文明をめぐる歴史的な背景、三星堆中国5000年の謎・驚異の仮面王国、朝日新聞社、pp.24－31、1998

5) よみがえる四川文明～三星堆と金沙遺跡の秘宝展、共同通信社、pp.48－49、2004.

6) 大川裕子、"四川盆地と周辺地域を結ぶ交通路－秦嶺・大巴山越えルートを中心に"、四川省における南方シルクロード（南伝仏教の道）の研究、平成15年度国内研究会実施報告書、pp.32－40、（財）ならシルクロード博記念国際交流財団・シルクロード学研究センター、2004.

7) 高木幹雄、下田陽久（監修）、新編画像解析ハンドブック、pp.1374－1379、東京大学出版、2004.

8) 村井俊二、"空間情報工学"、pp.202－203、（社）日本測量協会、2002.

9) 吉村作治、近藤二郎、長谷川奏、坂田俊文、惠多谷雅弘、中川武、西本真一、エジプト・ダハシュール北地区予備調査報告、早稲田大学人間科学部、人間科学研究第10巻、第1号、1996.

10) 坂田俊文、惠多谷雅弘、吉村作治、近藤二郎、長谷川奏、衛星によるピラミッド探査と古代エジプトの遺跡発見について、写真測量とリモートセンシング、Vol.36、No.6、pp.41-53、1997.

11) S. Yoshimura、J. Kondo、S. Hasegawa、T. Sakata、M. Etaya、T. Nakagawa、S. Nishimoto、A Preliminary Report of the General Survey at Dahshur North、Egypt、地中海学学会、1997.

12) 飯坂譲二監修、日本写真測量学会編、合成開口レーダ画像ハンドブック、pp.83-93、朝倉書店、1998.

13) 資源観測解析センター編、合成開口レーダ（SAR）、pp.89-91、資源観測解析センター、1992.

14) J. F. McCauley、et al.、"Subsurface Valleys and Geoarchaeology of the Eastern Sahara Revealed bt Shuttle Radar"、Science、Vol.218、No.4576、1982.

15) 惠多谷雅弘、下田陽久、松岡龍治、坂田俊文、長谷川奏、吉村作治、JERS-1/SAR によって検出された古代エジプト遺跡 Site No.29 に関する一考察、pp.459-472、日本リモートセンシング学会誌、Vol.25、No.5、日本リモートセンシング学会、2005.

16) 惠多谷雅弘、須藤昇、松前義昭、坂田俊文、衛星SAR によるエジプト・南サッカラ地区の遺跡検出について、写真測量とリモートセンシング、Vol.37、No.2、pp.23-28、日本写真測量学会、1998.

■ CHAPTER5

1) 坂田俊文、惠多谷雅弘、吉村作治、近藤二郎、長谷川奏、坪井清足、1997、衛星によるピラミッド探査と古代エジプトの遺跡発見について、写真測量とリモートセンシング、Vol.36、No.6、pp.41-53.

2) 惠多谷雅弘、下田陽久、松岡龍治、坂田俊文、長谷川奏、吉村作治、2005、JERS-1/SAR によって検出された古代エジプト遺跡 Site No.29 に関する一考察、日本リモートセンシング学会誌、Vol.25、No.5、pp.459-472.

3) 惠多谷雅弘、須藤昇、松前義昭、坂田俊文、衛星SAR によるエジプト・南サッカラ地区の遺跡検出について、1998、写真測量とリモートセンシング、37（2）、pp.23-28.

4) 惠多谷雅弘、下田陽久、長谷川奏、吉村作治、エルサイードアッバスザグルール、QuickBird 画像による古代エジプトの港湾施設 Site No.49 の発見について、2010、写真測量とリモートセンシング、49（4）、pp.269-273.

5) 惠多谷雅弘、中野良志、下田陽久、長谷川奏、エルサイードアッバスザグルール、多衛星データを用いた古代エジプト遺跡 Site No.52 の発見について、写真測量とリモートセンシング、Vol.52、No.4、pp.200-206、2013.

6) Rowland, J.M. and Mohamed Hamdan、2012、The Holocene Evolution of the Quesna Turtle Back: Geological Evolution and Archaeological Relationships Within the Nile Delta, Prehistory of Northeastern Africa, Studies in African Archaeology 10, Poznan, pp.8-20.

7) Wilson, P., 2010, Settlement Connections in the Canopic Region, Alexandria and North-Western Delta (ed. by Robinson, D. and Wilson, A.), Oxford, pp.111-126.

8) Kryzyżanowska. A. and Miśliwiec. K., 2009, Tell Atrib: 1985-1995, II, Varsovie, Plan 2.

9) 鶴間和幸、事業のスタートにあたって、日本学術振興会アジア研究教育拠点事業「東アジア海文明の歴史と環境」ニューズレター海雀 Umi-Suzume、第 1 号、p.2、2006.

10) 柏倉伸哉、蓬莱調査記、日本学術振興会アジア研究教育拠点事業「東アジア海文明の歴史と環境」ニューズレター海雀 Umi-Suzume、第 4 号、p.10、2007.

11) 村松弘一、2007 年度セクション I「東アジア海文明の形成と環境」共同調査の概要、日本学術振興会アジア研究教育拠点事業「東アジア海文明の歴史と環境」ニューズレター海雀 Umi-Suzume、第 4 号、p.7、2007.

12) 福島恵、蓬莱市内班調査記、日本学術振興会アジア研究教育拠点事業「東アジア海文明の歴史と環境」ニューズレター海雀 Umi-Suzume、第 4 号、p.10、2007.

13) 酒寄雅志、円仁の足跡を訪ねて―山東半島―、栃木史学、19、pp.77-100、2005.

14) 中央日報（中国語版）2009.10.08、統一新羅時代 " 海上之王 " 張保皐留在中国的痕迹、(https://chinese.joins.com/news/articleView.html?idxno=15475（アクセス日：2024.9.14))

15) 水経注、河水注五

16) 長谷川順二、前漢期黄河故河道復元―リモートセンシングと歴史学、六一書房、2016.

17) 春秋左氏伝、哀公二年伝

18) 漢書、溝洫志

■ CHAPTER6

1) 鶴間和幸、惠多谷雅弘監修、" 宇宙と地下からのメッセージ～秦始皇帝陵とその自然環境 "、学習院大学東洋文化研究所叢書、株式会社 D-CODE、2013.

2) 惠多谷雅弘、鶴間和幸、中野良志、岩下晋治、小林次雄、村松弘一、黄暁芬、段清波、張衛星、衛星データを用いた秦始皇帝陵の陵園空間に関する一考察、中国考古学第 14 号、pp.101-114、日本中国考古学会、2014.

■ CHAPTER7

1) 惠多谷雅弘、鶴間和幸、中野良志、岩下晋治、小林次雄、村松弘一、黄暁芬、段清波、張衛星、衛星データを用いた秦始皇帝陵の陵園空間に関する一考察、中国考古学第 14 号、pp.101-114、日本中国考古学会、2014.

2) 野村正七、地図投影法、pp.168 － 185、財団法人日本地図センター、1983.

3) 中国国家博物館田野考古研究中心ほか編著、連雲港孔望山、文物出版社、2010.

4) 采自、明代海州總図、天一閣蔵明代方志選刊、隆広海州志、上海古籍書店影印、1981.

5) 鶴間和幸、秦帝国の形成と地域、pp.389 － 392、汲古書院、2013.

6) 村松弘一、中国古代環境史の研究、pp.55 － 59、汲古書院、2016.

7) 斉藤国治、古代天文学の道、pp.45 － 48、原書房、1990.

8) H.ST.J.THACKERAY.M.A、JOSEPHUS WITH AN ENGLISH TRANSLATION IN NINE VOLUMES III,

THE JEWISH WAR、BOOKS IV-VII、WILLIAM HEINEMANN LTD、CAMBRIDGE MASSACHUSETTS、HARVARD UNIVERSITY PRESS、1928.

9) 藤本勝次・池田修監訳、イブン・ジュバイル旅行記、p.8、関西大学出版部、1992.

10) 惠多谷雅弘、鶴間和幸、村松弘一、福島恵、中野良志、段宇、衛星リモートセンシングデータと歴史資料を用いた秦東門考察−『太平寰宇記』を中心に−、学習院大学国際研究教育機構研究年報第4号、pp.89-112、学習院大学国際研究教育機構、2018.

11) 丁義珍、漢東海廟今地考、文博通訊1983-4、pp.7-12、南京博物院、1983.

12) 満田剛、『太平寰宇記』所引王沈『魏書』について─附論:『太平寰宇記』所引『魏志』・『魏略』・魏収『魏書』」『創価大学人文論集』22、pp.175-206、2010.

13) 満田剛、『太平寰宇記』所引韋昭『呉書』について、創価大学人文論集23、pp.53-75、2011.

14) 野村正七、地図投影法、pp.168−185、財団法人日本地図センター、1983.

15) 中国国家博物館田野考古研究中心・南京博物院考古研究所・連雲港市文物管理委員会弁公室・連雲港市博物館編（2010）、連雲港孔望山、pp.172−173、文物出版社、2010.

■ CHAPTER8

1) 黄暁芬、漢長安城建設における南北の中軸ラインとその象徴性、史学雑誌第115巻11号（日本史学会）、2006；黄暁芬、東アジア古代都市の空間構造とその変遷『古代東アジア都市の構造と変遷』pp.3-32、同成社、2022.

2) 惠多谷雅弘、東アジア圏における衛星リモートセンシングデータを用いた古代都市遺跡調査、黄暁芬・鶴間和幸編、東アジア古代都市のネットワークを探る─日・越・中の考古学最前線─、pp.31-48、汲古書院、2018.

3) 宮原健吾、宇野隆夫、西村昌也、コーロア城の測量成果、大越・チャンパの都城・城郭遺跡の基礎的研究、pp.137-144、東南アジア埋蔵文化財保護基金、2013.

4) 惠多谷雅弘、衛星リモートセンシングデータを用いたベトナム北部古城遺跡の調査、交趾郡治・ルイロウ遺跡II─2014-15年度発掘からみた紅河デルタの古代都市像─、pp.12-15、フジデンシ出版、2017.

5) 黄暁芬編著、交趾郡治・ルイロウ遺跡I、科研成果報告

書、東亜大学、2014.

6) 黄暁芬編著、交趾郡治・ルイロウ遺跡II─2014-15年度発掘からみた紅河デルタの古代都市像─、フジデンシ出版、2017.

7) 黄暁芬、発掘から甦った「交趾」都市の歴史空間、古代東アジア都市の構造と変遷 pp.155-196、同成社、2022.

8) 西村昌也、ベトナムの考古・古代学、同成社、2011.

9) 西村昌也、ベトナムの考古・古代学、同成社、2011.

10) 鄧鴻山、ベトナム海陽省漢式城址の発掘調査と後漢瓦当の考察、国際学術シンポジウムII、東アジア都市文明の考古学研究、論文資料集、東亜大学、2022.

11) 山形真理子、ベトナム中部の国家形成期遺跡、季刊考古学、66、雄山閣、1999.

12) 山形真理子、ベトナム出土の漢・六朝系瓦、中国シルクロードの変遷、雄山閣、2007.

13) 山形真理子・桃木至郎、林邑と環王、東南アジア史1原史東南アジア世界、岩波書店、2001.

14) 西村昌也、ベトナムの考古・古代学、同成社、2011.

15) 山形真理子、ベトナム中部・チャーキュウ遺跡の城壁に関する基礎的所見、新田栄治先生退職記念 東南アジア考古学論集、昭和女子大学、2014；山形真理子、Nguyễn他6名、ベトナム中部・チャーキュウ遺跡の発掘調査成果−林邑都城における城壁の構築方法と年代に関する考察−、日本考古学協会第83回総会研究要旨、2017.

16) 黄暁芬、会下和宏、黎文戦、木下保明、他2名、漢唐帝国の南縁都市・交趾ルイロウ城の第7次発掘調査成果、日本考古学協会第90回総会研究要旨、日本考古学協会、2024.

17) (8)中華書局本『後漢書』、郡国志校勘記

【COLUMN 2】

1) MGRS UTM グリッド ゾーン指定 早見表
（https://www.wingfield.gr.jp/（アクセス日：2024/10/28））

2) 地図投影法学習のための地図画像素材集
（https://user.numazu-ct.ac.jp/~tsato/tsato/graphics/map_projection/（アクセス日：2024/10/28））

【COLUMN 13】

1) 《中国測絵史》編集委員会編（今村遼平訳、日本地図学会・中国地図情報専門部会校訂）、中国地図測量史、今村遼平、[出版地不明]、2014.

付録：「宇宙考古学を極める」

　2023年5月、「宇宙利用論（宇宙考古学）」の講義をするために目白の学習院大学に出かけた。講義後、鶴間和幸教授とランチをご一緒した時に、同年12月に開催予定の「宇宙考古学国際セミナー～宇宙と地下からのメッセージ」について相談させて頂いた。そのなかで鶴間教授から、「宇宙考古学の研究成果はまだまだ沢山ありますよね。セミナーだけではなく、本にもまとめてみませんか」という提案を頂いた。そこで大学に戻り、本書の出版計画書を急遽作成し、中島所長に提出したところ快く承認された。

　セミナーが終了し、新年度を迎えた2024年4月、そろそろ出版準備を始めようと考えていた時、読売新聞社会部の小峰記者から電話を頂いた。宇宙考古学についての取材をしたいとのことであった。ただし、取材内容は宇宙考古学そのものではなく、人それぞれの生き方に光を当てた連載記事とのことであった。その記事は「しあわせ小箱」といって、40年近く続いている社会部記者イチ押しの前向きになれる連載とのことである。私は衛星画像解析の仕事にかかわってそろそろ半世紀になる。宇宙考古学を始めて35年、この研究を極めたいと考え、49歳の時に大学院の博士課程に入学して学位を取得した。同研究のパイオニアで恩師の坂田俊文教授が亡くなられてしまった今、私は世界最古参の宇宙考古学の研究者かもしれない。取材は緊張するので苦手であるが、宇宙考古学の後継者が一人でも増えてくれればとずっと思ってきたので引き受けることにした。

　以下はその連載記事である。宇宙考古学に興味をお持ちの方、これから取り組みたいとお考えの方々にお目通し頂ければ幸いである。

東海大学情報技術センター・研究員
恵多谷 雅弘

讀賣新聞夕刊 2024年5月7日（火）
しあわせ小箱
宇宙考古学を極める（1）
衛星画像基に「宝探し」

　宇宙から撮られた衛星画像を分析して目星を付け、あるときは灼熱の砂漠を、あるときは凍った大地を歩く。空から陸から調べ尽くし、未知なる古代遺跡を探し求める。「『宝探し』と言うと怒られちゃうんですが、ワクワクしますよ」。そう語るのは、画像解析などを研究する東海大情報技術センターの研究員で、「宇宙考古学」を究める恵多谷雅弘さん(69)だ。長い年月がたった遺跡は、原形をとどめず、地中に埋もれ、主な手がかりは「伝承」ということもある。そこで、衛星画像を解析し史料を読み込んで遺跡を探すのが「宇宙考古学」だ。

　大学を出て同センターに入り、考古学者たちと一緒に中国からエジプトまで厳しい現場を回ってきた。山から滑り落ちそうになったり、野犬の群れに遭遇して枯れ枝で撃退したり。チンギス・ハーンの陵墓を探し求めたモンゴルでは、オオカミを警戒して泣く泣く調査を切り上げたこともある。スマートフォン一つで誰もが衛星画像を見られる時代に、「見えない遺跡を探すのが自分の仕事」と熱い思いがほとばしる。

　若い頃は世界史が苦手で、今の姿は想像もつかなかった。この道に進むきっかけとなったのは、大学生の時に見た1枚の画像だった。

讀賣新聞夕刊 2024年5月8日（水）
しあわせ小箱
宇宙考古学を極める（1）
被害一目で「すごい技術」

　画像解析などを研究する東海大情報技術センターの研究員・恵多谷雅弘さん(69)。同大3年の時に受けた授業で、人生を変える画像に出合った。瀬戸内海の空撮写真を解析した画像。海に流れ出た油の

量によって赤や黄に色づけされ、陸からは見えない広範な被害が一目でわかる。「すごい技術だ!」。空からの画像解析に大きな可能性を感じた。

1977年、同センターに就職。画像情報工学のパイオニアで元センター所長の坂田俊文さん（故人）から指導を受けた。後に衛星画像を解析し古代遺跡を探す「宇宙考古学」を提唱する師匠から、「現場を必ず見ろ」とたたき込まれた。

最初に取り組んだのが、相模川流域圏（山梨、神奈川両県）の調査。画像を基に「山地」「市街地」など土地の用途を調べ、現地を歩いて裏付けをとる作業に2年かけた。自然災害の調査にも行った。86年11月の伊豆大島（東京都）・三原山噴火で、溶岩の温度や分布を調べるため、翌春に師匠らと島へ。溶岩の流れ出た場所を歩くと、靴の底が焦げる臭いが鼻をついた。空撮されたデータも解析し、温度によって色づけして報告書にまとめた。

徹底した画像解析と現場主義がエジプトでの大発見に貢献することになる。

讀賣新聞夕刊 2024 年 5 月 9 日（木）
しあわせ小箱
宇宙考古学を極める（３）
未知の古代遺跡発見

ライフワークの「宇宙考古学」が一躍脚光を浴びたのはエジプトでの大発見だった。画像解析などを研究する東海大情報技術センターの研究員・恵多谷雅弘さん（69）は1995年から、東海大と早稲田大合同チームの一員として、エジプトの古代遺跡探査に挑んだ。

その数年前、モンゴルでチンギス・ハーンの陵墓を探索する調査団の一員として衛星画像を解析し現場を歩いたが、陵墓を発見できなかった。その悔しさをバネに、陸から空から入念な調査を1年かけて行った。エジプトの砂漠でピラミッドを見て回り、多くは形が崩れていることに気づく。未知の遺跡は砂の中に埋もれていて、そこに発見のチャンスがあると考えた。原形をとどめていないピラミッドが衛星画像でどう見えるか解析。火口のように「土地が盛り上がり真ん中がへこんで見え

る地点」などいくつか特徴を見いだした。候補地を絞って詳細な地図を作成し、発掘担当の考古学者に手渡した。

吉報が届いたのは96年だ。地中から姿を現した「ピラミッドのついた神殿型貴族墓」を含む遺跡。新聞に「衛星画像解析で古代遺跡発見」「『未知のピラミッド』に光」と報じられた。

「研究が実り、もう跳び回るくらいうれしかったですよ」

讀賣新聞 2024 年 5 月 10 日（金）
しあわせ小箱
宇宙考古学を極める（４）
「つかみ」はウルトラマン

画像解析を研究する東海大情報技術センターの研究員・恵多谷雅弘さん（69）は、衛星画像を基に古代遺跡を探す「宇宙考古学」の魅力を広く伝えたいと思っている。他大学で受け持つ講義の「つかみ」として、ウルトラマンのテレビ番組について話すのもその一環だ。2018年に放送された「ウルトラマンR/B（ルーブ）」。主人公は宇宙考古学を学ぶ大学生で、制作会社側から助言を求められた。担当者に研究現場を紹介し、お礼にもらったフィギュアは今も大切に飾っている。そんな裏話を披露しつつ、衛星画像を見せたり、遺跡調査のことを話したりして、「後継者が出てきたらいいな」と願っている。

同センターに入って40年余り。衛星画像の解析を武器に、旧ソ連のチョルノービリ（チェルノブイリ）原発事故やインド洋の津波調査などにも関わってきた。今でも毎年、エジプトやサウジアラビアに赴き、遺跡の探査に当たっている。

「わからないことはまだまだある。終わりがないから面白い」。飽くなき探究心は今も昔も変わらない。（了）

文・小峰 翔

©読売新聞（本記事は、読売新聞社の許可を得て掲載しています。）

謝 辞

本書の研究調査と出版にあたっては、以下の方々及び関係機関の指導・協力を得た。
ここに記して感謝の意を表す。（敬称略、五十音順、所属・身分は当時）　＊：故人

坂田 俊文 ＊	東海大学情報技術センター所長・教授
江上 波夫 ＊	東京大学名誉教授・古代オリエント博物館・館長
El Sayed Abbas Zaghloul	エジプト科学研究省リモートセンシング宇宙科学局・教授
加藤 晋平	筑波大学・教授
高 偉	中国連雲港市重点文物保護研究所・所長
下田 陽久 ＊	東海大学情報技術センター次長・教授
菅谷 文則 ＊	滋賀県立大学・教授
杉本 憲司 ＊	佛教大学・教授
段 清波 ＊	西北大学・教授
張 衛星	西北大学・教授
坪井 清足 ＊	元興寺文化財研究所・所長
樋口 隆康 ＊	奈良県立橿原考古学研究所・所長
前園 実知雄	奈良芸術短期大学・教授
劉 鳳桂	連雲港市朐山書院・院長
池田 弘美	早稲田大学古代エジプト調査室
伊藤 ゆり	学習院大学大学院
岩出 まゆみ	東日本国際大学エジプト学研究所客員教授・所長（現職）
王 睿	故宮博物院・研究員
大川 裕子	上智大学・准教授（現職）
菅野 恵美	関東学院大学・教授（現職）
小池 香苗	地球科学技術総合推進機構
河野 剛彦	学習院大学国際研究教育機構
小林 次雄	東海大学情報技術センター・上級技術員
斉藤 栄二	早稲田大学古代エジプト調査室
周 昀	学習院大学大学院
鈴木 清恵	東海大学情報技術センター・係長
荘 卓燐	学習院大学大学院
段 宇	学習院大学大学院
原 留美	学習院大学国際研究教育機構
邉見 統	学習院大学大学院
堀田 謹吾 ＊	日本放送協会・ディレクター

山花 京子	東海大学・教授
矢澤　健	東日本大学・客員教授
吉田　愛	学習院大学国際研究教育機構・PD
劉　陽	中国連雲港市重点文物保護研究所・研究員

編集　中沖　栄　（株）清水書院
　　　渡部哲治　（株）清水書院

宇宙航空研究開発機構
シルクロード学研究センター
学習院大学東洋文化研究所
学習院大学国際研究教育機構
（株）NTT データ CCS
（株）日立ソリューションズ
四川省文物考古研究所
秦始皇兵馬俑博物館
Supreme Council of Antiquities（SCA）
青海省文物考古研究所
Sovinformsputnik
地球科学技術総合推進機構
中国連雲港市重点文物保護研究所
National Authority for Remote Sensing and Space Sciences（NARSS）
National Aeronautics and Space Administration（NASA）
National Oceanic and Atmospheric Administration（NOAA）
日本スペースイメージング（株）
日本放送協会
東日本大学エジプト学研究所
Maxar Technologies
Mongolian Academy of Sciences
U.S. Geological Survey（USGS）
読売新聞社
早稲田大学エジプト学研究所
早稲田大学総合研究機構

※2005年度から現在に至る衛星データ解析と現地調査の一部は、JSPS科研費の助成で実施　科研費 KAKENHI

宇宙考古学への招待
衛星データでわかったエジプト・中国古代文明
東海大学情報技術センター研究叢書

編 著	惠多谷 雅弘	
監 修	鶴間 和幸	
	村松 弘一	
	長谷川 奏	
執筆者（五十音順）	惠多谷 雅弘	東海大学情報技術センター・研究員
	黄 暁芬	東亜大学人間科学部 / 大学院・教授
	鶴間 和幸	学習院大学・名誉教授
	中島 孝	東海大学情報技術センター所長・教授
	中野 良志	前東海大学情報技術センター・技師補（係長）
	長谷川 順二	東京学芸大学先端教育人材育成推進機構・研究員
	長谷川 奏	早稲田大学総合研究機構・客員教授
	福江 潔也	東海大学情報技術センター・客員教授
	福島 恵	日本大学文理学部・准教授
	村松 弘一	淑徳大学人文学部・教授
	吉村 作治	東日本国際大学総長・教授
画像処理（五十音順）	岩下 晋治	東海大学情報技術センター・一級技術員
	惠多谷 雅弘	東海大学情報技術センター・研究員
	佐藤 康党	東海大学情報技術センター・一級技術員
	直木 和弘	東海大学情報技術センター・一級技術員
	中野 良志	前東海大学情報技術センター・技師補（係長）
イラスト	伊藤 由美子	東海大学情報技術センター
デザイン	Creative·SANO·Japan	

宇宙考古学への招待 衛星データでわかったエジプト・中国古代文明
東海大学情報技術センター研究叢書

2025 年 3 月 31 日　初版発行		定価はカバーに表示
編 著	惠多谷 雅弘	
発行者	野村久一郎	
発行所	株式会社　清水書院	
	〒102-0072　東京都千代田区飯田橋 3-11-6	
	電話　03-5213-7151　FAX　03-5213-7160	http://www.shimizushoin.co.jp
印刷所	株式会社　三秀舎	

本書の一部または全部を著作権法の定める範囲を超えて、無断で複製・転載することを禁じます。

東海大学情報技術センター
〒108-0074　東京都港区高輪 2-3-23　TEL：03-3446-5500　URL：http://www.tric.u-tokai.ac.jp

ISBN 978-4-389-50160-0 C1020　　Printed in Japan

●落丁・乱丁本はお取り替えいたします。
本書の無断複製は著作権法上での例外を除き禁じられています。複製される場合は，そのつど事前に，出版者著作権
管理機構（電話 03-5244-5088，FAX03 5244-5089，email:info@jcopy.or.jp）の許諾を得てください。